Wolfgang Leonhard

Der Schock des Hitler-Stalin-Paktes

Erinnerungen aus der Sowjetunion, Westeuropa und USA

Herderbücherei

Originalausgabe
erstmals veröffentlicht als Herder-Taschenbuch

Buchumschlag: Werner Bleyer

Herder Freiburg · Basel · Wien
Herstellung: Freiburger Graphische Betriebe 1986
ISBN 3-451-08280-2

Inhalt

Vorwort

Am 23. August 1939 wurde in Moskau der Hitler-Stalin-Pakt unterzeichnet. Ich erlebte diesen Tag als Jugendlicher in der Sowjetunion, in der Stadt Jejsk am Asowschen Meer, wo ich gemeinsam mit einer Gruppe deutscher und österreichischer Söhne und Töchter politischer Emigranten Ferien machte.

Noch heute erinnere ich mich an jenen Schock, der uns überkam, an den überhasteten sofortigen Abbruch des Urlaubs, unsere Rückkehr nach Moskau und die Auflösung unseres Heims. Es wurde geschlossen, weil es in der Sowjetunion nun keine antifaschistischen Emigranten mehr geben konnte!

Seitdem ich im Westen lebte, läßt mich die Frage nicht ruhen: Was bedeutete der Pakt damals für andere Menschen? Wie haben sie reagiert?

Über den deutsch-sowjetischen Nichtangriffspakt sind viele akademische Arbeiten, historische und diplomatische Analysen veröffentlicht worden. Der Pakt wurde dabei fast ausschließlich unter außenpolitischen Gesichtspunkten betrachtet und analysiert, wobei die offiziellen Erklärungen und die möglichen Beweggründe Hitlers und Stalins im Mittelpunkt standen.

Das Ziel dieses Buches liegt auf einer anderen Ebene: am Beispiel des Hitler-Stalin-Pakts versuche ich darzustellen, wie ein geschichtliches Ereignis persönlich erlebt wurde, welche Wirkungen es auf das Leben und Denken von Beteiligten hatte und welche politischen und psychischen Wandlungen daraus resultierten.

Insgesamt kommen 70 Zeitzeugen zu Wort – vor allem jene, die damals auf die Sowjetunion als Land des Sozialismus und Hort des antifaschistischen Kampfes gehofft hatten.

Die Berichte offenbaren, daß der Hitler-Stalin-Pakt zu einem Wendepunkt in der politischen Biografie einer ganzen Generation von kommunistisch engagierten Menschen wurde. Gewissermaßen über Nacht sahen sie sich gezwungen, die als unanfechtbar geltende Loyalität zur Sowjetunion und zur Kominternführung in Frage zu stellen.

Die Bedenken vieler Historiker gegenüber subjektiven Berichten von Zeitzeugen sind mir wohl bekannt, aber für mich steht der Mensch im Mittelpunkt historischer Betrachtung und die Aussagen von 70 Zeitzeugen sind schon kein „subjektiver Faktor" mehr.

Die nachfolgende Schilderung beschränkt sich auf die unmittelbare Reaktion von Kommunisten und Sympathisierenden auf den Pakt, vor allem auf die ersten 10 Tage zwischen dem Pakt am 23. August 1939 bis zu Hitlers Angriff auf Polen am 1. September und dem damit verursachten Beginn des Zweiten Weltkrieges.

Der Nichtangriffs-Pakt selbst war jedoch nur der Anfang einer weiteren Entwicklung. Es folgte der Einmarsch der sowjetischen Truppen in Polen am 17. September 1939, die Aufteilung Polens zwischen Hitler-Deutschland und der Sowjetunion, Ribbentrops zweite Reise nach Moskau Ende September 1939, der Abschluß des zweiten noch weiterreichenden „Vertrages über gemeinsame Grenzen und Freundschaft", die enge Zusammenarbeit zwischen den beiden Diktaturen auf wirtschaftlichem und militärischem Gebiet (einschließlich von Besuchen sowjetischer Militärdelegationen im Dritten Reich), der sowjetische Krieg gegen Finnland (Dezember 1939 bis März 1940), die Auslieferung deutscher kommunistischer Emigranten an die Gestapo (Januar bis März 1940), die Erschießung der polnischen Offiziere in Katyn (April 1940), die sowjetische Besetzung der baltischen Länder Estland, Lettland und Litauen (wie im Geheimprotokoll vorgesehen) im Juni

1940 und der (ebenfalls vorher vereinbarte) Anschluß Bessarabiens an die Sowjetunion im August 1940.

Sowohl die beiden geheimen Zusatzprotokolle als auch die erwähnten nachfolgenden Ereignisse waren den damaligen Zeitzeugen noch nicht bekannt. Hier soll ihre erste Reaktion auf den Pakt selbst dargestellt werden. Der Begriff „Schock“ ist nicht vom Autor ausgedacht. Es ist der Begriff, der in den Berichten der Zeitzeugen am häufigsten vorkommt.

Manderscheid/Eifel, Dezember 1985 *Wolfgang Leonhard*

KAPITEL 1

Handschlag in Moskau: Geheimhaltung und Überraschung auf höchster Ebene

Ribbentrop bei Stalin und Molotow

Die Reise Ribbentrops nach Moskau am 23. August 1939 war so geheim gehalten worden, daß es nur ganz wenige Augenzeugen gab – und nur einer davon hat die Ankunft Ribbentrops und seinen Besuch in Moskau aus eigenem Erleben geschildert.

Nach dem Bericht der Prawda bestand die deutsche Delegation aus Außenminister von Ribbentrop, Gaus, Baron von Dörnberg, Paul Schmidt, Professor Dr. G. Hoffmann, K. Schnurre „und anderen". Folgende sowjetische Funktionäre waren auf dem Moskauer Flugplatz erschienen, um den deutschen Außenminister zu empfangen: der stellvertretende sowjetische Außenminister W. P. Potemkin, der stellvertretende Außenhandelsminister M. S. Stepanow, der stellvertretende Innenminister W. N. Merkulow, der Vorsitzende des Moskauer Stadtsowjets „und andere".

Anwesend waren laut Prawda auch die Mitglieder der Deutschen Botschaft, „angeführt von Botschafter von der Schulenburg", sowie der italienische Botschafter mit seinem Militärattaché.

Von den erwähnten sowjetischen Funktionären hat niemand Erinnerungen hinterlassen, in denen Ribbentrops Besuch und die Verhandlungen in Moskau beschrieben worden wären. Für dieses entscheidende Ereignis gibt es jedoch einen deutschen Zeugen, damals in der deutschen Botschaft in Moskau tätig, der dies als Kritiker und später Gegner des Nazi-Systems glaubwürdig und sachlich beschrieben hat: Hans von Herwarth.

Hans von Herwarth, damals 35 Jahre alt, war in Berlin geboren, verbrachte seine Kindheit in der Provinz Posen, kam mit seinen Eltern 1918 wieder nach Berlin zurück, besuchte dort die Schule und war anschließend als Arbeiter in mehreren Lokomotivfabriken tätig. Er beschreibt später, wie wichtig es für ihn war, am eigenen Leibe zu erfahren, was es heißt, 8 Stunden täglich zu arbeiten. So lernte er die Arbeiter in ihrer eigenen Umwelt kennen, erlebte die Tätigkeit der Gewerkschaften und die, oft heftigen, Auseinandersetzungen zwischen Mehrheits-Sozialdemokraten, den linken „Unabhängigen Sozialdemokraten“ und den Kommunisten. Später studierte er in Breslau und München und war nach dem juristischen Staatsexamen, seit 1927, im Auswärtigen Amt tätig.

Seit Ende Mai 1931 wirkte Hans von Herwarth in der deutschen Botschaft in Moskau. Er war Augenzeuge und aufmerksamer Beobachter des ersten Fünfjahresplans und der Kollektivierung. Er lernte sowohl das Leben der sowjetischen Menschen als auch mancher höherer sowjetischer Funktionäre kennen (die fast alle während der „großen Säuberung“ von 1936–38 umkamen). Er traf auch wiederholt mit enttäuschten ausländischen Kommunisten zusammen, darunter auch mit Max Hoelz.

Mit Graf von der Schulenburg, der seit Oktober 1934 die deutsche Botschaft in Moskau leitete, fühlte sich Hans von Herwarth bald freundschaftlich verbunden. Er war damit nicht nur Augenzeuge, sondern teilweise auch aktiver Teilnehmer jener Verbesserung der deutsch-sowjetischen Beziehungen, die sich seit Frühjahr 1939 anzeigten und nun, am 23. August 1939, zum Besuch Ribbentrops in Moskau führten.

Hans von Herwarth stand gemeinsam mit dem Botschaftsangehörigen Gebhardt von Walther am Moskauer Flugplatz. Er erinnert sich vor allem an die Begegnung der Gestapo-Leute mit ihren Kollegen von der sowjetischen Staatspolizei, damals unter der Abkürzung NKWD (Narodny Komissariat wnutrennych Djel) bekannt:

„Bei der Ankunft in Moskau wurde Ribbentrop von einer Gruppe sowjetischer Beamter und von Graf Schulenburg empfangen. Ich stand neben Gebhardt von Walther und wir beobachteten beide gespannt dieses erste deutsch-sowjetische Zusammentreffen, das unter Ausschluß der Öffentlichkeit stattfand.

Walther packte mich plötzlich am Arm und deutete auf eine Gruppe von Gestapo-Agenten, die gerade ihre Gegenspieler vom NKWD herzlich begrüßten. ‚Schau, wie sie sich anlachen. Die freuen sich, daß sie endlich zusammenarbeiten können. Das kann furchtbar werden. Stell Dir nur vor, wenn die ihre Akten tauschen'." [1]

Am 23. August um 15 Uhr begannen die deutsch-sowjetischen Verhandlungen, an denen von sowjetischer Seite Stalin und Molotow teilnahmen und von deutscher Seite Ribbentrop, von Schulenburg und Hilger. Ribbentrop hatte eine neue Botschaft Hitlers mitgebracht, in der es hieß, daß „von nun an alle Probleme Osteuropas ausschließlich eine Angelegenheit Deutschlands und Rußlands sein" sollten. Während der Besprechung brachte Stalin sofort das für ihn wichtige Problem zur Sprache: Rußland müsse die lettischen Ostseehäfen Libau und Windau bekommen. Ribbentrop telefonierte mit Hitler, um dessen Einwilligung zu dieser Forderung und um die Erlaubnis zur Unterzeichnung des Geheimprotokolls zu erhalten, das die beiderseitigen Einflußsphären abgrenzte. Hitler ließ sich in aller Eile einen Atlas bringen, warf einen Blick auf die Karte und antwortete gegen 20 Uhr: „Ja, einverstanden".

Abends wurde die Sitzung fortgesetzt. Sie zog sich bis nach Mitternacht hin. Damit war es eigentlich schon der Morgen des 24. August, obwohl der Nichtangriffspakt und das Geheimprotokoll mit dem 23. August datiert und unterzeichnet wurden. Der Fotoapparat registrierte zufrieden lächelnde Gesichter. Sektkorken knallten. Stalin brachte einen Trinkspruch auf Hitler aus: „Ich weiß, wie sehr das deutsche Volk seinen Führer liebt; ich möchte deshalb auf seine Gesundheit trinken!" [2]

Hans von Herwarth verbrachte diese entscheidende Nacht

in der Residenz des deutschen Botschafters, um für schnelle telefonische Verbindungen zwischen Moskau und Berlin zu sorgen. Er erinnert sich:

„Es war eine direkte Telefonverbindung zwischen Moskau und Berlin eingerichtet worden. Einige Male hatte ich die Zustimmung Hitlers zu Veränderungen im Vertragstext, vor allem für kleine Grenzverschiebungen, einzuholen. Es war erstaunlich, wie rasch Hitler seine Zustimmung gab, um möglichst schnell den Vertrag unter Dach und Fach zu bringen."

Hans von Herwarth erfuhr jedoch auch noch andere Einzelheiten über diese denkwürdige Nacht. So seien die Verhandlungen von Stalin persönlich geführt worden. Stalin habe Ribbentrop nicht verhehlt, daß er, Stalin, seit langem für eine sowjetisch-deutsche Annäherung gewesen sei. Beim Abschluß des Vertrages habe Stalin sein Glas auf Hitler erhoben und ihn „Molodez" genannt, was in der russischen Umgangssprache soviel wie „ein toller Kerl" bedeutet.

Der Nichtangriffspakt, der das Datum vom 23. August 1939 trägt, wurde am 24. August um 2 Uhr früh unterzeichnet. Kurz darauf wurden die Fotografen hereingelassen, um den historischen Augenblick festzuhalten. Hans von Herwarth: „Unter ihnen war der deutsche Fotograf Helmut Laux, der mir später schilderte, wie er Ribbentrop und Stalin fotografiert hatte. Sie hatten jeder ein Glas Sekt in der Hand und tranken auf den Erfolg des Abkommens. Stalin bemerkte, es sei keine gute Idee, dieses Foto zu veröffentlichen, da es der deutschen und der sowjetischen Bevölkerung ein falsches Bild vermitteln könne. Laux wollte gerade die Kamera öffnen, um Stalin den Film zu geben, als ihm dieser mit der Bemerkung abwinkte, das Wort eines Deutschen genüge ihm."[3]

Am 24. August um 13.25 Uhr reiste Ribbentrop wieder aus Moskau ab. Er wurde von denselben sowjetischen Funktionären, die ihn am Tage zuvor empfangen hatten, wieder verabschiedet. Am gleichen Tag traf Ribbentrop wieder in Berlin ein. Am Nachmittag unterrichtete er Hitler, der eigens aus Berchtesgaden herbeigeeilt war. Hitler war voller Freude und

Artikel 7

Der gegenwärtige Vertrag soll innerhalb möglichst kurzer Frist ratifiziert werden. Die Ratifizierungsurkunden sollen in Berlin ausgetauscht werden. Der Vertrag tritt sofort mit seiner Unterzeichnung in Kraft.

Ausgefertigt in doppelter Urschrift, in deutscher und russischer Sprache.

Moskau, am 23. August 1939.

Für die Deutsche Reichsregierung
gez. Ribbentrop
In Vollmacht der Regierung der UdSSR
gez. Molotow“

Im Leitartikel der Prawda wurde besonders der Artikel 4 hervorgehoben, der die beiden Partner verpflichtet, sich keiner Machtgruppierung anzuschließen, die direkt oder indirekt gegen den anderen Unterzeichner gerichtet sein könnte. Die Prawda pries auch den Artikel 5 des neuen Vertrages, der die friedliche und freundschaftliche Regelung aller Streitfragen durch die Schaffung gemeinsamer Kommissionen im Falle ernsthafter Konflikte vorsieht.

Am nächsten Tag, also am 25. August, berichtete die Prawda nur noch kurz über die Abreise von Ribbentrops am 24. August um 13.25 Uhr. Dieselben sowjetischen Funktionäre, die ihn empfangen hatten, verabschiedeten ihn auch[5].

Chruschtschow: Die Politbüromitglieder waren auf der Jagd

Entscheidend bleibt die Frage, wer von der sowjetischen Führung über den Pakt wußte und an dem Zustandekommen des Paktes beteiligt war.

Darüber haben wir Auskunft vom damaligen Politbüromitglied Nikita Chruschtschow. 1894 in einer Bauernfamilie geboren, seit 1918 Mitglied der Bolschewistischen Partei, war Chruschtschow zunächst Rayon-Parteisekretär in Petrowo-

Marinsk in der Ukraine und rückte 1927 im ukrainischen Parteiapparat auf. 1929 kam er nach Moskau, zunächst als Parteisekretär der „Industrie-Akademie“, dann ab 1932 als Zweiter Sekretär, ab März 1935 als Erster Sekretär der Moskauer Parteiorganisation. Er gehörte dem Zentralkomitee seit 1934 und dem Politbüro seit März 1939 an.

Damals Mitglied des Politbüros, schilderte er den Hitler-Stalin-Pakt in seinen späteren Memoiren:

„Ich war eines Samstags in Stalins Datscha, und er erzählte mir, daß Ribbentrop am nächsten Tag mit dem Flugzeug käme. Stalin lächelte und beobachtete mich scharf, um zu sehen, welchen Eindruck diese Neuigkeit auf mich machte. Zuerst war ich sprachlos. Ich starrte ihn an und glaubte, er habe einen Witz gemacht. Dann sagte ich: ‚Warum sollte Ribbentrop mit uns sprechen wollen? Will er etwa überlaufen?‘

‚Nein‘, sagte Stalin, ‚Hitler hat uns eine Nachricht geschickt in der es heißt: ‚Ich bitte Sie, Herr Stalin, meinen Minister Ribbentrop zu empfangen, der einige konkrete Vorschläge überbringt.‘ Wir haben uns bereit erklärt, ihn morgen zu treffen.‘

Ich sagte Stalin, daß ich vor hätte, am nächsten Tag mit Bulganin und Malenkow in Woroschilows Revier auf die Jagd zu gehen. Stalin sagte: ‚Tun Sie das ruhig. Für Sie wird es hier morgen nichts zu tun geben. Molotow und ich werden uns mit Ribbentrop treffen und hören, was er zu sagen hat. Wenn Sie von der Jagd zurückkommen, werde ich Sie wissen lassen, was Hitler vor hat und was bei unserer Unterhaltung mit Ribbentrop herausgekommen ist‘.“

Chruschtschow fuhr darauf mit Bulganin und Malenkow in das Jagdgebiet von Sawidowa. Als sie dort ankamen, war Woroschilow schon da – das bedeutete, daß er nicht an der Zusammenkunft mit Ribbentrop teilnahm, obwohl er seinerzeit als Volkskommissar für Verteidigung auch der sowjetischen Delegationsleiter bei den Gesprächen mit den Westmächten gewesen war. Nun aber war auch er ausgeschaltet.

Kaum glaublich aber wahr: Die sowjetischen Politbüromitglieder waren auf der Jagd. Chruschtschow erinnert sich, daß es ein warmer Tag und die Jagd ein großer Erfolg war. Er war besonders erfreut, denn an jenem Tag hatte er eine Ente mehr geschossen als Woroschilow. Dies erschien ihm bedeutsam, weil die sowjetische Presse stets Woroschilow als besten sowjetischen Schützen herausgestellt hatte. Nach der Jagd fuhren die Politbüromitglieder zu Stalins Datscha. Chruschtschow nahm seine Enten mit, um sie mit den anderen Mitgliedern des Politbüros zu teilen. Er erzählte Stalin von der Jagd und prahlte ein bißchen mit seinem Erfolg. Stalin war sehr guter Laune.

Chruschtschow: „Während unsere Jagdtrophäen zubereitet wurden, berichtete Stalin, daß Ribbentrop den Entwurf eines Freundschafts- und Nichtangriffspaktes mitgebracht habe und daß wir unterzeichnet hatten. Stalin schien sehr mit sich zufrieden zu sein. Er sagte, wenn die Engländer und Franzosen, die noch in Moskau seien, morgen von dem Vertrag hörten, würden sie sofort abreisen ..."

Stalin sagte, laut Chruschtschow, durch diesen Vertrag werde die Sowjetunion vom Krieg ein wenig länger verschont bleiben. Sie könne neutral bleiben und Kräfte sammeln. Im übrigen hieße es abwarten. Chruschtschow meint in seinen Memoiren, daß der Hitler-Stalin-Pakt letzten Endes für die Sowjetunion vorteilhaft war, weil man dadurch eine Atempause gewonnen hätte.

Kritisch äußert sich Chruschtschow aber zur Form des Vertragsabschlusses: „Wir durften den Vertrag nicht einmal in Parteiversammlungen diskutieren ... Es war sehr schwer für uns Kommunisten und Antifaschisten, die in der philosophischen und politischen Opposition den Faschisten unverändert feindlich gegenüberstanden, den Gedanken eines Bündnisses mit Deutschland zu akzeptieren." [6]

Klement Gottwald wußte es vorher

Aus Chruschtschows Erinnerungen geht deutlich hervor, daß selbst die sowjetischen Politbüromitglieder – mit Ausnahme Stalins und Molotows – nicht über die Vorbereitungen des Paktes informiert waren.

Wer aber wußte in Moskau sonst noch etwas, bevor der Pakt

bekanntgegeben wurde? Offensichtlich einige höhere Kominternfunktionäre – zumindest in gewissen Andeutungen. Zu ihnen gehörte Klement Gottwald, wie dies aus den Erinnerungen von Ernst Fischer hervorgeht.

Ernst Fischer (1899–1972), seit 1920 Mitglied der Sozialistischen Partei Österreichs, von 1927–34 Redakteur der sozialistischen „Arbeiterzeitung", nahm im Februar 1934 am Aufstand der Schutzbündler in Wien teil, trat anschließend zur Kommunistischen Partei Österreichs (KPÖ) über, emigrierte nach Prag und kam von dort in die Sowjetunion, wo er in der Komintern tätig war, im Kominternhotel Lux wohnte und auch – unter dem Namen Peter Wieden – Rundfunkkommentare und Artikel schrieb.

Ernst Fischer, zur Zeit des Hitler-Stalin-Paktes 40 Jahre alt, erinnert sich:

„Am 21. August erschien in der Prawda ein Leitartikel über die Unterzeichnung eines Handels- und Kreditabkommens mit Deutschland. In dem Artikel war zu lesen, das Abkommen könne ‚ein Wendepunkt in den wirtschaftlichen Beziehungen zwischen den beiden Seiten werden' und ‚ein wichtiger Schritt vorwärts zu einer weiteren Verbesserung nicht nur der wirtschaftlichen, sondern auch der politischen Beziehungen zwischen der UdSSR und Deutschland'.

Ich wollte mit Manuilski sprechen. Im Korridor der Komintern winkte Gottwald mir, ich möge kommen, zog mich in sein Büro, ‚setz Dich' und lächelte schlau, informiert und unbestimmt."

Klement Gottwald, damals 43, war seit Oktober 1925 Mitglied des Zentralkomitees der Kommunistischen Partei der Tschechoslowakei, von 1926–29 verantwortlich für die Agitprop-Abteilung und vollzog in dieser Zeit seinen Aufstieg in das Politbüro. Seit Februar 1929 war Klement Gottwald Generalsekretär der tschechoslowakischen KP und KP-Abgeordneter im tschechoslowakischen Parlament, seit Juli 1929 Mitglied des Präsidiums des Exekutivkomitees der Kommunistischen Internationale (EKKI) und seit dem 7. Weltkongreß der Kommunistischen Internationale im Sommer 1935 dazu noch Mitglied des EKKI-Präsidiums und des EKKI-Sekretariats. Er gehörte somit den beiden höchsten Gremien der Kommunistischen Internationale an. Von Februar 1936 bis November 1938 war er erneut in der Tschechoslowakei, kam aber nach dem Pakt in München im November 1938 wieder nach Moskau. In der Komintern war er zu jener Zeit Sekretär für Mitteleuropa, also unmittelbar für diesen Bereich zuständig.

Ernst Fischer beschreibt das Gespräch mit Klement Gottwald am 21. August, zwei Tage vor dem Hitler-Stalin-Pakt:

„Der Chef der tschechischen Kommunisten, der Tischler-Lehrling aus Wien, ein Mann mit gesundem Menschenverstand, politischem Instinkt, großer Erfahrung in taktischen Kniffen und Pfiffen, unterhielt sich gern mit mir ... Vertrauliche Gespräche mit mir konnten auf keinen Fall schaden, manchmal von Nutzen sein, wenn ich unerwartete Argumente vorbrachte, brauchbar vielleicht für künftige Diskussionen ...

‚Was würdest Du sagen ...‘ Gottwald kniff die Augen zusammen und verzog den Mund, ‚aber sprich nicht davon, ich möchte nur unter uns Deine Meinung hören, privat, verstehst Du, also, was würdest Du sagen, wenn ein Bandit, den man bezahlt hat, damit er Dich umbringt, wenn er Dir plötzlich eine Vereinbarung anbietet?‘ “

Gottwald holte noch etwas aus und kam dann auf die Sache. Was würde er, Ernst Fischer, sagen, „wenn Hitler-Deutschland der Sowjetunion einen Pakt anbietet, was würdest Du sagen?“

Er sah mir scharf ins Gesicht und lachte ungut, ein halb verlegenes, halb gewaltsames Lachen, ein Spieler, der eine Karte auf den Tisch knallt, doch seiner Sache nicht sicher ist.

Gottwald: „Da bist Du weg, oder was? Glaubst mir nicht? Hältst es nicht für möglich? Für unanständig? Hinterlistig? Was? Und München? Hast Du München vergessen? Im Sitzungssaal die vier Herren, Hitler, Mussolini, Chamberlain, Daladier.“

Gottwald hatte sich in Zorn hineingeredet: „Kein Jahr noch ist das her, verstehst Du? Und dann nach München, nach der Zerfetzung der Tschechoslowakei, Herr von Ribbentrop in Paris, Dezember 1938 und Monsieur Bonnet versichert ihm,

Frankreich sei an Osteuropa völlig desinteressiert und gebe Deutschland freie Hand. Das neue Projekt – Groß-Ukraine. Bitte, Herr Hitler, greifen Sie zu ... Aber der Räuber – wenn ihm das Risiko zu groß ist, und wenn er unter der Hand zu verstehen gibt, dem anderen, den er abmurksen soll: Da hat man Dir vor zwanzig Jahren ein großes Stück aus dem Leib gerissen, ein großes Stück Ukraine und Bjelorußland, 1920, die Polen, Du weißt, und wenn Du es jetzt zurücknimmst, und wenn ich Dich nicht überfalle ...“

Ernst Fischer: „Teilung Polens ...?!“

Gottwald: „Bist Du entsetzt? Ja? Fassungslos? Fein ist es nicht, aber weißt Du, jeder ist sich selbst der Nächste, vor allem in der Politik ... Also, was hältst Du von einem Pakt mit Deutschland?“ – „Scheußlich!“, antwortete Ernst Fischer.

Gottwald: „Es geht um Tod und Leben der Sowjetunion, verstehst Du? Darf man da zimperlich sein? Denk nach! Aber sprich nicht davon!“

Ernst Fischer hielt sich daran: „Ich dachte nach“, schreibt er in seinen Memoiren[7].

Was Jesus Hernandez bei Dimitrij Manuilski erfuhr

Ernst Fischer und Klement Gottwald waren offensichtlich die einzigen, die sich *vor* der Bekanntgabe des Pakts über eine solche Möglichkeit unterhielten. Alle anderen Erinnerungen von Funktionären der Komintern betreffen den Zeitpunkt *nach* der Veröffentlichung des Pakts.

Besonders interessant erscheint dabei das Gespräch des spanischen KP-Funktionärs Jesus Hernandez mit Dimitrij Manuilski in Kunzewo unmittelbar nach der Bekanntgabe des Pakts.

Jesus Hernandez, damals 32, wuchs in einer ärmlichen Familie mit fünf Kindern in Bilbao auf. Mit 15 Jahren, im Jahre 1922, trat er der Kommunistischen Partei Spaniens bei. Mehr als fünf Jahre verbrachte er im Gefängnis. Im Jahre 1931, nach der Ausrufung der Republik in Spanien, wurde er in die Sowjetunion eingeladen und besuchte die Leninschule in Moskau. Nach seiner Rückkehr nach Spanien war er in der Agitprop-Abteilung und im Zentralorgan der Partei „Mundo Obrero“ tätig. Bei den Wahlen im Februar 1936, die zum Sieg der Volksfront führten, war er Abgeordneter von Cordoba. Während des Bürgerkrieges von 1936–39 war Hernandez Minister für Volksbildung in der spanischen Volksfrontregierung („Der erste Minister Stalins im Ausland“, schrieb er über sich selbst in seinen später erschienenen Memoiren). Gleichzeitig war Hernandez Politkommissar für die Armeen der zentralen Front. Einen Tag, bevor Franco in Madrid einzog, flog er gemeinsam mit einigen anderen KP-Führern ab, landete zunächst in Algerien, kam von dort nach Le Havre und dann mit dem Schiff in die Sowjetunion, wenige Monate vor der Unterzeichnung des Pakts.

Sein Gesprächspartner war Dimitrij Manuilski (1883–1959). Manuilski, ein Bolschewik seit 1903, der in der Illegalität unter dem Parteinamen „Foma“ tätig war, wiederholt verhaftet und verbannt, floh nach Paris. Nach dem Sieg der Bolschewiki im Oktober 1917 war Manuilski zunächst Politkommissar und seit 1919 vorwiegend im Komintern-Apparat im internationalistischen Bereich tätig. Er kam u. a. zum Kongreß der deutschen Kommunisten 1924 in Frankfurt/Main (unter dem Namen Iwanow) und hatte auch in Frankreich und Italien Missionen erfüllt. Seit 1924 gehörte Manuilski dem Exekutivkomitee der Komintern (EKKI) und seinem Präsidium an. Seit 1928 war er der entscheidende Vertreter der sowjetischen KP in der Komintern.

Jesus Hernandez erfuhr die Nachricht vom Hitler-Stalin-Pakt in einer Datscha in Kunzewo bei Moskau, die für die besonders wichtigen Komintern-Funktionäre zur Verfügung gestellt worden war.

In seinen Memoiren erinnert sich Jesus Hernandez an diesen Tag: „Für uns Spanier schlug der Besuch Ribbentrops in Moskau wie eine Bombe ein. Die Veröffentlichung von Fotos, auf denen Bolschewiki zu sehen waren, die den Nazis zulächelten, und die Ankündigung der Unterzeichnung des deutsch-sowjetischen Paktes, stürzte uns in einen Zustand größer Verblüffung. Wir mußten uns erst einmal die Augen reiben um festzustellen, daß es auf jeden Fall die Prawda war.“

Bestürzend waren, laut Hernandez, vor allem zwei Dinge: Erstens, daß in dem Vertrag nur der Wunsch ausgesprochen wurde, den Frieden zwischen Deutschland und der Sowjetunion zu festigen, während von der Wahrung des Friedens in der Welt keine Rede war und zweitens, daß die beiden vertragschließenden Regierungen ständig Kontakte unterhalten und sich gegenseitig über alle Fragen hinsichtlich ihrer gemeinsamen Interessen informieren werden.

Hernandez: „Noch am gleichen Abend dieser erschütternden Neuigkeit traf ich Manuilski, der mit mir dieselbe Villa bewohnte. Ich kannte ihn schon lange genug, um mir zu erlauben, ihn in solchen Umständen zu Rate zu ziehen.

– Ich versuche diese aufsehenerregende Wende zu verstehen.
– Man muß Zeit gewinnen, Hernandez.
– Aber der Pakt läßt Hitler freies Spiel. Dies kann für die UdSSR schreckliche Folgen haben.
– Ach was! Unser unmittelbares Ziel ist doch die Liquidierung Polens, das sich schon viel zu lange unseren möglichen Aggressoren als Sprungbrett präsentiert.
– Polen liquidieren?
– Das wird der erste Schritt dieser Abmachung sein. Der Existenz Polens als Staat wird ein Ende gesetzt. Wir werden eine gemeinsame Grenze mit Deutschland haben, sagte Manuilski, der über mein verdutztes Gesicht nun etwas lächelte.
– Aber Frankreich und England haben doch einen Vertrag mit Polen. Es wird also Krieg geben!
– Nur Selbstmordkandidaten würden es wagen, gegen Deutschland und die UdSSR einen Krieg zur Verteidigung Polens vom Zaune zu brechen. Die Herren Chamberlain und Co. haben viel zu viel Angst, um sich auf ein solches Unternehmen einzulassen. Wie in München werden sie laut schreien und mit den Füßen stampfen; ich glaube jedoch nicht, daß sie sich für einen Krieg entscheiden werden.
– Und wenn es doch geschieht?

– Alles ist eingeplant und kalkuliert. Wir können nicht verlieren.

Da ich nicht überzeugt aussah, erklärte er ergänzend:

– Wenn sich die Kapitalisten untereinander niedermetzeln wollen, um so besser. Zum gegebenen Augenblick, wenn sie die ersten Anzeichen der Erschöpfung zeigen, wird man uns besimmt von beiden Seiten umwerben. Unsere Entscheidung richtet sich dann danach, was für uns am besten ist. Sei nur beruhigt, unsere Armeen werden für kein kapitalistisches Land die Kastanien aus dem Feuer holen.“ [8]

Castro Delgado:
Aufregung bei der Komintern

Den denkwürdigen Morgen nach Abschluß des Paktes beschreibt auch Castro Delgado, zu jener Zeit Vertreter der KP Spaniens in der Komintern. Enrique Castro Delgado, damals 32 Jahre alt, gehörte der KP Spaniens bereits seit 1925 an. Schon wenige Jahre später war er im Regionalkomitee der Partei in Madrid tätig sowie im Zentralorgan „Mundo Obrero“. Im Bürgerkrieg von 1936–39 war er einer der Organisatoren des kommunistischen „Fünften Regiments“, gehörte seit 1937 dem Zentralkomitee der KP Spaniens an, war vorwiegend für die Agrarreform verantwortlich, sowie Kommissar der Truppen an der Zentralfront und leitete auch die Ausbildung der politischen Kommissare.

Nach der Niederlage der spanischen Republik im Frühjahr 1939 kam Enrique Castro Delgado über Frankreich in die UdSSR, war zur Zeit des Hitler-Stalin-Pakts unter dem Namen „Luis Garcia“ in der Komintern tätig und wohnte gemeinsam mit seiner Frau Esperanza im Hotel Lux.

Castro Delgado hatte die Angewohnheit, weil er keinen Wecker besaß, das Radio nachts eingeschaltet zu lassen, weil er wußte, daß der Moskauer Rundfunk um 6 Uhr pünktlich mit den Sendungen begann. So war es auch am 24. August 1939, dem ersten Morgen nach dem Pakt: „Uns hat der Sportmarsch geweckt, wir haben danach die Gymnastik-Übungen angehört, wir hörten dies wie jemand, der den Regen hört: die Gewöhnung führt zur Indifferenz." Castro Delgado wartete auf Nachrichten über Spanien, aber der Begriff Spanien kam nicht vor. Stattdessen begann eine schwere monotone Stimme etwas zu verlesen. Castro Delgado und seine Frau Esperanza schenkten diesen Dingen keine Aufmerksamkeit. Am Ende hörten sie den Namen von Molotow und Ribbentrop. Im Zimmer nebenan hörten sie überstürzte Schritte. Als einzige frühstückten sie völlig unbekümmert um acht Uhr morgens.

Castro Delgado: „Ich nahm die Aktentasche und ging schnell zum Bus hinunter, der um 10 Minuten nach acht abfuhr. Als ich ankam, bot sich mir ein anderes Bild als an den übrigen Tagen. Heute stürzten die Leute nicht los, um ihre Sitze zu erobern. Sie warteten auf dem Bürgersteig in Gruppen und unterhielten sich aufgeregt, einige beinahe schreiend.

Ich schaute einen nach dem anderen an; niemand sah mich. Ich wünschte einen guten Tag; niemand antwortete mir.

Sie sprachen weiter, gestikulierten und bewegten die Arme. Der einzige, der nicht sprach, war ich; der einzige, der nicht gestikulierte, war ich."

Enrique Castro Delgado, damals als Luis Garcia bekannt, dürfte wirklich der einzige gewesen sein, der an diesem Morgen vor dem Autobus, der die Funktionäre vom Hotel Lux zur Komintern bringen sollte, nichts vom Hitler-Stalin-Pakt wußte.

Aber er sollte es bald erfahren: von Octavio Brandao, damals Vertreter der Kommunistischen Partei Brasiliens beim Exekutivkomitee der Komintern. Octavio Brandao hatte die KP Brasiliens im Jahre 1921 mitbegründet, arbeitete vorwiegend in der Agitprop-Abteilung – er war von Beruf Journalist und Dichter – und seit 1926 als Korrespondent der „Inprekorr" (der von der Komintern herausgegebenen „Internationalen Pressekorrespondenz"). Seit 1932 lebte Octavio Brandao als brasilianischer KP Vertreter in Moskau.

An diesem Morgen kam Octavio Brandao, wie meist, als einer der letzten im Laufschritt und müde an. Aber Enrique Castro Delgado bemerkte etwas Außergewöhnliches an ihm:

„Welch ein Glanz in seinen Augen, welches Lächeln auf seinem Gesicht!“

Brandao ging von einer Gruppe zur anderen; beim Einstieg in den Bus sah er Castro Delgado, kam auf ihn zu und umarmte ihn. Brandao zog ihn in das Innere des Busses. Er schrie, lächelte maliziös und lachte. Brandao wollte ihm irgendetwas erzählen, aber dies wurde erschwert, weil 50 Kominternfunktionäre sich im Autobus befanden und sich laut in zahlreichen Sprachen unterhielten. Schließlich kam Brandao ganz nah: „Großartig, Genosse Luis, einfach großartig ... Die Sowjetunion hat einen Nichtangriffs- und Handelspakt mit Deutschland abgeschlossen ... Molotow und Ribbentrop haben im Namen ihrer Regierung unterschrieben ... Großartig! ... Großartig! ... Die zwei Gruppen angesichts ihrer Widersprüche ... Die Sowjetunion in voller friedlicher Entwicklung ... Großartig! Fantastisch! ... Die sollen sich doch gegenseitig zerstören ... So werden unsere Aufgaben leichter sein. Fantastisch! Großartig!“

Inzwischen war der Bus in Rostokino, dem Gebäude der Komintern, angekommen. Diesmal waren alle Passagiere so erregt, daß sie weder auf die Brücke noch auf die Statue der Landwirtschaftsausstellung geachtet haben, noch auf die letzte Kurve vor der Einfahrt in den Bereich der Komintern. Die Insassen des Busses zerstreuten sich eiliger als an anderen Tagen[9].

Castro Delgado ging in seinen Arbeitsraum, brach eine Reihe von Siegeln auf, um die für ihn vorliegenden Dokumente zu lesen, sah noch einige Mappen mit Zusammenfassungen aus der Auslandspresse sowie die Korrespondenz der spanischen Kollektive durch.

„Um 11 Uhr morgens bringen sie das amtliche Nachrichtenblatt in spanischer Sprache und die Prawda. Auf der ersten Seite der Prawda der Pakt und ein großes Bild von Stalin, der allen Kommunisten der Welt zu sagen scheint: ‚Das war ich, hört ihr, ich!‘

Ich lese den Pakt ... ich lese ihn, einmal, zweimal, dreimal ... Ich sehe mir die Prawda an einmal, zweimal, dreimal ... und ich denke nach. Während ich nachdenke, kommt es mir vor, als wenn ich eine sanfte aber energische Stimme hörte, die unermüdlich wiederholt: ‚Stalin hat recht' ... ‚Stalin irrt sich nie' ... ich bin sicher, daß in den 299 Zimmern 299 Funktionäre das Nachrichtenblatt lesen und in die Prawda schauen und daß auch bei ihnen wie bei mir eine sanfte doch energische Stimme ohne Unterlaß wiederholt: ‚Stalin hat recht', ... ‚Stalin irrt sich nie."

Enrique Castro Delgado war bestürzt und versuchte, eine Erklärung zu finden. Im Unterschied zu vielen anderen damaligen KP-Funktionären stand bei ihm jedoch nicht die sowjetische Außenpolitik oder die Entscheidung Stalins im Vordergrund, sondern etwas anderes: Spanien.

„Ich bin Spanier: Deutschland hat Franco geholfen, an die Macht zu gelangen und unsere Republik zu vernichten. Ein Flugzeug, ein ‚Messerschmitt', hat mit dem Feuer seiner Maschinengewehre das Leben meines Bruders Manolo in einem kleinen Dorf in Katalonien ausgelöscht ... Hitler strebt danach, Europa zu beherrschen. Ich erschrecke über meine Gedanken ... Aber ich erinnere mich an Spanien ... Wenn ich es nur vergessen könnte: Wenn ich nur meinen Bruder vergessen könnte, wie er in dem kleinen Saal eines kleinen Krankenhauses lag, bleich, ernst ... Dann würde ich auch wie diese 50 Stimmen schreien, die auf mich einhämmern ... Aber von Almeria bis Guernica, von Badajoz bis Barcelona erhebt sich dieses ‚Aber' ... Tote ... Tote ... Tote ... Ich schaue in das Nachrichtenblatt ... Ich schaue in die Prawda."

Während des Tages erhielt Enrique Castro Delgado, wie alle anderen Funktionäre der Komintern, eine wichtige Nachricht: Um 6 Uhr nachmittags soll ein Sprecher des Zentralkomitees der Kommunistischen Partei der Sowjetunion in der Komintern eine Rede über die internationale Lage halten[10].

Ernst Fischer bei höheren deutschen KP-Funktionären

Auch Ernst Fischer erinnert sich, wie am 24. August 1939, diesem entscheidenden Tag für die Komintern, die Prawda auf der ersten Seite das Bild brachte: Stalin, Molotow und Ribbentrop im Kreml mit lächelnden Gesichtern. An diesem Tag traf Ernst Fischer mit Wilhelm Pieck und seiner Familie zusammen.

Wilhelm Pieck, damals bereits 63, war nicht nur der Vorsitzende der deutschen KP-Führung in Moskau, sondern bereits seit 1928 auch Mitglied des Exekutivkomitees der Kommunistischen Internationale (EKKI). Seit 1931 war er Mitglied des EKKI-Präsidiums und des EKKI-Sekretariats und gehörte damit zur Führungsspitze der Kommunistischen Internationale. Wilhelm Pieck war damals mit seiner ganzen Familie in Moskau: mit seinem Sohn Arthur Pieck und dessen Frau Grete Lohde, sowie der Tochter Wilhelm Piecks, Elli Winter, die zugleich auch Sekretärin ihres Vaters war.

Ernst Fischer traf an diesem Tag zunächst mit Mitgliedern der Familie Pieck zusammen:

„In der Komintern war Grete Lohde die erste, die fragte: ‚Was sagst Du dazu?‘ Einst ein deutsches Arbeitermädel, nun die Schwiegertochter des Vorsitzenden der KPD Wilhelm Pieck, intelligent, gewissenhaft, fleißig, arbeitete sie in der Redaktion der Zeitschrift Kommunistische Internationale. Ich hatte sie gern, half ihr behutsam, sich Wissen, Argumentation, Ausdrucksfähigkeit anzueignen. Sie war lungenkrank und liebenswert. In ihren Augen war Ratlosigkeit.

Ich hatte nachgedacht. Vorbereitet durch das Gespräch mit Gottwald war ich dennoch entsetzt. Aber den Pakt hielt ich für richtig. ‚Das ist doch ... Das ist doch ...‘

‚Verrat? Nein. Scheußlich? Ja.‘

‚Wir deutschen Genossen werden es nie verstehen. Auch mein Vater versteht es nicht.‘ Die Redaktionssekretärin Elli war die Tochter Wilhelm Piecks.

‚Auch Arthur versteht es nicht!‘ sagte Grete. Arthur war ihr Mann. ‚Niemand versteht es‘.

Ich bemühte mich, das Ergebnis meines Nachdenkens zu artikulieren, die Unvermeidlichkeit des Paktes zu begründen."

Eine Stunde später wurde Ernst Fischer von Wilhelm Pieck angerufen, ob er, Ernst Fischer, bereit wäre, abends in seiner Datscha in Kunzewo an einer Diskussion mit führenden deutschen Kommunisten teilzunehmen.

Anwesend waren außer Wilhelm Pieck und seiner Familie noch die beiden damals führenden KPD-Funktionäre in Moskau: Wilhelm Florin und Philip Dengel, sowie einige andere wichtige deutsche KP-Funktionäre in der Emigration in Moskau, an die sich Ernst Fischer nicht mehr erinnerte.

Ernst Fischer versuchte eine etwas gehobene Art der Rechtfertigung. Gewiß sei es schmachvoll, den Pakt mit freudigem Ja zu begrüßen. Hitler-Deutschland sei geblieben was es war: Der Staat der Konzentrationslager, des Massenmords, der Judenschlächterei, der terroristischen Diktatur. Daß Hitler sich vorübergehend mit Moskau verständigte, ändere nichts an ihm und seinem System. Der Pakt ermögliche der Sowjetunion, Zeit zu gewinnen. Den ersten Stoß der deutschen Kriegsmaschine würde nicht die Sowjetunion aufzufangen haben sondern England und Frankreich. Die Sowjetunion brauche Zeit, um die Armee zu reorganisieren, damit sie der deutschen Wehrmacht standzuhalten vermöchte.

Ernst Fischer verteidigte den Pakt, aber es war ihm nicht wohl dabei: „Während ich auf solche Art argumentierte, wuchs in mir ein unerklärliches Unbehagen, nahm in dem Ausmaß zu, in dem ich meine Gesprächspartner überzeugte. Der eitle Verstand war mit sich selbst zufrieden, mit seiner Fähigkeit, sich in einer so heiklen Situation zurechtzufinden – aber das *andere,* was war das? Verdrängter Doppelgänger, moralische Bedenken, Widerstand des Gewissens? War ich ein Politiker oder nicht? Ein Kommunist, für den der Zweck die Mittel heiligte, Sieg der Sowjetunion und damit des Sozialismus oder ein kleinbürgerlicher Intellektueller, einer, der Angst hat, sich die Hände zu beschmutzen? Ich hielt diesen Pakt für verwerflich, aus moralischen Gründen, für notwendig aus politischen, weltgeschichtlichen, also war es meine Pflicht, andere und mich selbst zu überreden, warum dann, zum Teufel, dieses Unbehagen, dieser Widerstreit von Gewissen und Bewußtsein?"

Ernst Fischer schien seine Gesprächspartner überzeugt zu haben – aber es gab doch noch einige Fragen.

„Für die deutschen Kommunisten ist also auch weiterhin der Kampf gegen Hitler die entscheidende Aufgabe?"

Ernst Fischer: „Unter allen Umständen."

„Aber der Pakt?"

Ernst Fischer: „Darf uns nicht hindern. Natürlich können wir nicht von Moskau aus zum revolutionären Kampf aufrufen. Aber wir müssen klarmachen, daß nicht die Arbeiterklasse mit Hitler einen Pakt unterzeichnet hat."

Soweit die Darstellung Ernst Fischers über seine damalige Diskussion mit den Führern der deutschen Kommunisten. In seinen 30 Jahre später erschienenen Erinnerungen gab er freimütig zu, den Kern der Frage „damals nicht erkannt" zu haben – dies tat er in seinen 1969 veröffentlichten Memoiren[11].

Ruth von Mayenburg: „Für uns blieb die Kreml-Uhr stehen"

Ruth von Mayenburg, in Teplitz-Schönau im Sudetengebiet der Tschechoslowakei als Kind wohlhabender Eltern geboren, kam in zunehmendem Maße in links-intellektuelle Kreise, lernte um die Jahreswende 1930–31 Ernst Fischer kennen, der als Redakteur der sozialdemokratischen „Arbeiterzeitung" eine entscheidende Persönlichkeit der Linken war. Von der sozialdemokratischen Parteipolitik enttäuscht, blickte Ruth von Mayenburg auf die Sowjetunion. Sie versuchte stets, das, wie es damals hieß, „bolschewistische Experiment" zu verstehen und zu verteidigen. Hinzu kam die drohende Gefahr des Nazismus in Deutschland, die sie bei einem gemeinsamen Besuch mit Ernst Fischer im März 1931 in Berlin erlebt hatte. Im Sommer 1932 heiratete sie Ernst Fischer; im Herbst 1933 war sie tief beeindruckt von Dimitroffs Auftreten im Reichstagsbrandprozeß und trat, nach dem zusammengebrochenen Schutzbundaufstand, im Februar 1934 der Kommunistischen Partei

Österreichs bei. Kurz darauf emigrierte sie in die Sowjetunion, nahm, begeistert, an der Demonstration am 1. Mai 1934 auf dem Roten Platz teil, wurde schon kurz darauf von der IV. Abteilung des Generalstabs der Roten Armee übernommen, mit der Aufgabe, für den sowjetischen Militärapparat tätig zu sein, und fuhr mehrmals illegal unter falschem Namen nach Hitler-Deutschland. Nach einer Aussprache mit Dimitroff wurde sie im Frühjahr 1937 aus ihrer geheimdienstlichen Tätigkeit entlassen und wirkte von da an in der Komintern.

Sie wohnte im Hotel Lux gemeinsam mit 600 anderen Funktionären aus fast allen Nationen und Ländern, und zwar gegenüber der Wohnung des spanischen Parteiführers Jesus Hernandez und seiner Frau Pilar. Dann kam der Hitler-Stalin-Pakt:

„Im August 1939 schloß die Sowjetunion mit Hitler-Deutschland einen Nichtangriffspakt. Für uns blieb die Kreml-Uhr stehen. Bald aber siegte auch im eigenen Kopf die realpolitische Einsicht über die Verwirrung, die dieser ‚geniale' Schachzug Stalins bei den Antifaschisten in aller Welt ausgelöst hat, sowohl in der Sowjetunion wie jenseits ihrer Grenzen. Das Land des Sozialismus mußte sich um jeden Preis aus dem Krieg heraushalten." [12]

Später hat Ruth von Mayenburg in einem Interview ihre damaligen Auffassungen präzisiert:

„Der Schock war so groß, daß wir in den ersten Stunden kaum darüber sprechen konnten. Und dann fragte man sich gegenseitig: Was ist das? Ist das möglich? Und über den Hitler-Stalin-Pakt und die Tatsache, daß Herr Ribbentrop anmarschierte ... Diese Einigkeit ... Von dem Geheimabkommen wußten wir ja nichts; das hat sich ja erst viel später herausgestellt. Aber es wurde schon gemunkelt, daß da noch andere Abkommen sind als dieser offizielle Nichtangriffspakt, der in der ‚Prawda' gestanden hatte ... In unserem Denken waren wir ja auch Leninisten, nämlich gegen den Imperialismus. Und Staaten wie England, Amerika, Frankreich usw. waren für uns noch imperialistische Staaten ... So versuchten wir unser Gewissen zu beruhigen darüber, was dieser Hitler-Stalin-Pakt faktisch bedeutete. Die Arbeiter in Deutschland, die gegen das Hitler-Regime kämpften, in den Konzentrationslagern zugrunde gingen, gefoltert wurden – alles das war ja in Frage gestellt worden durch den Hitler-Stalin-Pakt. Es waren plötzlich Opfer, die für die große Politik zugrunde gegangen sind, für eine Politik, die über ihre Köpfe hinwegging, die nicht Rücksicht darauf nahm, was dort in Deutschland mit Hitler-Gegnern geschah. Und es war eigentlich beschämend. Und über dieses Beschämende sind wir lange nicht hinweggekommen. Man mußte das marxistische Denken über Imperialismus, über internationale Kämpfe, über alles dies, das mußte man mobilisieren, um über diese echte Gewissensfrage sich hinwegzuschwindeln[13]."

Im Hotel Lux wohnte auch Herbert Wehner, damals unter dem Namen „Kurt Funk" bekannt. Herbert Wehner, 1906 in Dresden geboren, gehörte seit 1927 der KPD an und war seit 1930 Abgeordneter der KPD im sächsischen Landtag. Nach Hitlers Machtantritt nahm Herbert Wehner zunächst an der Widerstandsbewwegung gegen Hitler teil, mit aktiver Parteitätigkeit im In- und Ausland. 1935 emigrierte er nach Prag und gelangte von dort nach Moskau.

In seinen im August 1946 geschriebenen, aber erst 1982 veröffentlichten Erinnerungen, beschränkt sich Herbert Wehner nur auf einen kurzen Hinweis:

„Der deutsch-russische Pakt war die äußerliche Kennzeichnung einer seit längeren Zeit spürbaren Entwicklung. Für die deutschen Kommunisten in Moskau bedeutete er eine furchtbare Belastung." [14]

Der neuseeländische KP-Führer unterwegs nach Moskau

Auf höchst ungewöhnliche Weise erfuhr der neuseeländische KP-Führer Sidney Wilfred Scott vom Hitler-Stalin-Pakt – im Schlafwagen von Leningrad nach Moskau.

Sidney Wilfred Scott, damals 39, gehörte zu den Begründern der KP Neuseelands im April 1921. Viele Jahre war Scott Chefredakteur der neuseeländischen KP-Zeitung „Workers Weekly“ und seit Anfang der 30er Jahre auch der offizielle Propagandist der Partei.

Im Frühsommer 1939 begab sich Sidney Wilfred Scott zum ersten Mal auf eine große Reise. Er fuhr zunächst nach Australien, von dort mit dem Schiff über Colombo, Aden, Suez und Malta nach Southampton. In London führte er längere Gespräche mit dem damaligen britischen KP-Vorsitzenden Harry Pollitt, der ihn taktvoll darauf hinwies, daß in der Sowjetunion einige Dinge schwierig seien. Aber Sidney Scott nahm Pollitts Ratschläge nicht an und fuhr mit dem sowjetischen Schiff „Kooperatsky“ nach Leningrad. Dort wurde er von dem Kominternfunktionär Springhall erwartet. „Ich mochte ihn eigentlich ganz gern“, schrieb Sidney Scott. „Später zeigte sich jedoch, daß er bedingt durch sein Funktionärsdasein in gewisser Weise korrumpiert war.“

Mit Hilfe von Springhall wurde Sidney Scott in einem Leningrader Hotel untergebracht und am nächsten Tag stiegen beide in den Nachtzug nach Moskau. Im Abteil begannen Springhall und Scott zu plaudern. Wilfred Scott: „Bei einer der Stationen gelang es ihm (Springhall), eine Zeitung zu beschaffen und während er sie ausbreitete, überfiel ihn eine plötzliche Erregtheit. ‚Hör Dir das an, Scott‘, sagte er, und, aus dem Russischen übersetzend, verlas er die Ankündigung, daß Rußland und Deutschland einen Nichtangriffspakt unterzeichnet haben sollen. Wenn ich sage, daß ich überrascht war, so ist das eine Untertreibung. Die damit verbundenen Folgen, zumindest einige davon, waren klar abzusehen. Ich konnte nicht umhin, meine Empörung zum Ausdruck zu bringen und kritisierte das Vorgehen der sowjetischen Regierung. Springhall unterbrach mich jedoch und erwiderte mit allem Ernst, daß man nie die sowjetische Regierung kritisieren dürfe. Die Sowjetunion sei das Vaterland der Arbeiter und täusche sich nie.“ [15]

Wilfred Scott rechtfertigte später doch den Pakt mit der üblichen Argumentation, daß alle Versuche mit den Westmächten gescheitert seien und der Sowjetführung praktisch kein anderer Weg übrig blieb. Erst viele Jahre später kam er zur Schlußfolgerung, daß das Übereinkommen mit Hitler geschlossen wurde, um den Anschluß der Osthälfte Polens an die Sowjetunion möglich zu machen.

Ein sowjetischer ZK-Funktionär vor der Komintern

Am 24. August um 18 Uhr fand eine große Zusammenkunft in der Komintern statt. Genau wie Enrique Castro Delgado hatten auch alle anderen Kominternfunktionäre die Mitteilung erhalten, daß um 18 Uhr nachmittags ein Funktionär des Zentralkomitees der Bolschewistischen Partei eine Rede „Über die internationale Lage" halten werde. Pünktlich waren sie alle da, um den Funktionär des Zentralkomitees der KPdSU zu hören.

Von dieser denkwürdigen Veranstaltung in der Komintern existiert nur der Bericht von Enrique Castro Delgado. Seine Darstellung mag ein wenig ironisch überspitzt sein, dürfte aber für jeden, der solche Veranstaltungen in Moskau kennengelernt hat, annähernd der Wahrheit entsprechen.

Hier die Schilderung Enrique Castro Delgados:

„Auf der Tribüne Dimitroff, Manuilski, Marty, Togliatti, Pieck, Florin, Gottwald und einige hohe Funktionäre des Apparates. Unter ihnen der Tagungsleiter.

Wilkow, der Sekretär der Parteiorganisation der Komintern erhebt sich mit einem Papier in der Hand ...

– Genossen, wir schlagen jetzt das Ehrenpräsidium vor.

Eine Pause.

Wilkow. – Genosse Stalin ...

Wir stehen auf und applaudieren wie verrückt. Wir setzen uns.

Wilkow. – Genosse Molotow ...

Wir stehen auf und applaudieren etwas weniger. Wir setzen uns.

Wilkow. – Genosse Woroschilow ...

Wir erheben uns und applaudieren wie vorher. Wir setzen uns.

Wilkow. – Genosse Kalinin ...

Wir stehen auf und applaudieren ein bißchen weniger. Wir setzen uns.

Wilkow. – Genosse Andrejew ...

Wir stehen auf, applaudieren genau wie vorher und setzen uns.

Wilkow. – Genosse Kaganowitsch ...

Wir stehen auf und applaudieren etwas weniger. Wir setzen uns.

Wilkow. – Genosse Mikojan ...

Wir stehen auf, applaudieren etwas weniger und setzen uns.

Wilkow. – Genosse Chruschtschow ...

Wir stehen auf, applaudieren genau wie vorher und setzen uns.

Wilkow. – Genosse Berija ...

Wir stehen auf, applaudieren wie rasend. Wir setzen uns.

Wilkow. – Genosse Schwerenik ...

Wir stehen auf und applaudieren ein wenig. Wir setzen uns.

Und so haben wir unser Ehrenpräsidium. Ich schnappe nach Luft, trockne mir den Schweiß ab, der mir die Stirn bedeckt und bereite mich darauf vor, dem Referenten zuzuhören. Doch Wilkow winkt mit noch einem Papier ...

– Genossen, jetzt ernennen wir das eigentliche Präsidium ...

Ich verkrampfe mich, ich glaube, auch die anderen. Und die gleiche Stimme, die bereits elf Namen angekündigt hatte, fährt unerbittlich und unermüdlich weiter, als wenn die nicht genug wären, die die glorreichste Führungsmannschaft der glorreichsten Partei bildeten.

– Genosse Dimitroff ...

Wir stehen auf. Wir applaudieren. Wir setzen uns.

– Genosse Manuilski ...

Wir stehen auf. Wir applaudieren. Wir setzen uns.

– Genossen Blagojewa, Bjelow, Stepanow ...

Wir stehen nicht auf. Wir applaudieren nicht.

Wir sind etwas müde, und ein wenig schmerzen uns die Hände. Doch die Sache ist wirklich der Mühe wert. Wir haben zwei Präsidien:

Das Ehrenpräsidium und das Eigentliche Präsidium.

Der Sitzungsleiter tut, was alle Sitzungsleiter der Welt tun: er steigt auf die Tribüne, ordnet seine Papiere, stellt fest, ob man ihm das Glas Wasser hingestellt hat (hier ist es Tee), er fährt sich mit der Hand über die Stirne, als wenn er darüber nachdenken müßte, was er zu sagen hat, er schaut die Zuhörer an, hustet und ... ‚Genossen‘

Zehn Minuten.

‚... der Genosse Stalin, der voraussah, was uns bedrohte ...‘

Der Applaus hindert den Redner daran, den Satz zu beenden, falls der Satz überhaupt anders enden sollte ... Und der Redner lächelt ... lächelt ...

Zwanzig Minuten.

Der Redner bohrt seine Blicke in das Publikum, ich glaube, er sieht mich an, und ich schaue auf die andere Seite ... Er macht eine kleine Pause und ...

‚Die Imperialisten wollten die Richtung des deutschen Heeres nach Osten wenden ... Doch die Klarsicht unseres genialen Steuermannes, des Genossen Stalin ...‘

Ein weiterer donnernder Applaus. Dreißig Minuten. Vierzig Minuten. Wir haben bereits vier Applausstürme hinter uns. Fünfzig Minuten. Eine Stunde. Wir zählen sechs Stürme. Es ist bereits kein Tee mehr im Glas, und auf der linken Seite des Redners verbleiben nur noch ein paar Blätter.

Ich glaube, viele der Zuhörer hören gar nichts mehr. In meiner Reihe haben einige die Zeitung über den Knien, so daß man sie von der Tribüne aus nicht sieht, und lesen. Andere, glaube ich, schlafen mit offenen Augen ... Dimitroff malt lange Zeit auf einigen Blättern herum, und wenn er eines vollgemalt hat, dann zerknüllt er es und legt es sorgfältig vor sich hin; Es hat sich so bereits eine ziemlich lange Reihe gebildet. Manuilski ist sehr mit seiner alten Pfeife beschäftigt: ich glaube, nach langer Zeit ist es ihm gelungen, sie zu reinigen. Die übrigen Mitglieder des eigentlichen Präsidiums scheinen wie verzaubert zuzuhören ...

Das letzte Blatt des fürchterlichen Stapels befindet sich bereits in den Händen des Redners.

‚... Und das verbrecherische Manöver, von den imperialistischen Hunden eingefädelt, ist zusammengebrochen, und zwar dank dieses Paktes mit unermeßlichen geschichtlichen Auswirkungen, der Ausdruck des politischen Genies unseres Genossen Stalin.‘

Das Eigentliche Präsidium erhebt sich. Auch wir erheben uns. Das Eigentliche Präsidium klatscht Beifall, wir klatschen Beifall. Und der letzte Sturm beginnt sich zu legen.

Dimitroff setzt sich. Manuilski setzt sich. Wir setzen uns. Der Redner nimmt die Papiere auf, schaut nach dem Glas Tee, zieht ein Taschentuch heraus, wischt sich die Stirne ab und ... geht von der Tribüne herunter, um sich neben das Eigentliche Präsidium zu setzen. Ich warte. Wilkow erhebt sich. Ich erschauere. Ich glaube, selbst die Säulen erschauern.

„Genossen: Ich möchte im Namen des Präsidiums vorschlagen, daß wir dem Genossen Stalin einen Beschluß senden ...“ Er liest. Ich höre zu. Ich verstehe nichts. Alle stehen auf; alle klatschen Beifall. Ich klatsche auch Beifall. Wir sind mit dem deutsch-sowjetischen Pakt einverstanden.

Wilkow: Die Versammlung ist beendet.

Wir beginnen hinauszugehen. Der kleine Fluß Menschen teilt sich:

Das Eigentliche Präsidium geht vorbei. Am Ende marschiert der Redner. Er lächelt allen zu. Ich schaue ihn an und lächle: Es sieht wie eine Sammlung der ‚Prawda‘ aus.“ [16]

Exkurs:
Viel Geheimnisse und keine Direktiven

Aus den Erinnerungen der damaligen führenden Komintern-Funktionäre sind vor allem vier Aspekte bedeutungsvoll.

1. Die Geheimhaltung: In die Vorbereitung des Hitler-Stalin-Pakts weihte Stalin offensichtlich nur einige wenige ausgewählte Personen ein, darunter von der Sowjetführung wahrscheinlich nur Molotow. Selbst einige der Mitglieder des sowjetischen Politbüros wurden, wie aus den Erinnerungen Chruschtschows deutlich hervorgeht, von Stalin nicht in-

formiert: Er ließ die Politbüromitglieder einfach auf die Jagd gehen. Dasselbe gilt für die Führung der Komintern. Selbst so wichtige Kominternführer wie Wilhelm Pieck und Jesus Hernandez – die beide den höchsten Organen des Exekutivkomitees angehörten – erfuhren über den Pakt nur durch Zeitung oder Rundfunk. Ob der damalige Komintern-Generalsekretär Dimitroff informiert war – was man annehmen darf – bleibt im unklaren, da bisher keiner der Zeit-Zeugen über ein Gespräch mit Dimitroff nach dem Pakt berichtete. Sicher aber war Dimitrij Manuilski über den Pakt vorher informiert und – wie aus Ernst Fischers Erinnerungen ersichtlich – offensichtlich auch Klement Gottwald, der tschechoslowakische KP-Sekretär und damals Komintern-Sekretär für Zentraleuropa.

2. Der Pakt und die geplante Aufteilung Polens: In den wenigen Gesprächen der informierten Personen wurde der Hitler-Stalin-Pakt stets mit der bevorstehenden Aufteilung Polens in Verbindung gebracht – sowohl in dem Gespräch von Gottwald mit Ernst Fischer am 21. August als auch im Gespräch von Manuilski mit Jesus Hernandez nach dem Paktabschluß. Der untrennbare Zusammenhang zwischen dem Pakt und der geplanten bevorstehenden Aufteilung Polens durch Hitler-Deutschland und die Sowjetunion ist wichtig genug, um registriert zu werden.

3. Die fehlende Einberufung der Gremien: Im Unterschied zu den sonstigen Gepflogenheiten gab es diesmal in der Komintern keine EKKI-Tagung (d.h. Tagung des etwas größeren Exekutivkomitees), ja nicht einmal eine Besprechung der beiden kleineren entscheidenden Führungsgremien, nämlich des EKKI-Präsidiums und des EKKI-Sekretariats. An dessen Stelle gab es lediglich das „Referat“ des sowjetischen ZK-Beauftragten, was offensichtlich die Nichtachtung der Stalin-Führung gegenüber der Komintern zum Ausdruck brachte.

4. Keine Direktiven: Die Führung der Kommunistischen Internationale hat weder unmittelbar vor dem Pakt noch selbst in den ersten Tagen und Wochen nach dem Hitler-Stalin-Pakt in irgendeiner Form die Führungen der kommunistischen Parteien anderer Länder informiert. Es gab, zumindest in entscheidenden Wochen, keine öffentlichen Stellungnahmen – selbst keine interne Erklärung oder Direktive der Kominternführung an die Führungen der Kommunistischen Parteien anderer Länder. Keiner der Zeit-Zeugen erwähnt eine solche Direktive. Auch in der offiziellen Darstellung „Die Kommunistische Internationale – Kurzer historischer Abriß" wird eine Direktive der Komintern an die KP-Führung anderer Länder nicht erwähnt.

Das Fehlen einer solchen Direktive ist in der Tat erstaunlich. Selbst für kleinere Detailfragen gab die Kominternführung stets eine Fülle von Anweisungen, Hinweisen oder Direktiven – aber ausgerechnet bei dem entscheidenden Ereignis des Hitler-Stalin-Pakts fehlen diese. Die sonst so direktivfreudige Komintern-Führung hüllte sich in Schweigen.

Warum?

Zwei mögliche Antworten bieten sich an. Die eine wäre eine Nichtachtung oder gar Mißachtung Stalins gegenüber der Komintern. Stalin hatte auch schon früher die Komintern einmal das „Lawotschka", eine Art Krämerladen, bezeichnet. Es könnte wohl sein, daß er auch bei dem entscheidenden Ereignis des 23. August 1939 seine Mißachtung zum Ausdruck bringen wollte.

Die zweite Möglichkeit: Stalin wollte die KP-Führungen anderer Länder auf die Probe stellen; er wollte sehen, ob diese auch selbst in einer solchen für sie unglaublichen Wendung treu zur sowjetischen Führung stehen und die sowjetische Politik verteidigen würden. Stalin wollte erkennen, wie sich die KP-Führungen anderer Länder bei solchen Ereignissen verhielten – und mit wessen unbedingter Treue er immer, bei allen Ereignissen, würde rechnen können.

Die Sorgen des deutschen Botschafters von der Schulenburg

Neben den Reaktionen der Funktionäre der Komintern – die in diesem Buch natürlich besonders im Blickfeld stehen – erscheint es notwendig, auch einige ausländische Botschafter zu erwähnen – zumindest jene, die sich viele Jahre mit der sowjetischen Politik befaßten und unmittelbar mit der Sowjetunion und ihrer Führung zu tun hatten.

Dies trifft vor allem für den damaligen deutschen Botschafter in Moskau, von der Schulenburg, zu. Friedrich Werner Graf von der Schulenburg (1875–1944) stand seit 1901 im Diplomatischen Dienst. Ab 1923 war er Gesandter in Teheran, von 1931–34 in Bukarest. Als Botschafter in Moskau von 1934–1941 war er bei der Vorbereitung des Hitler-Stalin-Pakts, wenn auch wider Willen, aktiv beteiligt. Graf von der Schulenburg stand dem Nazi-Regime äußerst kritisch gegenüber. In der Widerstandsbewegung war er als Außenminister einer Regierung Goerdeler vorgesehen. Nach dem 20. Juli 1944 wurde von der Schulenburg zum Tode verurteilt und am 10. November 1944 im Gefängnis von Berlin-Plötzensee hingerichtet.

Hans von Herwarth, mit Botschafter von Schulenburg in engen freundschaftlichen Beziehungen, wußte von dessen Sorgen. Seit Anfang 1939 war es klar, daß Schulenburgs Vorstellungen über die Verbesserung der deutsch-sowjetischen Beziehungen in völligem Gegensatz zu denen Hitlers standen. Hans von Herwarth berichtet: „Schulenburgs Ziel war die Wiederherstellung der früheren guten Beziehungen zur Sowjetunion, während Hitler sich durch einen Vertrag mit der Sowjetunion nur Stalins Einverständnis zu seinem Angriff auf Polen erkaufen wollte.“ [17]

Nun war es zum Hitler-Stalin-Pakt gekommen. Über seine Begegnung am Morgen des 24. August erinnert sich Hans von Herwarth:

„Am 24. August, morgens um 9 Uhr, war Schulenburg, entgegen seiner sonstigen Gewohnheit, bereits in seinem Büro.“ Schulenburg drückte gegenüber Hans von Herwarth offen seine Besorgnis über den bevorstehenden Krieg aus, der nun nach dem Hitler-Stalin-Pakt unabwendbar war: „Dieser Krieg wird ebenso wie der Erste Weltkrieg sehr, sehr lange dauern," meinte von der Schulenburg und fügte hinzu: „Ich habe mit all meiner Kraft für gute Beziehungen zwischen Deutschland und der Sowjetunion gearbeitet und in gewisser Weise habe ich mein Ziel erreicht, aber Sie wissen selbst, daß ich in Wirklichkeit nichts erreicht habe. Dieser Vertrag bringt uns den Zweiten Weltkrieg und stürzt Deutschland ins Verderben."

Hans von Herwarth meinte dazu, es sei Schulenburgs Tragödie gewesen, daß er selbst habe daran mitwirken müssen[18].

Paasikivi und Gafencu über den Pakt

Neben Botschafter von der Schulenburg sollen die Auffassungen zweier Diplomaten wiedergegeben werden, die sich viele Jahre ihres Lebens besonders intensiv mit der Sowjetunion befaßten und, ausgehend von ihren Kenntnissen und Erfahrungen, interessante und bedeutsame Gesichtspunkte über den Pakt zum Ausdruck brachten: Der Finne Juho Kusti Paasikivi und der Rumäne Grigore Gafencu.

Paasikivi (1870–1956) studierte Geschichte und Jura in Helsinki und war 1918 Mitglied der ersten freien finnischen Regierung. Er sprach fließend russisch und verhandelte bereits 1920 mit führenden Vertretern der Sowjetunion in Dorpat über einen Friedensvertrag. Obwohl weltanschaulich konservativ, gehörte er der Richtung der „Altfinnen" an, die stets den finnischen Nationalismus und Chauvinismus bekämpften und sich für einen Ausgleich mit Rußland einsetzten. Von 1936–39 war Paasikivi der finnische Gesandte in Stockholm – wo er den Hitler-Stalin-Pakt erlebte – und von September 1939 bis 1940 der führende finnische Unterhändler in Moskau, wo er wiederholt mit Stalin und Molotow zusammentraf. Nach Kriegsende war Paasikivi zunächst (November 1944 bis März 1946) Ministerpräsident und anschließend (1945–1956) finnischer Staatspräsident.

In seinen Mitte der 60er Jahren erschienenen Memoiren unterstreicht Paasikivi die innere Wandlung der Sowjetunion und das zunehmende Großmachtdenken als entscheidende Voraussetzung für den Pakt mit Hitler-Deutschland. Das Sowjetreich, sagt Paasikivi, hatte bis Mitte der 30er Jahre seine Wirtschaft, besonders die Schwerindustrie und die sich darauf stützende Kriegsindustrie weit entwickelt („Fünfjahrespläne") und seine Streitkräfte reorganisiert. Dies hatte politisch-psychologische Auswirkungen.

„Das Selbstvertrauen der Kremlherrscher und des sowjetrussischen Volkes wie auch das stolze Bewußtsein der eigenen Großmachtstärke wuchsen ... Immer mehr trat neben der kommunistischen Ideologie ein russischer Patriotismus hervor ... Der sowjet-russische Nationalismus, der Patriotismus wurde in den 30er Jahren ein immer üblicherer Ausdruck. Der Schwächezustand Sowjetrußlands war vorbei ... Der schlummernde kaiserlich-russische Imerpialismus erwachte zum Leben. Das Gefühl der Stärke, der eigenen Bedeutung, der Selbstaktivierung und der Größe verstärkte sich. Für die Sowjetunion öffnete sich das Tor nach Europa und sie kam zur Großmachtgeltung als ein aktiver Faktor bei der Regelung der europäischen Angelegenheiten."

Hinzu kämen gewisse Ähnlichkeiten der Systeme Hitler-Deutschlands und der Sowjetunion, die die Zusammenarbeit erleichterten[19].

Der deutsch-sowjetische Vertrag vom 23. August 1939 (und der ihm vorangegangene Vertrag von München) würden laut Paasikivi „einmal als die schicksalhaftesten und unglücklichsten Staatsaktionen auf dem dunklen Blatt der jüngsten Geschichte gelten". Anfangs sei der wahre Charakter des Vertrages vom August 1939 nicht bekannt gewesen, aber schon wenige Monate danach wurde seine wirkliche Bedeutung offenbar:

„Obwohl der Verdacht bestand, daß mit dem Vertrag Geheimklauseln verbunden waren, gab es darüber damals noch keine genaueren Angaben. Doch als Deutschland und die Sowjetunion im September Polen angriffen und es unter sich aufteilten, und als der Kreml seine intensive Tätigkeit gegen die baltischen Staaten und Finnland sowie im Sommer 1940 gegen Rumänien begann, wurde offenbar, daß der Ribbentrop-Molotow-Vertrag die Grundlage für diesen Lauf der Dinge geschaffen hatte."[20]

Auch der Rumäne Grigore Gafencu (1892–1957) hebt den gewandelten Charakter des Systems als Vorbedingung für den Hitler-Stalin-Pakt hervor.

Grigore Gafencu, in den 20er Jahren führendes Mitglied (und seit 1928 Parlamentsabgeordneter) der „Nationalen Bauernpartei", war vom Dezember 1939 bis Mai 1940 rumänischer Außenminister und dabei stets bemüht, Rumänien aus dem Krieg herauszuhalten. Von August 1940 bis Juni 1941 war Gafencu rumänischer Botschafter in Moskau; als Gegner der rumänischen Diktatur und des Krieges emigrierte er 1944 in die Schweiz, wo er auch seine Memoiren „Vorspiel zum Krieg im Osten" veröffentlichte.

Ähnlich wie Paasikivi unterstreicht Gafencu in einer ausführlichen Analyse die Wiederbelebung des russischen Nationalgefühls, die Herausstellung des Sowjetpatriotismus, gesteigert durch den russischen Nationalismus, die Wiederherstellung der militärischen Traditionen – darunter auch die Wiedereinführung der durch die Revolution von 1917 abgeschafften militärischen Grußpflicht – die Wiedereinführung der Rangabzeichen und die Verherrlichung des Soldatenlebens: „Auf der Brust der Marschälle glitzerten goldene Sterne, die mit kostbaren Steinen von einer Pracht verziert waren, wie sie die bürgerliche Welt kaum kannte.

Das alles waren nur die äußeren Kennzeichen einer gigantischen Anstrengung, die alle ökonomischen und finanziellen Hilfsquellen, alle Kräfte der Arbeit und der Produktion des riesigen Reichs in ihren Dienst zwang."

Gafencu erkennt einen Zusammenhang „zwischen dem Erwachen des russischen Nationalismus und dem Abschluß des Moskauer Paktes". Stalin hatte, nach Gafencu, im kritischen Augenblick seine Zuflucht bei dem Nationalismus gesucht und sich auf ihn gestützt. Die Leichtigkeit, mit der der deutsch-sowjetische Pakt vom August 1939 geschlossen werden konnte, erkläre sich „nicht aus der Übereinstimmung der wirklichen Gefühle der beiden Völker, sondern aus der äußerlichen Ähnlichkeit in der Geistesart der Lenker dieser beiden Reiche."

Man sei betroffen von der Vielzahl jener Elemente, die den Regimen Hitlers in Deutschland und Stalins in der Sowjetunion gemeinsam waren. Gafencu zählt sie auf:

„Die gleiche autoritäre und unwiderrufliche Art, den Willen des Führers durchzusetzen, die gleiche Entschlossenheit des Führers, über alle und gegen alle die höchste Autorität zu wahren; der gleiche Mangel an Kontrolle, Kritik und jeglicher Kundgebung einer unabhängigen öffentlichen Meinung; Ein Mangel an Kontrolle, der den Diktatoren ihre volle Bewegungsfreiheit sichert und ihnen die Möglichkeit gibt, durch eine geschickte Propaganda die erstaunlichsten Kehrtwendungen zu rechtfertigen; das gleiche Interesse für die ‚Masse' als einzigen Gegenstand der politischen Sorge eines totalen Staates; das gleiche Verlangen, immer größere und größere Massen zu organisieren, zu armieren, zu motorisieren und zu mechanisieren. (‚Achtzig Millionen Deutsche' schrieb mit namenlosem Stolz ein Berliner Blatt am Tage nach der Reise Ribbentrops nach Moskau, ‚und einhundertachtzig Millionen Russen; Ihr Bündnis schafft einen Block, der die größte militärische und industrielle Macht der Welt darstellt und ein Reich, das sich in Europa und in Asien über die größten Ländermassen erstreckt, die es jemals gegeben hat.')

Die gleiche Verachtung für die kleinen Staaten, die ihre Sicherheit, ihre Neutralität und ihre Existenz nicht allein verteidigen können, das gleiche Verlangen, sie in den Lebensraum aufzusaugen, der den Weltreichen vorbehalten ist; die gleiche Vorliebe für einfache geografische Linien, die man kühn zieht und mit denen man die angrenzenden Staaten in zwei Teile zerschneidet.

Der gleiche Kult der Gewalt: Der Militarismus der Sowjetunion, in dessen Dienst die Arbeit, die industrielle Produktion, die militärische Ausbildung aller Bürger und sogar die Erziehung der Kinder gestellt wurde, bleibt dem deutschen Militarismus nichts schuldig.

Die gleiche wirtschaftliche Romantik: die Tendenz, gigantische Träume zu nähren, Pläne über Jahre und Epochen zu erstrecken, Projekte auszuarbeiten, um die Energie der Flüsse und Meere einzufangen und Berge zu versetzen."

Diese Ähnlichkeiten der beiden Systeme und der politischen Methoden hätten, so meint Gafencu, „in Berlin wie in Moskau eine äußerst günstige Atmosphäre für politische Zusammenarbeit" geschaffen. Gafencus Fazit: „Es schien, als wäre den beiden Regimen plötzlich, wie wenn ein Schleier zerrissen wäre, die Erleuchtung ihrer Verwandtschaft und aller Vorteile, die sie daraus ziehen konnten, aufgestiegen."[21]

Nach sechstägigem Schweigen: Der Oberste Sowjet

Aber nun zurück zur Sowjetunion in den ersten Tagen nach dem Pakt. Nur zwei Tage lang stand in der Sowjetpresse dieses Ereignis im Mittelpunkt: am 24. August mit dem Bild Stalins und Ribbentrops, der deutschen und sowjetischen Führer und der Veröffentlichung des Vertragstextes mit dem erklärenden Leitartikel und schließlich am 25. August mit dem Kommuniqué über die Abreise Ribbentrops.

Danach gab es in der Sowjetunion überhaupt nichts mehr über den Pakt. Der deutsch-sowjetische Vertrag wurde einfach nicht mehr erwähnt. Die Sowjetpresse ging so schnell wie möglich zu üblichen Tagesfragen über. Schon am 25. August behandelte der Leitartikel der Prawda die staatlichen Gemüsekäufe.

Nach dem Hitler-Stalin-Pakt gab es nicht, wie sonst bei entscheidenden Anlässen üblich, eine Tagung des Zentralkomitees. Nicht einmal eine Erklärung des Zentralkomitees oder des Außenministeriums wurde veröffentlicht. Auch die sonst bei ähnlichen Anlässen üblichen „spontanen" und „enthusiastischen" Betriebsversammlungen und Massenkundgebungen zur Erläuterung eines wichtigen Ereignisses unterblieben. Die Sowjetpresse, offensichtlich auf Anweisung Stalins, tat nichts, um in irgendeiner Weise diesen Paktabschluß der sowjetischen

Bevölkerung – einschließlich der Parteimitglieder und der Funktionäre – zu erklären. So blieb es bis zum 31. August 1939, als der Oberste Sowjet einberufen wurde, vor dem Molotow über den Pakt eine Rede hielt[22].

An der Tagung des Obersten Sowjets am 31. August 1939 nahmen u.a. der spanische Kommunist Enrique Castro Delgado („Luis Garcia“) und der sowjetische Marineoffizier N. G. Kusnezow teil, die beide darüber berichten. Castro Delgado: „Heute hat mich die Blagojewa in ihr Büro gerufen und mir eine kleine rote Karte übergeben: das ist die Einladung in den Kreml. Sie hat mir geraten, alle Ausweispapiere bei mir zu führen ... Zurück in meinem Büro drehe ich sie immer wieder um: das Wappen der Union, mehrere Zeilen gedruckten Textes und zwei handgeschriebene Wörter: ich nehme an, sie bedeuten ‚Luis Garcia‘.“

Obwohl er nur 800 Meter vom Kreml entfernt wohnte, wurde Castro Delgado von der Angst gequält, er könne zu spät kommen. So ging er sehr schnell vom Hotel Lux über die Gorki-Straße zum Roten Platz. Hat er auch wirklich alle Dokumente bei sich? Die Einladung, den „Propusk“ (Passierschein) der Kominternzentrale und den Paß „ohne Staatsangehörigkeit“. Er vergewisserte sich, die sowjetischen Bedingungen kennend, daß sein Deckname „Luis Garcia“ in allen Dokumenten identisch geschrieben war.

Erste Kontrolle vor dem Kremltor. Zwei NKWD-Beamte schauten sich zunächst die Fotografien und dann ihn selbst an. Danach kontrollierten sie die Einladung, den Propusk und den Reisepaß.

Der Kreml war damals noch hermetisch für die Bevölkerung abgeschlossen und nur Auserwählten zugänglich. Castro Delgado bemerkte den hervorragend gepflegten Garten, die sauberen Häuser und die Wachtposten vor jedem Gebäude: „Eine Atmosphäre wie in einem alten Kloster und eine beeindruckende Stille, die durch unsere Schritte leicht verletzt wird.“ Erneut zwei Wachtposten, bis er endlich in den großen Versammlungssaal kam. Ein Mann in Zivilkleidung trat auf ihn zu und wies ihm den Platz an.

Das Hauptereignis war für die damaligen Teilnehmer, nach der Schilderung von Castro Delgado, nicht die Rede des damaligen Außenministers Molotow, sondern das Erscheinen Stalins, der kurzfristig die Tagung besuchte. Castro Delgado erinnert sich: „Es kommen langsam immer mehr Männer auf die Tribüne ... Eine betäubende Ovation ... Ich applaudiere ... Ich tue mir weh ... Ich applaudiere weiter ...

Stalin!

Und ich, nur 20 Meter entfernt von ihm. Könnt ihr euch vorstellen, was das ist? Ich schaue nirgendwo mehr hin. Mein Blickfeld hat sich auf nur einen Mann verengt: Stalin.

Die anderen setzen sich die Kopfhörer auf. Ich setze sie mir auch auf ... Die anderen hören dem Mann zu, der begonnen hat zu sprechen. Ich schaue nur. Nicht auf den Mann, der begonnen hat zu sprechen. Ich schaue auf einen Mann, der nicht spricht und der sich hinter dem befindet, der auf der Tribüne steht.

Ich glaube auch, daß der deutsch-sowjetische Pakt gebilligt wurde. Ich habe nur Stalin gesehen." [23]

Während Castro Delgados Augenmerk sich nur auf den kurzen Besuch Stalins richtete, hielt der damalige Volkskommissar für Auswärtige Angelegenheiten der Sowjetunion Wjatscheslaw Molotow eine entscheidende Rede, in der er auch auf den Hitler-Stalin-Pakt einging:

„Der 23. August, an dem der deutsch-sowjetische Nichtangriffspakt unterzeichnet wurde, muß als ein Datum von großer historischer Bedeutung betrachtet werden. Bis vor kurzem waren die Sowjetunion und Deutschland im Bereich der Außenpolitik Feinde. Heute hat sich die Lage geändert und wir haben aufgehört, Feinde zu sein."

Sicher wußte Molotow, daß, nach Abschluß dieses Paktes, in Europa bald der Krieg ausbrechen werde. Aber er versuchte, diese Tatsache herunterzuspielen:

„Auch wenn ein militärischer Zusammenstoß in Europa nicht vermieden werden kann, wird das Ausmaß eines solchen Krieges begrenzt sein. Nur die Vorkämpfer eines allgemeinen Krieges in Europa könnten damit unzufrieden sein."

Molotow unterließ in seiner Rede jede Kritik an Hitler-Deutschland und der faschistischen Bewegung, stattdessen griff er erstmals mit äußerster Heftigkeit westliche Sozialdemokraten an, die noch bis vor kurzem, während der Volksfrontperiode von 1936–38 als Verbündete und Freunde umworben wurden. Jetzt aber führt Molotow aus:

„Die sowjetisch-deutsche Übereinkunft ist in der anglo-französischen und in der amerikanischen Presse und besonders in einigen ‚sozialistischen' Blättern heftig attackiert worden ... Besonders scharf waren die Ausfälle französischer und englischer Sozialistenführer gegen das Abkommen ... Diese Leute sind der festen Meinung, daß die Sowjetunion auf der Seite Englands und Frankreichs gegen Deutschland kämpfen sollte. Man kann sich fragen, ob diese Kriegshetzer nicht den Verstand verloren haben (Gelächter). Wenn diese Herren unbedingt wünschen, in den Krieg zu ziehen, gut, dann sollen sie alleine gehen, ohne die Sowjetunion (Gelächter und Beifall). Wir werden sehen, was für Helden sie abgeben werden (Gelächter und Beifall)." [24]

In sowjetischen Darstellungen über die Außenpolitik werden diese Auszüge der Molotow-Rede schon seit langem nicht mehr erwähnt.

Gegen Ende der Debatte sprach das Politbüromitglied Schtscherbakow. Er versuchte nachzuweisen, daß die Haltung der Briten und Franzosen bei den Verhandlungen mit der Sowjetunion nicht ernst gemeint war. Abschließend schlug Schtscherbakow angesichts der „absoluten Klarheit" der Erklärung Molotows vor, auf eine Debatte über den Pakt zu verzichten, die Politik der Sowjetregierung zu billigen und das sowjetisch-deutsche Abkommen zu ratifizieren. An diesen Hinweis von Schtscherbakow am Schluß seiner Rede erinnert sich auch der sowjetische Marineoffizier Kusnezow. Dann kam es zu einer formalen Abstimmung. Kusnezow:

„Wir, die Deputierten des Obersten Sowjets, stimmten einmütig für die Ratifizierung des Vertrags." [25]

Nur wenige Stunden nach Ende dieser Tagung des Obersten Sowjets, am Morgen des 1. September, marschierten die Truppen Hitler-Deutschlands in Polen ein. Kurz darauf erklärten Großbritannien und Frankreich den Krieg. Der Zweite Weltkrieg hatte begonnen.

Das verheimlichte Zusatzprotokoll

Ungeachtet des politischen und ideologischen Erdrutsches, den er auslöste, war der Nichtangriffspakt nicht das wirklich Entscheidende der nächtlichen Unterredung zwischen Ribbentrop und den Sowjetführern am 23. August 1939. Das Entscheidende war das geheime Zusatzprotokoll über die Aufteilung der Interessensphären zwischen Hitler-Deutschland und der Sowjetunion in Osteuropa.

Hier der Text dieses Abkommens:

„Geheimes Zusatzprotokoll

Aus Anlaß der Unterzeichnung des Nichtangriffsvertrages zwischen dem Deutschen Reich und der Union der Sozialistischen Sowjetrepubliken haben die unterzeichneten Bevollmächtigten der beiden Teile in streng vertraulicher Aussprache die Frage der Abgrenzung der beiderseitigen Interessensphären in Osteuropa erörtert. Diese Aussprache hat zu folgendem Ergebnis geführt:

1. Für den Fall einer territorial-politischen Umgestaltung in den zu den baltischen Staaten (Finnland, Estland, Lettland, Litauen) gehörenden Gebieten bildet die nördliche Grenze Litauens zugleich die Grenze der Interessensphären Deutschlands und der UdSSR. Hierbei wird das Interesse Litauens am Wilnaer Gebiet beiderseits anerkannt.
2. Für den Fall einer territorial-politischen Umgestaltung der zum polnischen Staate gehörenden Gebiete werden die Interessensphären Deutschlands und der UdSSR ungefähr durch die Linie der Flüsse Narew, Weichsel und San abgegrenzt.

   Die Frage, ob die beiderseitigen Interessen die Erhaltung eines unabhängigen polnischen Staates erwünscht erscheinen lassen und wie dieser Staat abzugrenzen wäre, kann endgültig erst im Laufe der weiteren politischen Entwicklung geklärt werden.

In jedem Falle werden beide Regierungen diese Frage im Wege einer freundschaftlichen Verständigung lösen.

3. Hinsichtlich des Südostens Europas wird von sowjetischer Seite das Interesse an Bessarabien betont. Von deutscher Seite wird das völlige politische Desinteressement an diesen Gebieten erklärt.
4. Dieses Protokoll wird von beiden Seiten streng geheim behandelt werden.

Moskau, den 23. August 1939

Für die Deutsche Reichsregierung
v. Ribbentrop
In Vollmacht der Regierung der UdSSR
W. Molotow“ [26]

Nach diesem Geheimprotokoll würde Litauen noch zur Interessensphäre Deutschlands gerechnet, während die anderen beiden baltischen Länder – Estland und Lettland – sowie Finnland zur sowjetischen Sphäre gehörten.

Fünf Wochen später, Ende September 1939, wurde das Geheimabkommen etwas verändert. Litauen kam nun zur sowjetischen Sphäre, während einige Gebiete Polens der Aufsicht Hitler-Deutschlands unterstellt wurden.

Der Hinweis unter Punkt 4: „Dieses Protokoll wird von beiden Seiten streng geheim behandelt werden“ wurde strikt eingehalten.

So mußten auch die 14 Angestellten der deutschen Botschaft in Moskau sich schriftlich verpflichten, nicht nur über den Inhalt des Protokolls – den kaum drei oder vier kannten – sondern auch über die Existenz eines „gewissen Geheimprotokolls“ überhaupt absolutes Stillschweigen zu bewahren. Die entsprechende Erklärung trägt das Datum vom 27. August 1939 und wurde in einem versiegelten Briefumschlag festgehalten[27].

In der westlichen Welt wurde das geheime Zusatzprotokoll

über die Aufteilung der Interessensphäre zwischen Hitler-Deutschland und der Sowjetunion erst nach Kriegsende 1945 bekannt und wurde bald zum Gegenstand vieler Erörterungen und Analysen.
In der Sowjetunion dagegen und in den mit ihr verbündeten Ostblockstaaten wird das geheime Zusatzprotokoll bis heute totgeschwiegen. Nirgends, in keiner Rede, in keiner Veröffentlichung, ist das geheime Zusatzprotokoll je erwähnt worden – nicht einmal eine Anspielung darauf ist gestattet. Akademische Abhandlungen in der Sowjetunion über die sowjetische Außenpolitik oder über die sowjetisch-deutschen Beziehungen dürfen keinen Hinweis auf das geheime Zusatzprotokoll enthalten.

Selbst in den Jahren der Entstalinisierung von 1956 bis 1964, eine Periode, die von dem sowjetischen Historiker Nekritsch als Jahre der „Befreiung von der Last der Vergangenheit, Jahre schöpferischen Aufschwungs" bezeichnet wurden, blieb dieses Tabu bestehen. Alexander Nekritsch, 1920 in Baku geboren, Professor am Institut für Geschichte der sowjetischen Akademie der Wissenschaften, verfaßte 1958 gemeinsam mit dem Direktor des Historischen Instituts W. M. Chwostow das Buch „Wie der Zweite Weltkrieg entstand". Er erinnert sich:

„Obwohl die Schrift der Entstehung des Zweiten Weltkrieges gewidmet war, vermieden wir weiterhin die Erörterung einer der wichtigsten Fragen – der Rolle des sowjetisch-deutschen Pakts von 1939 bei der Auslösung des Krieges. Diese Frage war und ist der heikelste Punkt in der sowjetischen Geschichtsschreibung. Keiner der sowjetischen Historiker wagte damals, die Grenze des Erlaubten schon zu überschreiten … Hätten wir es etwa versucht, so wäre unser Manuskript nie veröffentlicht worden." [28]

Dies galt, wie gesagt, für die relativ freieste Periode in der Entstalinisierung von 1956–64. Seitdem ist die Situation härter und schärfer für die Historiker geworden.

Das geheime Zusatzprotokoll über die Aufteilung der Interessensphären zwischen Hitler-Deutschland und der Sowjetunion darf auch heute, fast ein halbes Jahrhundert nach diesem Ereignis, niemals erwähnt oder angedeutet werden.

Alle nachfolgend geschilderten Reaktionen entstammen jedoch der damaligen Zeit, d.h. dem August und September 1939. Damals aber wußte noch niemand etwas von dem geheimen Zusatzprotokoll und davon, daß Hitler-Deutschland und die Sowjetunion ihre Interessensphären aufgeteilt hatten. Die nachstehend erwähnten Zeitzeugen konnten sich nur zu dem offiziell verkündeten Text des Nichtangriffspaktes äußern.

KAPITEL 2

Der Pakt und die Menschen in der Sowjetunion

Die Reaktionen der Sowjetbürger auf den Pakt waren widersprüchlich. Sie reichten von Überraschung, Bestürzung und Besorgnis bis zur beruhigenden Erklärung, die Stalin-Führung werde schon wissen, was sie tue. Noch eins kam hinzu: Unter den Bedingungen der Stalin-Herrschaft – vor allem kurz nach der „großen Säuberung" von 1936–38 – waren die Menschen in der Sowjetunion äußerst zurückhaltend, ihre Meinung kundzutun.

So hatten es auch die ausländischen Korrespondenten nicht leicht, die Reaktion der Sowjetbevölkerung auf den Pakt zu beschreiben. Auf der einen Seite wurde die Überraschung und Besorgnis betont. „Die Russen waren wie vor den Kopf geschlagen und versuchten vergebens, sich an diese plötzliche Entwicklung der Ereignisse zu gewöhnen", schreibt die New York Times am 23. August 1939. Der in der Sowjetunion lebende britische Publizist und Historiker Alexander Werth unterstreicht, daß „das Land große Besorgnis angesichts dieser Vorgänge zeigte" und meint, „das Unbehagen überall im Land war beträchtlich" [1].

Andererseits schreibt der Manchester Guardian vom 25. August 1939: „Es gibt keinen Beweis für aufkommende Unzufriedenheit innerhalb der sowjetischen Bevölkerung über die Umkehr der sowjetischen Außenpolitik – trotz der jahrelangen Propaganda gegen die faschistischen Aggressoren." Die Londoner „Times" registriert, daß die Sowjetpresse sich bereits unmittelbar nach dem Paktabschluß anderen Themen widmete:

„Die Zeitungen ließen diese schwerste aller nationalen Krisen in ihren Wochenendausgaben ziemlich unbeachtet und berichteten nur am Rande darüber. Der Leitartikel der Prawda lautete ‚Gemüse'"[2].

Drei Sowjetbürger erinnern sich

Die Palette an gemischten Gefühlen, mit denen die Nachricht vom Nichtangriffspakt aufgenommen wurde, geht auch aus vorliegenden Augenzeugenberichten sowjetischer Menschen hervor.

Oksana Kasenkina, eine Lehrerin, die unter den Stalinschen Säuberungsaktionen zu leiden hatte, kam später nach New York. Sie berichtet in ihren Memoiren über die Ereignisse vom August 1939:

„Über Nacht wurde aus dem meistgehaßten Feind der Sowjetunion ihr ‚Freund und Verbündeter'. Es dauerte lange Zeit, ehe die Menschen sich wirklich bewußt geworden waren, daß das kein Scherz war."[3]

Die Atmosphäre des Mißtrauens, die soweit ging, daß man selbst bei Gesprächen mit Freunden fürchtete, in den Äußerungen „zu weit zu gehen" kommt in den Erinnerungen von Anatolij Granowski zum Ausdruck. Granowski erhielt zu jener Zeit eine Ausbildung in einer Luftabwehrschule; wiederholt hatte er Gespräche und Diskussionen mit seinem Freund Alexander, wobei mitunter auch kritische Äußerungen fielen. Nun, beim Abschluß des Paktes, sprach er erneut mit Alexander. Aber er befürchtete, von ihm ausgehorcht zu werden – dasselbe fürchtete Alexander von Granowski. So fühlte Granowski vorsichtig vor: „Ich glaube genauso wenig wie Du daran, daß sie unsere Freunde sind, wie die Zeitungen schreiben. Ich frage mich, warum die Regierung uns zu täuschen versucht." Aber Alexander ließ sich, wohl aus Furcht, auf eine solche Diskussion nicht ein: „Ich glaube, die Regierung weiß selbst am besten, was zu tun ist. Außerdem – Stalin hat sich zu dieser Politik entschlossen und dabei bleibt es."[4]

M. E. Gallai, zu jener Zeit Student und später höherer Sowjet-Offizier, berichtet in einem in der Sowjetunion veröffentlichten Aufsatz wie verwirrt er damals war: „Vieles erschien unerklärlich, sonderbar und unnatürlich. Es war in erster Linie nicht einmal der Pakt selbst, der Zweifel hervorrief. Jedem von uns war klar, daß es unter den gegebenen Umständen keine andere Wahl gab. Die meisten von uns schluckten diese Nachricht wie eine bittere Pille – unangenehm aber notwendig." Aber „das ungute Gefühl blieb". Beim Anblick der Titelseite der Prawda – mit dem Bild, das zeigt, wie sich die ehemaligen Todfeinde die Hände schütteln – kam bei ihm Beklemmung auf: „Dinge, die wir seit dem Komsomol – und sogar seit den Tagen der jungen Pioniere – als feindlich, teuflisch und gefährlich kannten, waren irgendwie über Nacht neutral geworden." So blieben für ihn die Ereignisse um den Pakt „befremdlich und völlig unbegreiflich"[5].

Diskussionen in der Industriestadt Kemerowo

Eine relativ ergiebige Schilderung stammt von Viktor Kravchenko, damals 34 Jahre alt. Er war seit 1929 Mitglied der Partei und erlebte sowohl die Jahre der großen Säuberung, als auch den Hitler-Stalin-Pakt als Betriebsdirektor in der sibirischen Industriestadt Kemerowo. Später, im August 1943, kam Kravchenko mit einer sowjetischen Einkaufskommission in die USA, wo er sich im April 1944 vom Stalin-System lossagte. In seinem 1946 erschienenen Buch „Ich wählte die Freiheit" berichtet er über seinen Lebensweg und seine Wandlung.

In diesem Buch erinnert sich Kravchenko, wie Parteimitglieder und Ingenieure den Hitler-Stalin-Pakt in der sowjetischen Industriestadt Kemerowo aufnahmen:

„In Kemerowo nahm sich dieser Pakt aus wie ein Meteor, der an unserem Horizont leuchtend aufstieg, um dann jählings zischend in die Köpfe und die Gewissen der Parteimitglieder hinabzuschießen. Wir waren alle vollkommen überwältigt und verwirrt und vermochten es kaum zu fassen ... Für uns galt es all die Jahre als ausgemacht, daß der einzige Feind der Nazis die Sowjetunion sei ... Schließlich hatte man uns doch Jahr für

Jahr den Haß gegen die Nazis eingetrichtert. Wir hatten doch führende Armeegeneräle, darunter auch Tuchatschewski, erschossen, weil sie angeblich Verbündete von Hitlers Reichswehr waren. Die großen Verräterprozesse, in denen Lenins vertrauteste Freunde liquidiert wurden, stützten sich auf die Voraussetzung, daß Nazi-Deutschland und seine Achsenfreunde Italien und Japan sich gegen uns zum Kriege rüsteten ... Die Schurkerei Hitlers galt in unserem Land fast ebenso als geheiligter Glaubensartikel wie die Unfehlbarkeit Stalins. Unsere Sowjetkinder spielten Faschisten-gegen-Kommunisten-Spiele, wobei die Faschisten immer deutsche Namen trugen und jedesmal grausam geschlagen wurden ... In den Schießständen waren die Schießscheiben oft als ausgeschnittene national-sozialistische Braunhemden mit prunkendem Hakenkreuz dargestellt ... Erst als wir die Wochenschauen und Zeitungsbilder sahen, auf denen Stalin lächelnd Ribbentrop die Hand schüttelte, begannen wir das Unglaubliche zu glauben. Hakenkreuz und Hammer und Sichel flatterten Seite an Seite in Moskau!"

So groß die Überraschung, ja Bestürzung auch war, so schnell stellte sich doch bald eine Form der Rechtfertigung ein – vor allem jene, daß die Führung schon weiß, was sie zu tun hat. Allerdings gab es trotzdem keine Begeisterung für die neue Linie, eher Verlegenheit und Zurückhaltung. Kravchenko: „Wir sprachen nicht nur bei den formellen Versammlungsdiskussionen der verschiedenen Parteizellen, sondern privat in unseren Heimen und Büros über die neue Wendung der Ereignisse. Wie können wir uns in Kemerowo erdreisten, solche schwerwiegenden Dinge zu verstehen?

Unsere Aufgabe war es, Fabriken zu erbauen und zu leiten und das Arbeitervolk in den Fabriken zu lenken; immer im Glauben, unser geliebter Führer könne keine Fehler begehen. Nur einige widerspenstige Parteileute fuhren allen Ernstes fort, über die Sache auch weiterhin nachzudenken. Die anderen reagierten bald ebenso apathisch wie das breite Volk. Nach 22 Lebensjahren unter einer Diktatur war eine selbständige öffentliche Meinung undenkbar geworden ...

Obschon jedermann die neue Freundschaft mit den Nazis und die sich häufenden Angriffe auf andere europäische Staaten hinnahm, kann ich doch bezeugen, daß niemand für diese Dinge Begeisterung zeigte. Die ganze Sache roch zu sehr nach einer Verlegenheitslösung. Unsere politischen Versammlungen, bei denen die Sprecher aus der Hauptstadt uns die neue Lage erklärten, verliefen zurückhaltend und unruhig."[6]

Leningrad: Leopold Grünwald und Li-tung begründen den Pakt

Das Gebietskomitee der Partei in Leningrad lud, nach dem Pakt, ausländische Kommunisten ein, um auf Versammlungen den Pakt zu begründen und zu rechtfertigen – offensichtlich in der Annahme, daß die Sowjetbürger dadurch mehr beeindruckt würden als durch die eigenen sowjetischen Referenten. Über diese Praxis berichtete Leopold Grünwald, ein gebürtiger Wiener, der 1918 zu den Gründungsmitgliedern der KP Österreichs gehörte und, einige Jahre später, zu den Gründungsmitgliedern der KP der Tschechoslowakei. Obwohl auch mehrfach in Österreich und Deutschland, war er vorwiegend in den 20er Jahren in der deutschen Sektion der tschechoslowakischen KP tätig, vor allem in dem deutschsprachigen Sudentengebiet. Nach der Besetzung der Tschechoslowakei im März 1939 durch deutsche Truppen flüchtete er in die Sowjetunion. Hier wurde er am 1. September beauftragt, in Leningrad über den Pakt zu referieren. Leopold Grünwald erinnerte sich:

„Genau am 1. September 1939, dem Tag des Kriegsausbruchs, trat ich gemeinsam mit meinem chinesischen Freund Li-tung eine zehntägige Vortragstournee nach Leningrad an. Wir absolvierten täglich Versammlungen in Großbetrieben und Ämtern und hatten eine Hauptaufgabe: Argumente für die Schwenkung der Sowjetpolitik zum Stalin-Hitler-Pakt vorzutragen. Als wir herzliche Dankschreiben des Leningrader Lektorats für Volksbildung, unterzeichnet von den Mitgliedern des Gebietskomitees, Chochrakow und Shamow erhielten, die uns mit Blumen und Geschenken überreicht wurden, hatten wir beide ein ungutes Gefühl."

Den deutsch-sowjetischen Nichtangriffspakt vom 23. August hatte Leopold Grünwald noch ohne weitreichende Kritik angenommen. Der zweite Vertrag aber, der deutsch-sowjetische „Grenz-und Freundschaftsvertrag" vom 28. September 1939 – nach einem neuen Besuch Ribbentrops in Moskau und mit einem noch weiterreichenden Geheimprotokoll verbunden – stieß auch bei Leopold Grünwald, der um diese Zeit bereits seine Arbeit in der Komintern im Gebäude von Rostokino begonnen hatte, auf kritisches Nachdenken:

„Auf meinem Schreibtisch lag die ‚Prawda' mit dem Bild von der Unterzeichnung eines neuen Vertrages. Es zeigte Molotow und Ribbentrop und diesmal unterzeichneten sie einen sowjetisch-deutschen Freundschaftsvertrag! Wie das Gros meiner Genossen stellte ich mir die Frage: Gab es wirklich keinen anderen Weg? Schon damals warfen Genossen ein, weshalb die Sowjetregierung, um ihr Ziel der Heraushaltung der UdSSR aus dem kommenden Krieg zu erreichen, nicht einfach feierlich ihre Neutralität verkündete statt Freundschaft mit dem Todfeind des Sozialismus und des Friedens zu schließen.

Die ganze Tragweite des Paktes war uns nicht bewußt. Erst später sickerte der Inhalt des ‚Grenz- und Freundschaftsabkommens', Zusatz zum ursprünglichen Nichtangriffspakt, durch: Stalin und Hitler grenzten ihre ‚osteuropäischen Interessensphären' im gegenseitigen Einvernehmen ab. Lenin hat solche Geheimverträge ‚Vereinbarungen von Räubern hinter dem Rücken der Völker' genannt."[7]

Eigene Erinnerung:
Der 23. August 1939 in Jejsk

Nach den bisherigen Schilderungen möchte ich hinzufügen, wie meine Freunde und ich damals in der Sowjetunion den Hitler-Stalin-Pakt erlebten.

Ich befand mich damals im Kinderheim Nr. 6 für die Kinder der österreichischen Schutzbundkämpfer und Kinder der deutschen politischen Emigranten in Moskau. Das „Kinderheim Nr. 6“ in der Kalaschnij Pereulok 12 war um diese Zeit, im Sommer 1939, eigentlich kein Kinderheim mehr; wir waren inzwischen Jugendliche zwischen 17 und 19 und unser Heim hatte sich in eine Art „Jugendliches Emigrantenheim“ verwandelt. In den ersten Jahren hatten wir sowohl positive wie negative Dinge erlebt. Wir waren recht privilegiert: unsere Kleidungsstücke wurden in besonderen Schneiderwerkstätten hergestellt, für die Verpflegung sorgte eine österreichische Köchin, das Heim hatte einen eigenen Autobus, mit dem wir zur Schule gebracht und wieder abgeholt wurden, wir hatten ein eigenes Ambulatorium, von einer deutschen Ärztin geleitet; wir wurden häufig eingeladen und besonders begrüßt, erhielten beliebig Eintrittskarten für Opern, Operetten und Theaterstücke sowie Besuche von deutschen antifaschistischen Schriftstellern, ausländischen Delegationen oder von Funktionären der österreichischen und deutschen Sektion der Kommunistischen Internationale; etwa von Koplenig, damals Generalsekretär der KP Österreichs, oder von Wilhelm Pieck. Andererseits waren auch wir in dem Heim Nr. 6 von der großen Säuberung von 1936–38 nicht verschont geblieben. Immer häufiger geschah es, daß der Vater oder die Mutter eines unserer Zöglinge verhaftet wurde. Auch meine Mutter wurde Ende September 1936 in das Lager Workuta verbannt. Schritt um Schritt wurden auch die Lehrer der Karl-Liebknecht-Schule verhaftet und wir wurden 1937 in eine russische Schule eingewiesen. Auch im Heim selbst gab es Verhaftungen: zunächst traf es unseren Pädagogen, den österreichischen Kommunisten Karl Zehetner, schließlich sogar einen unserer Zöglinge, den damals 17jährigen Rolf Geissler.

Zu Beginn des Jahres 1939 hörte die blutige Säuberung auf und wir hofften nun auf normale, ruhige und bessere Zeiten.

Für die Sommerferien 1939 waren wir, die Zöglinge des Heims Nr. 6, auf unterschiedliche Orte im Süden der Sowjetunion aufgeteilt worden. Etwa 10 bis 12 von uns, darunter auch ich, sollten die Ferien in Jejsk am Asowschen Meer als Gäste einer großen Militärakademie verbringen.

Als wir in Jejsk, einer Militärstadt, ankamen, waren wir erstaunt. Zivilisten waren kaum zu sehen und überall sahen wir Uniformierte, die auf ihren Mützen die Aufschrift trugen „W.M.A.U. imeni STALINA“. Die für uns zunächst unverständliche Abkürzung bedeutete „Wojenno-Morskoje-Aviazionnoje Utschilischtsche“, auf deutsch etwa „Marinekriegsschule für die Luftwaffe“. Die ganze Stadt schien fast nur aus Offizieren und Marinefliegern der WMAU zu bestehen.

Etwas abgelegen von der Stadt wurden uns einige schöne Gebäude zugeteilt. Sie lagen zwar nicht unmittelbar am Meer, aber die WMAU stellte uns einen Autobus zur Verfügung, der uns täglich zum Meer und abends wieder zurück brachte.

Nach den grauenvollen Zeiten der großen Säuberung waren diese Ferien für uns besonders schön. Wir ruhten uns einmal richtig aus – ganz losgelöst von unserem üblichen Leben waren wir allerdings nicht.

Während des Urlaubs bereiteten wir uns auf unseren zukünftigen Eintritt in den Komsomol, den Kommunistischen Jugendverband der Sowjetunion, vor. Jeden zweiten Nachmittag saßen wir zusammen mit unserem Politleiter Igor Speranski und wurden politisch geschult – natürlich mit der Geschichte der KPdSU, dem „Kurzen Lehrgang“.

Mitte August wurden wir zu einer Feier in den großen Kulturpalast der WMAU eingeladen. Das Referat über die internationale Lage war, wie damals üblich, scharf gegen den Faschismus und Hitler-Deutschland gerichtet und diesmal ließ sich der Redner nicht nehmen, noch hinzuzufügen:

„Genossinnen und Genossen. Hier in unserem Saal befinden sich unsere ausländischen Gäste, die Söhne und Töchter von deutschen und österreichischen Antifaschisten, die gegen die grausame Hitler-Diktatur gekämpft haben!“ Alles drehte sich nach uns um. Seitdem waren wir in Jejsk stadtbekannt. Wir verbrachten eine herrliche Zeit. Unsere Gastgeber besuchten uns und fragten, ob wir mit allem zufrieden seien. Wir fühlten uns umworben, fast wie in den ersten Jahren des Kinderheims.

Einige Tage später wurde unser Politleiter Igor Speranski

mittags in die Stadt gerufen. „Fahrt ruhig so lange baden. Ich komme abends zurück. Ich bin nur in die Stadt gerufen worden."

„Was ist denn los?"

„Keine Ahnung, etwas Wichtiges wird's wohl kaum sein."

Unbekümmert waren wir baden gegangen – es vergingen viele Stunden – und waren bereits in unser Gebäude zurückgekehrt, als plötzlich unser Politleiter aufgeregt hereingestürzt kam: „Eine ganz wichtige Nachricht" rief er noch ganz außer Atem. „Ich habe in Jejsk den Bürstenabzug der morgen erscheinenden Zeitung erhalten."

„Was ist denn passiert?" fragten wir wie aus einem Munde.

„Wir haben einen Nichtangriffspakt mit Deutschland geschlossen."

Wir starrten ihn mit offenem Munde an. Alles hatten wir erwartet, aber nicht das. Natürlich hatten wir genau die Presse verfolgt, hatten aber mit Sicherheit angenommen, daß es trotz aller Schwierigkeiten bei den Verhandlungen bald zu einem Bündnisvertrag mit England und Frankreich gegen die faschistischen Aggressoren kommen würde.

Unser Politleiter Igor las uns mit offizieller, feierlicher Stimme den Wortlaut des Paktes zwischen der Sowjetunion und Hitler-Deutschland vor. Nach den ersten Sätzen glaubten wir noch, es handele sich bei diesem Vertrag nur um eine Verpflichtung, sich gegenseitig nicht anzugreifen. Dann las uns unser Politleiter die weiteren Artikel dieses Vertrages vor. Fassungslos hörten wir zu.

Wir waren wie vom Donner gerührt. Das war nicht nur ein Nichtangriffspakt, das war ja eine völlige Änderung der gesamten sowjetischen Außenpolitik! Gegenseitige Information über „gemeinsame Interessen" mit der Hitler-Regierung? Keine Teilnahme an irgendeiner Mächtegruppierung, die sich gegen Hitler richtet? Das konnte ja nur eine endgültige Absage an alle Formen des Kampfes gegen die faschistischen Aggressoren bedeuten!

Fassungslos und schweigend saßen wir da. Schließlich meinte Egon Dirnbacher, der jüngste unter uns, traurig: „Ach, wie schade, jetzt werden wir ganz bestimmt Chaplins Film ‚Diktator' nicht sehen dürfen". Der kleine Egon hatte die Situation richtig erfaßt, denn in der Tat wirkte sich der Paktabschluß – wie wir in den nächsten Tagen sehen sollten – sofort innenpolitisch auf das Leben der Sowjetunion aus.

Eine Diskussion wollte nicht recht in Gang kommen, denn niemand, eingeschlossen unser Politleiter, konnte für den Pakt irgendeine Erklärung geben.

„Bestimmt werden morgen genauere Kommentare in der Presse veröffentlicht werden", beruhigte er uns. „Außerdem fahre ich morgen zur Partei nach Jejsk. Dann werde ich Euch noch genaueres berichten und morgen Abend können wir ausführlich über alles diskutieren" – aber dazu sollte es nicht mehr kommen.

Die Folge des Pakts: „Unser Heim ist aufgelöst!"

Am nächsten Morgen, dem ersten Tag nach dem Paktabschluß, wurden wir schon ganz früh von unserem Politleiter geweckt. „Eben ist ein Telegramm aus Moskau gekommen. Wir sollen sofort zurückkehren."

Zwei Stunden später fuhren wir ab. Im Zug nach Moskau beherrschten uns trübselige Gedanken. Was hatte diese plötzliche Rückfahrt zu bedeuten? Wie würde sich unser Leben gestalten, nachdem die Sowjetunion mit Hitler-Deutschland einen Pakt abgeschlossen hatte?

Schon auf dem Moskauer Bahnhof kamen uns einige Zöglinge des Heims entgegen, die in anderen Orten ihre Erholungszeit verbracht hatten und noch schneller zurückgekehrt waren: „Unser Heim ist aufgelöst!" riefen sie uns zu.

Es gab wohl kaum eine Nachricht, die mich so hätte erschüttern können. Unser Heim – das war für uns alles, unsere Wohnung, unser Leben, unser Beschützer, unser Freund! Und jetzt, von einem Tag zum anderen, sollte es nicht mehr da sein!

Wir standen plötzlich vor einem Nichts und konnten uns unser weiteres Leben kaum vorstellen.

„Was wird nun aus uns werden?“

„Das wissen wir auch noch nicht. Heute Nachmittag soll alles entschieden werden.“

Schweren Herzens fuhren wir vom Bahnhof zu unserem Heim in der Kalaschnij-Pereulok 12. Dort sah es aus, wie nach einer Schlacht, Möbelpacker, Anstreicher, Klempner liefen umher, renovierten und verpackten; all unsere Sachen waren in irgendeinen Saal geräumt worden. Einige waren schon abmarschbereit, wußten aber nicht wohin. Andere liefen ratlos und traurig in dem Haus umher, das für viele Jahre unser Heim gewesen war.

Irgendwelche Sitzungen wurden abgehalten, aber niemand schien zu wissen, was nun mit uns geschehen würde. Auf unsere Fragen zuckten die Pädagogen nur hilflos die Achseln. „Wir wissen genauso wenig wie ihr. Der Direktor ist auf einer Besprechung.“

Nach seiner Rückkehr hieß es: „Kommt alle in den großen Saal. Die Versammlung wird gleich beginnen!“ Gegenüber den bisherigen Versammlungen war diese nicht gerade feierlich zu nennen. Wir saßen auf Kisten und Säcken oder standen an die Wände gelehnt. Wie üblich wurde mit einer politischen Einleitung begonnen. Unser Direktor „erklärte“ uns den Pakt, indem er darauf hinweis, daß die Westmächte sich geweigert hätten, auf der Grundlage der Gleichberechtigung zu verhandeln. Sie wollten die Sowjetunion dazu ausnützen, für die Interessen der westlichen Imperialisten zu kämpfen. Dieses Spiel habe jedoch der große Stalin durchschaut. Durch den sofortigen Abschluß eines Paktes mit Deutschland sei die Voraussetzung dafür geschaffen, daß die Sowjetunion weiter in Frieden leben und ihren Aufbau weiter fortführen könne.

Dann kam er auf unser Heim zu sprechen. „In Zusammenhang mit den neuen außenpolitischen Notwendigkeiten wird auch bei uns eine gewisse Reorganisierung erfolgen.“

Unter der Formulierung „gewisse Reorganisierung“ war die sofortige Auflösung des Heims zu verstehen.

Kurz, kalt und herzlos wurden die neuen Richtlinien vom Direktor bekanntgegeben. Er gab sich offensichtlich schon gar keine Mühe mehr, uns den Übergang in die neue Situation psychologisch zu erleichtern. Unwillkürlich bekam ich den Eindruck, daß wir bereits „abgeschrieben“ waren.

In einer halben Stunde war alles entschieden: die Mehrheit unserer Zöglinge wurden in das russische Kinderheim „Spartak“ eingewiesen, für die Älteren wurde beschlossen, daß sie in einen Betrieb gehen, der dann auch für die Unterbringung sorgen wird.

Noch am gleichen Tag kamen wir in das Kinderheim Spartak. „Alle sofort in den Saal“, wurde uns, nicht gerade freundlich, zugerufen. Wir standen deprimiert im Saal, als ein großer, streng aussehender Mann eintrat, der Direktor.

„In einer Linie antreten“, erklärte er streng. Ein solcher Ton war bei uns im Heim Nr. 6 nicht üblich gewesen. Widerwillig fügten wir uns. Wie Keulenschläge sausten seine Anordnungen auf uns herab. „Niemand darf das Heim ohne Erlaubnis eines Pädagogen verlassen. Die Schulaufgaben werden unter Aufsicht der Pädagogen gemacht. Alle haben sich dem festen Reglement des Heims zu fügen.“

Dann wies man uns unsere Schlafstellen zu. Erschreckt blickten wir in die Schlafsäle, in denen die primitiven Betten eng zuusammengepfercht standen. Dann kam das Abendessen. Unnötig zu sagen, daß es schlecht war. Der Unterschied zu unserem bisherigen Heim war sehr kraß: „Hier werden sicherlich keine ausländischen Delegationen hingeführt“, war mein ketzerischer Gedanke.

Durch den Abschluß des Nichtangriffspaktes mit Hitler-Deutschland und die Auflösung unseres Heims hatten wir uns über Nacht in gewöhnliche junge Menschen der Sowjetunion verwandelt. Es erschien kaum glaublich, daß nicht einmal zwei Wochen vergangen waren, da wir mit einem Sonderautobus der Militärakademie ans Meer gefahren und auf einer festlichen Veranstaltung von Hunderten von Offizieren gefeiert worden waren[8].

Die Umstellung der sowjetischen Propaganda

Die plötzlich und drastische Umstellung der Propaganda unmittelbar nach dem Hitler-Stalin-Pakt hinterließ bei den damals in der Sowjetunion lebenden Menschen einen entscheidenden und bleibenden Eindruck.

Der schon zitierte Viktor Kravchenko, damals Parteimitglied und Betriebsdirektor in der sibirischen Industriestadt Kemerowo erinnert sich:

„WOKS, die Gesellschaft für Kulturelle Beziehungen mit dem Ausland, entdeckte plötzlich die Wunder der deutschen Kultur ... Die Theater der Hauptstadt bekundeten großes Interesse für das deutsche Drama. Alles Deutsche war große Mode. Ein grober John Bull und ein Onkel Sam thronten weiterhin als Propagandahetze auf dicken Geldsäcken – aber die Nazis wurden von solchem Hohn verschont.“[9]

Diese Eindrücke kann ich aus persönlicher Anschauung bestätigen. Auch ich bemerkte, damals in Moskau lebend, daß über Nacht alle Angriffe, ja selbst kritische Bemerkungen über Hitler-Deutschland und den Faschismus unterblieben. Es schien gerade so, als ob es niemals einen Faschismus gegeben habe. Stattdessen wurde zunehmend vom „Imperialismus“ gesprochen, mit dem direkten Hinweis oder der indirekten Andeutung, daß damit die „anglo-französischen Imperialisten“ gemeint seien.

Besonders auffällig war die bereits in der ersten Nacht nach dem Pakt erfolgte Veränderung in den Kinoprogrammen und kurz darauf auch in den Theatervorstellungen. Schon unmittelbar nach dem Pakt wurden in allen Lichtspielhäusern der Sowjetunion die damals bekannten antifaschistischen Spielfilme „Professor Mamlock“ (nach einem Theaterstück von Friedrich Wolf) und „Familie Oppenheim“ (nach einem Roman von Lion Feuchtwanger) abgesetzt. Auch alle Theaterstücke mit antifaschistischem Inhalt verschwanden, darunter auch das Schauspiel „Die Matrosen von Cattaro“, obwohl es sich um ein Stück handelt, das einen Matrosenaufstand im Jahre 1918 zum Inhalt hat, der sich gegen die österreichisch-ungarische

Monarchie richtete. Aber wahrscheinlich dachte sich der Theaterzensor, daß man in dieser Hinsicht gar nicht vorsichtig genug sein könnte.

Die Umstellung ergriff auch die Bibliotheken. Mehrmals die Woche besuchte ich die „Bibliothek für ausländische Literatur" in der Stoljeschnikow Pereulok; sie war in einer kleinen Kirche untergebracht, die in den ersten Jahren nach der Revolution geschlossen worden war. Hier las ich die verfügbaren Bücher antifaschistischer Autoren, vor allem auch deutscher Schriftsteller, die sich in der Emigration befanden. Bereits wenige Tage nach dem Pakt mußte ich feststellen, daß eine Reihe Bücher antifaschistischer Autoren nicht mehr zur Ausleihe vorhanden waren[10].

Auch Enrique Castro Delgado, damals unter dem Namen Luis Garcia in der Komintern tätig, weist auf die veränderte Propaganda hin: „Seit dem 24. August haben sich die Dinge sehr verändert. Weder in der sowjetischen Tagespresse noch in den Zeitschriften erscheinen Anspielungen auf den deutschen Faschismus. Auch nicht in der Komintern. Grundlage des Paktes ist unter anderem die Gefolgstreue und im Namen dieser Treue haben wir den deutschen Faschismus ‚vorübergehend vergessen'"[11].

Der Stimmungswandel in der sowjetischen Bevölkerung

Mit Hitlers Angriff auf Polen am 1. September und der anschließenden Kriegserklärung Englands und Frankreichs hatte der Zweite Weltkrieg begonnen. Obwohl die offizielle These lautete, daß es sich um einen imperialistischen Krieg von beiden Seiten handele und die Sowjetunion in diesem Krieg neutral sei, war unschwer zu erkennen, daß die sowjetischen Veröffentlichungen weit mehr der deutschen Seite zuneigten. Sowohl im Moskauer Rundfunk als auch in sowjetischen Zeitungen wurde der deutsche Wehrmachtsbericht immer an erster Stelle, die entsprechenden Kommuniqués aus England und Frankreich dagegen an zweiter gebracht. Die Prawda gab den Auszügen aus Hitler-Reden mehr Raum als den Auszügen von Churchill-Reden. Gegenüber Hitler-Deutschland war jede Kritik tabu, während die Kampagne gegen die britischen und französischen Imperialisten verstärkt wurde[12].

Der Stimmungswandel führte zu grotesken Situationen: deutsche kommunistische Emigranten in der Sowjetunion wurden nun plötzlich, weil sie ja „Deutsche" waren, besser behandelt. Interessante Beispiele dafür gibt Herbert Wehner, der damals unter dem Namen „Kurt Funk" der deutschen Emigrationsführung der KP angehörte, in der Komintern tätig war und im Hotel „Lux" wohnte.

So erinnert sich Herbert Wehner, daß ein alter deutscher Kommunist, mit dem er häufig sprach, ihn kurz nach dem Abschluß des Hitler-Stalin-Pakts von einem ungewöhnlichen Vorfall erzählte: Er sei im Betrieb plötzlich vom Betriebsparteisekretär begrüßt und beglückwünscht worden, obwohl bis dahin der Sekretär ihm niemals eine besondere Aufmerksamkeit gewidmet hatte. Erstaunt fragte der deutsche kommunistische Emigrant, wofür er beglückwünscht worden sei. „Nun", antwortete der Parteisekretär, „für die Erfolge der deutschen Truppen in Polen".

Darauf der deutsche Kommunist: „Dies ist kein Grund, mich zu beglückwünschen." Der sowjetische Betriebsparteisekretär war erstaunt: „Sind Sie denn nicht dafür, daß die Deutschen die Polen schlagen?" Der deutsche Kommunist versuchte zu erklären: „Ich bin für den Sieg der Revolution, nicht für den Sieg Hitlers." Der sowjetische Parteifunktionär schüttelte nur ärgerlich den Kopf: „Das sind Phrasen. Hitler hilft uns durch seine Siege über die polnischen Pans" (gemeint waren die polnischen Großgrundbesitzer).

Ein anderer Freund Herbert Wehners, ebenfalls ein deutscher kommunistischer Emigrant – der vorher einige Jahre in einem Nazi-Zuchthaus inhaftiert gewesen war – hörte, während der Fahrt in einem Moskauer Autobus, wie einige Passagiere, nach den neuesten Zeitungsmeldungen über deutsche Siege in Polen erklärten „Hitler Molodez!" (etwa „Hitler ist ein Teufelskerl" oder „ein tüchtiger Kerl").

Dies war nicht nur die Stimmung, sondern auch die offizielle Pressepolitik. Während die sowjetischen Zeitungen damals für umfangreiche Erklärungen Hitler-Deutschlands und für Meldungen des deutschen Nachrichtenbüros (DNB) genügend Raum hatten, war es ihnen unmöglich den Tod und den Termin der Beisetzung des deutschen Kommunisten C. Wurm auch nur durch wenige Zeilen anzuzeigen. Damals, so erinnert sich Herbert Wehner, mußte alles unterlassen werden, was die Aufmerksamkeit auf das Vorhandensein deutscher Flüchtlinge in der Sowjetunion lenken konnte[13].

Die Wirkung der Molotow-Rede vom 31. Oktober 1939

Nach dem sowjetischen Einmarsch in Polen am 17. September 1939, der Einverleibung des östlichen Polens in die Sowjetunion und dem zweiten Pakt zwischen der Sowjetunion und Hitler-Deutschland – diesmal über „gemeinsame Grenzen und Freundschaft“ – gab Molotow in seiner Rede vor dem Obersten Sowjet am 31. Oktober 1939 eine weitere Reorientierung der politischen Linie zugunsten Hitler-Deutschlands bekannt. Hier einige der entscheidenden Sätze Molotows, die übrigens in sowjetischen Veröffentlichungen nicht mehr zitiert werden.

Molotow erklärte zunächst, „daß in den letzten Monaten Begriffe wie ‚Angriff‘ und ‚Angreifer‘ einen neuen Sinn erhalten haben.“ Danach erklärte Molotow wörtlich: „Wir können uns dieser Begriffe heute nicht mehr im gleichen Sinn wie vor etwa drei oder vier Monaten bedienen. Jetzt erstrebt Deutschland den Frieden, während England und Frankreich dafür sind, den Krieg fortzusetzen. Wie Sie sehen, haben sie also die Rollen gewechselt ...

So hat die britische Regierung proklamiert, daß der Krieg gegen Deutschland nicht mehr oder weniger als die Vernichtung des Hitlerismus zum Ziel habe. Daraus ergibt sich, daß sowohl in England wie in Frankreich die Befürworter des Krieges gegen Deutschland eine Art weltanschaulichen Krieg nach der Art der alten Religionskriege erklärt haben ... Die nationalsozialistische Weltanschauung kann, wie jedes andere

Weltanschauungssystem, unterstützt oder abgelehnt werden. Jedermann wird aber begreifen, daß man eine Weltanschauung nicht durch Gewalt vernichtet. Deshalb ist es unsinnig und sogar verbrecherisch, einen solchen Krieg zur Vernichtung des Hitlerismus zu führen, indem man ihm das Mäntelchen des Kampfes für die Demokratie umhängt." [14]

Nach dieser Rede Molotows ging die Umstellung der Sowjetpropaganda noch einen Schritt weiter. In der von mir häufig besuchten „Bibliothek für ausländische Literatur" waren inzwischen nicht nur die Emigrantenzeitungen verschwunden, sondern zu meinem maßlosen Erstaunen lagen nun sogar manchmal Nazi-Zeitungen aus[15].

Die Umstellung der Propaganda wurde auch von Häftlingen in den Lagern bemerkt. Darüber berichtet der Kominternfunktionär Josef Berger, einer der Gründungsmitglieder der Kommunistischen Partei Palästinas 1922 und später ihr Parteisekretär, der Ende der 20er Jahre in der Komintern für den Nahen Osten zuständig war und auch als Sekretär der „Antiimperialistischen Liga" in Berlin wirkte. Seit 1932 leitete Berger die Nahost-Abteilung der Komintern in Moskau, wurde während der „großen Säuberung" verhaftet und erlebte den Hitler-Stalin-Pakt im Lager Solowki.

Nach den Berichten Bergers fiel den Häftlingen auf, daß das Wort „Faschist" aus allen Publikationen verschwand. Während die Nazis respektvoll als NSDAP bezeichnet wurden, beschrieb man ihre Feinde als „anglo-französische Kapitalisten" und warf ihnen vor, sie hätten den Krieg vom Zaun gebrochen.

Die positive Einstellung der Sowjetpresse zu Hitler-Deutschland führte bei einigen im Lager Solowki sogar zur Vorstellung eines zukünftigen Bündnisses:

„Diese Menschen glaubten, Rußland und Deutschland bildeten das stärkste Bündnis in Europa, vielleicht sogar in der Welt (zu jener Zeit wurde von den Vereinigten Staaten noch wenig Notiz genommen) und sie dachten, daß dieses Bündnis mit vereinter Kraft Großbritannien ein für allemal in die Knie zwingen könnte." [16]

Über einen besonders weitgehenden Aspekt nach der Rede

Molotows berichtete der unabhängige sowjetische Historiker Roy Medwedjew: „Nach dieser Rede befahl Berija in einer geheimen Anordnung an GULAG, daß Wachposten hinfort politische Häftlinge nicht mehr ‚Faschisten‘ schimpfen dürften. Erst im Juni 1941 wurde diese Anordnung wieder aufgehoben.“[17]

Die These vom „Zeitgewinn“ durch den Pakt

Immer wieder fällt bei der Begründung des Hitler-Stalin-Pakts – sowohl in den Augenzeugenberichten als auch in späteren sowjetischen Veröffentlichungen – auf, daß dieser durch den angeblichen Zeitgewinn begründet und gerechtfertigt werde. Die Sowjetunion, so wurde erklärt, habe durch den Pakt weitere Zeit erhalten, um sich für den entscheidenden Kampf gegen Hitler-Deutschland vorzubereiten. Der Pakt sei somit rein taktisch erfolgt und die sowjetische Führung habe weiterhin den Hitler-Faschismus als den entscheidenden Feind angesehen.

Viktor Kravchenko, damals als Betriebsdirektor in Kemerowo und, wie bereits erwähnt, mit wichtigen höheren Funktionären verbunden, meinte dazu in seinen Erinnerungen:

„Die Theorie, Stalin ‚führe bloß einen Kampf um Zeitgewinn‘, während er sich fieberhaft gegen die Nazis rüste, wurde erst viel später erfunden, um den verhängnisvollen Schnitzer des Kremls zu verbergen. Es war eine so durchsichtige Erfindung, daß während des deutsch-russischen Krieges in Rußland wenig darüber verlautete; erst nachdem ich in die freie Welt hinauskam, merkte ich, wie dort dieser Erfindung ernsthaft Glauben geschenkt wurde. Es war eine Theorie, die den wesentlichsten Aspekt des Stalin-Hitler-Paktes übersah: den riesigen Güteraustausch, welcher Rußland gerade jener notwendigen Produkte, Materialien und Produktionsleistungen beraubte, die es für seine eigene Verteidigungsvorbereitungen dringend benötigte.“[18]

Diesen Bericht Kravchenkos kann ich voll und ganz bestätigen. Auch ich habe während der ganzen Dauer des Hitler-Stalin-Pakts (also vom August 1939 bis zum 22. Juni 1941) niemals irgendwo einen solchen Hinweis in einer sowjetischen Veröffentlichung gefunden und auch auf Veranstaltungen (in denen manchmal etwas mehr gesagt wurde, als in der Zeitung zu finden war) wurde niemals auch nur angedeutet, daß es darum gehe, sich zu stärken, um bei einem bevorstehenden Angriff Hitler-Deutschlands besser gerüstet und gewappnet zu sein.

Dieses Argument kam erst nach dem Hitler-Angriff auf die Sowjetunion am 22. Juni 1941 in Stalins Rede am 3. Juli 1941, seiner ersten Kriegsrede, auf, als er seinen Pakt vor der Bevölkerung verteidigen mußte. „Was haben wir durch den Abschluß des Nichtangriffspaktes mit Deutschland gewonnen?" erklärte Stalin in seiner beliebten Frageform, um dann die Antwort zu geben: „Wir haben unserem Land für anderthalb Jahre den Frieden gesichert sowie die Möglichkeit, unsere Kräfte für die Abwehr vorzubereiten, falls das faschistische Deutschland es riskieren sollte, unser Land trotz des Paktes zu überfallen."[19]

Erst danach wurde die These vom „Hinauszögern" verbreitet und gilt seitdem als verpflichtende Generallinie. Kritisch vermerkt auch der unabhängige sowjetische Historiker Roy Medwedjew:

„Die deutsch-sowjetische ‚Freundschaft' hat den Tag des Kriegsbeginns der UdSSR um zwei Jahre hinausgeschoben. Die Pause wurde aber von den Deutschen besser genutzt als in der Sowjetunion. Deutschland, das ein Land nach dem anderen besetzte, stärkte sein Kriegspotential in jenen Jahren viel mehr als die Sowjetunion das ihre."[20]

Alexander Weißberg im „inneren Gefängnis" in Kiew

Zur Zeit des Hitler-Stalin-Paktes befanden sich Millionen Menschen in Gefängnissen, Zuchthäusern und Arbeitslagern der Sowjetunion. Drei Berichte von jenen, die später in den Westen gelangten, sollen hier erwähnt werden. Sie waren an völlig unterschiedlichen Orten der Sowjetunion in Haft, aber eins ist allen drei gemeinsam: keiner von ihnen erfuhr im August 1939, daß die Sowjetunion einen Pakt mit Hitler-Deutschland abgeschlossen hatte. Sie alle erfuhren davon erst Wochen oder Monate später – und für alle der hier erwähnten Zeitzeugen sollte sich dies in der einen oder anderen Weise tragisch auswirken.

Alexander Weißberg, ein österreichischer Kommunist und Physiker, erlebte den Hitler-Stalin-Pakt im „inneren Gefängnis“ in Kiew. Geboren 1901 in Warschau als Sohn eines wohlhabenden Kaufmanns, wuchs er in Wien auf, studierte Physik, und trat 1927 der Kommunistischen Partei Österreichs bei. 1931 erhielt Alexander Weißberg einen Ruf an das Ukrainische Physikalisch-Technische Institut in Charkow, damals eine der größten und besteingerichteten Forschungsstätten Europas. Dort arbeitete er zusammen mit Leipunskij, der die Abteilung für Kernspaltung leitete, und mit dem berühmten sowjetischen Physiker Landau.

Ende 1937 wurde Alex Weißberg verhaftet und beschuldigt, einer Gruppe von Terroristen angehört zu haben, die das Ziel hätten, Stalin und Woroschilow während eines Jagdausflugs im Kaukasus zu ermorden und die wichtigsten Industriebetriebe der ukrainischen Hauptstadt im Falle eines Krieges in die Luft zu sprengen.

In den Jahren seiner Haft in der Sowjetunion durchlief Weißberg alle Phasen einer Gefängniswelt: Einzelhaft, Strafzelle und Massenzelle. Am Anfang seiner Haftzeit machte er das durch, was in sowjetischen Gefängnissen „der große Konveyer“ hieß: 7 Tage und 7 Nächte wurde Alexander Weißberg ohne Unterbrechung, mit Ausnahme zweier kleiner Pausen am Tag, abwechselnd von drei NKWD-Leuten verhört. Dann brach er zusammen und unterschrieb sein „Geständnis“. 24 Stunden später zog er es zurück. Er kam von neuem zum „Konveyer“ – der technische Ausdruck für das pausenlose Verhör mit Schlafentzug –, brach nach 4 Tagen und Nächten wieder zusammen, um ein neues „Geständnis“ zu unterzeichnen. Er widerrief es und wurde zum dritten Mal zum „Konveyer“ geholt. So wäre es sicher weitergegangen, wenn es für ihn nicht zwei positive Umstände gegeben hätte. Erstens sicherte sein österreichischer Paß ihm ein Mindestmaß an Rücksicht, und zweitens – viel wichtiger – setzten sich Albert Einstein und einige Nobelpreisträger aus Frankreich für ihn ein: Einstein in einem Brief an Stalin vom 16. Mai 1938. Nach dieser Intervention verminderten sich die bis dahin üblichen Drangsalierungen. Alexander Weißberg wurde nun in das sogenannte „innere Gefängnis" in Kiew überführt. Im Unterschied zu den sonstigen Massengefängnissen gab es hier relativ saubere Zellen und keine Überfüllung. Aber die totale Isolation war äußerst schmerzhaft. Man hörte kein lautes Wort, die Wärter flüsterten und auch die Gefangenen mußten flüstern. Die Untätigkeit war drückend: kein Bleistift, kein Buch, keine Kommunikation.

Hier erlebte Alexander Weißberg den Hitler-Stalin-Pakt – durch die Einlieferung eines neuen Gefangenen, eines Funktionärs aus Tschernigow, der dort bereits eineinhalb Jahre in Haft gewesen war. Er brachte Zeitungsnachrichten und erzählte: „Wir haben mit den Deutschen einen Pakt geschlossen. Ribbentrop war selber in Moskau. Lustig muß das gewesen sein. Er wurde von Stalin und den führenden Staatsmännern empfangen. Ob auch Kaganowitsch dabei war? Ob der Nazi mit dem Juden angestoßen hat?"

Die übrigen Zelleninsassen und auch Alexander Weißberg konnten den Sinn nicht richtig erkennen. Keiner ahnte, daß dieser Pakt den Zweiten Weltkrieg einleiten sollte.

Dann hörten die Häftlinge nichts mehr. Sie wußten nicht, daß am 1. September Hitler-Deutschland in Polen eingefallen war, wenige Tage später der Zweite Weltkrieg begonnen hatte, die Sowjettruppen am 17. September die polnische Grenze überschritten und den östlichen Teil Polens einverleibt hatten. Erst Anfang November 1939 kam wieder ein „Neuer" in die Zelle: ein Baschkire aus Ufa – groß, grobknochig, ein wenig vornübergeneigt. Er sprach ein schlechtes, holpriges Russisch. Er war seinerzeit Volkskommissar der Arbeiter- und Bauernkontrolle in der Baschkirischen Autonomen Republik gewesen. Auf dem Weg von Ufa nach Moskau hatte er durch Zufall ein Zeitungsblatt in die Hand bekommen. Weißberg über seinen Bericht: „Er erzählte uns, der Krieg sei ausgebrochen, die Sowjetunion und Deutschland hätten Polen geteilt, Deutschland stehe im Krieg mit Frankreich und England und ähnliches wirres Zeug. Wir glaubten ihm kein Wort, so unwahrscheinlich erschienen seine Aussagen über ein gemeinsames Vorgehen der Sowjetunion und Hitler-Deutschlands."

Aber nur drei Tage später sollten sich die Aussagen des Baschkiren bestätigen. Ein neuer Häftling kam in die Zelle – ein sowjetischer Diplomat aus Tschungking, der provisorischen chinesischen Hauptstadt während des anti-japanischen Krieges. Der Diplomat war im Auftrag Molotows telegrafisch zurückgerufen und, bei der Landung des Flugzeuges auf sowjetischem Boden, sofort verhaftet worden.

Dieser Sowjetdiplomat brachte erstmals genauere Nachrichten über die Entwicklung, die zum Kriege geführt hatte. Alexander Weißberg schöpfte nun neue Hoffnung: „Ich würde meine Heimat wiedersehen; ich war entschlossen, nach meiner Befreiung und eventuellen Ausweisung über Schweden nach England zu gehen. Ich nahm an, daß meine sozialistischen Freunde in die Armeen der Westmächte zum Kampf gegen Hitler geströmt waren. Ich wollte ein halbes Jahr ausruhen und mich dann ihnen anschließen."

Aber dazu sollte es nicht kommen. Schon wenige Tage später wurde Alexander Weißberg vom „inneren Gefängnis" in Kiew nach Moskau in die Butirka eingeliefert. Die „Auslieferungszelle" im Butirka-Gefängnis war „eines der merkwürdigsten Gebilde, die man sich denken konnte, es wirkte wie ein Niemandsland zwischen den Fronten". Hier traf Weißberg mit deutschen Emigranten zusammen, darunter mit Zenzl Mühsam (Witwe von Erich Mühsam), der Schauspielerin Carola Neher und Margarete Buber-Neumann.

Am 31. Dezember 1939 wurden Alexander Weißberg und einige Mithäftlinge früh geweckt; sie kamen in ein fast luxuriöses Bad, wurden rasiert, in die Kleiderkammer geführt und bestens eingekleidet. Am Nachmittag wurde Alexander Weißberg gerufen. Ein junger Offizier des NKWD erhob sich, reichte ihm einen Bogen Papier: „Unterschreiben Sie das, Bürger". Das Schreiben enthielt die Erklärung, das Verfahren gegen Alexander Weißberg sei eingestellt und er sei „als lästiger Ausländer aus dem Gebiet der Union der Sozialistischen Sowjetrepubliken auszuweisen." Aber wohin? Die Antwort des NKWD-Oberleutnants: „Sie gehen jetzt nach Berlin". „Ich will nicht nach Berlin", antwortete Alexander Weißberg, „ich habe mit dem deutschen Faschismus nichts zu tun. Ich bitte um die Erlaubnis, nach Schweden fahren zu dürfen."

Aber es half nichts, denn die Antwort war klar: nach Berlin.

In der Silvesternacht des Jahres 1939–40 setzte sich der Zug von Moskau aus in Bewegung. Alexander Weißberg erinnert sich: „Er brachte 70 geschlagene Leute nach Hause. Sie verließen das Vaterland, das sie selber gewählt hatten, und kehrten in eine Heimat zurück, die ihnen fremd geworden war. Sie standen zwischen den Fronten. Sie waren heimatlos geworden in beiden Ländern. Wir fuhren durch das verwüstete Polen auf Brest-Litowsk zu. An der Bug-Brücke erwartete uns der Apparat des anderen totalitären Systems in Europa, die deutsche Gestapo." [21]

Jewgenija Ginsburg: Der Pakt im Lager Kolyma

Die Auswirkungen des Hitler-Stalin-Pakts auf die damaligen Häftlinge in der Sowjetunion nahmen die unterschiedlichsten Formen an. Alexander Weißberg wurde an die Nazis ausgeliefert. Jewgenija Ginsburg berichtet in ihren Memoiren, wie eine ihrer Mithäftlinge wegen einer kritischen Bemerkung über den Pakt erschossen wurde.

Jewgenija Ginsburg war bis 1937 ein überzeugtes Parteimitglied – in Kasan, dem Zentrum der Tatarischen Autonomen Republik in der Sowjetunion. Ihr Mann war Mitglied des tatarischen Gebietskomitees der Partei; sie war Dozentin und Journalistin, Mitarbeiterin der Parteizeitung „Krasnaja Tatarija".

Am 7. Februar 1937 wurde sie in das Bezirkskomitee der

Partei gerufen und, nach einigen Fragen, aufgefordert ihr Parteibuch dort zu lassen. Damit war sie aus der Partei ausgeschlossen. Acht Tage später wurde sie verhaftet und gleich beim ersten Verhör beschuldigt „an der terroristischen Untergrundorganisation in der Redaktion der ‚Krasnaja Tatarija' mitgewirkt zu haben." – eine solche Organisation hat es natürlich nie gegeben.

Jewgenija Ginsburg kam zunächst in das NKWD-Gefängnis in Kasan, mußte eine Vielzahl von Verhören und Torturen über sich ergehen lassen und wurde anschließend nach Moskau gebracht – zunächst in das Gefängnis von Lefortowo, dann in die Lubjanka und schließlich in die Butirka. Hier lernte sie die damals in die Sowjetunion emigrierte bekannte deutsche Schauspielerin Carola Neher kennen, mit der sie sich bald anfreundete. Anschließend wurde Jewgenija Ginsburg in eine Zelle gebracht, in der sich fast ausschließlich ausländische Kommunisten befanden, darunter Gerda Kästner sowie Klara, eine deutsche Kommunistin, die zunächst von der Gestapo gefoltert worden war – auf ihren Hüften und ihrem Gesäß waren noch Jahre später furchtbare, häßliche Narben zu sehen –, um dann in der Sowjetunion vom NKWD gefoltert zu werden. In dieser Zelle, die Jewgenija Ginsburg die „Kommunistische Internationale" nannte, befanden sich auch eine verhaftete lettische Kommunistin und eine chinesische Kommunistin, die in Moskau an der Sun-Yat-Sen-Universität studiert hatte und anschließend verhaftet worden war.

Von Moskau wurde Jewgenija Ginsburg in das Gefängnis von Jaroslawl überführt, wo ihre ursprüngliche Gefängnisstrafe von 10 Jahren Einzelhaft nun in 10 Jahre Arbeitslager umgewandelt wurde. Unter unsäglichen Bedingungen nahm sie an einem Gefangenentransport teil, der über einen Monat dauerte, bis die Häftlinge im Juni 1939 im Transitlager in Wladiwostok, im sowjetischen Fernen Osten, eintrafen. Von dort wurde sie mit dem alten Schiff Dschurma im August 1939 in die Bucht von Nagajewo gebracht, und dann ging es weiter: zum Lager Magadan.

Vom Hitler-Stalin-Pakt erfuhr Jewgenija Ginsburg erst an einem Wintertag Ende 1939:

„Irgend jemand von uns hatte eine alte, aber noch nicht ganz veraltete Ausgabe der Prawda aufgetrieben. Abends vor dem Schlafengehen gab es in der Baracke eine Sensation. Diese Ausgabe enthielt nämlich den ungekürzten Text einer Hitler-Rede. Mit einem wohlwollenden Kommentar. In der ersten Spalte war ein Bild: W. M. Molotow empfängt Joachim von Ribbentrop. ‚Ein wunderbares Familienfoto' sagt Katja Rotmistrowoskaja, während sie auf die obere Pritsche klettert.

Katja ist unvorsichtig. Wir haben ihr schon oft gesagt, daß bei uns bedauerlicherweise Leute aufgetaucht sind, die sich auffallend für unsere abendlichen Gespräche in der Baracke interessieren.

Ein halbes Jahr später zahlt Katja ihre Unvorsichtigkeit mit dem Leben. Sie wird für ‚antisowjetische Agitation in der Baracke' erschossen." [22]

Margarete Buber-Neumann: Von Karaganda nach Brest-Litowsk

Margarete Buber-Neumann, 1901 als Tochter eines Unternehmers in Potsdam geboren, studierte in Heidelberg und Jena, gehörte zunächst einer sozialistischen Jugendgruppe an und trat 1926 in die KPD ein. Schon bald war sie hauptamtlich als Mitarbeiterin der Komintern-Zeitschrift „Internationale Pressekorrespondenz" im Karl-Liebknecht-Haus der Berliner KPD-Zentrale tätig. Von 1921–1932, so schreibt sie selbst, war sie „ein gläubiges Mitglied der Kommunistischen Partei Deutschlands". Sie war mehrfach in der Sowjetunion, ihr Mann Heinz Neumann wurde zweimal von Stalin eingeladen. Nach der Degradierung Heinz Neumanns im Frühjahr 1932 begleitete sie ihn nach Spanien und später in die Schweiz. Von dort reisten sie im Mai 1935 wieder nach Moskau.

In der Nacht vom 27.–28. April 1937 wurde Heinz Neumann verhaftet. Nun war auch sie ausgestoßen. Unter größten Schwierigkeiten – auch materieller Art – ging sie regelmäßig an die Schalter der Lubjanka, um etwas Geld für ihren verhafteten Ehemann einzuzahlen. Im Juli 1938 wurde sie schließlich selbst verhaftet, kam in die Butirka in Moskau, wurde als „sozial gefährliches Element" zu 5 Jahren „Besserungs-Arbeitslager" verurteilt und erhielt die Nummer 174475. Schließlich erreichte sie nach langer Fahrt im Gefangenenwagen das Lager Karaganda in Nord-Kasachstan.

Schon bald nach ihrer Ankunft wurden die Häftlinge in verschiedene Abschnitte des riesigen Lagers aufgeteilt. Margarete Buber-Neumann kam mit etwa 80 Männern und Frauen in einen Abschnitt, der „Burma" hieß. Es war eine öde, flache Steppenlandschaft, wo kein Baum und kein Strauch wuchs.

Vom Hitler-Stalin-Pakt am 23. August 1939 erfuhr sie erst mit großer Verspätung. Sie traf die deutsche kommunistische Emigrantin Grete Sonntag hinter dem Abort der Verwaltung. Flüsternd unterhielten sie sich. „Glaubst Du, daß wir jemals hier rauskommen? Jetzt, wo Stalin auch noch einen Freundschaftsvertrag mit Hitler gemacht hat? Da sind wir Kommunisten ihm doch erst recht im Weg", meinte Grete Sonntag – und ihre traurigen Augen füllten sich mit Tränen.

Schon wenige Wochen später trat ein Ereignis ein, das Margarete Buber-Neumann zunächst überraschte und mit Hoffnungen erfüllte. Sie wurde mit einigen anderen verhafteten deutschen Kommunistinnen – darunter Carola Neher, Betty Olberg und Wally Adler – zunächst nach Karaganda gebracht und dann, unter weit verbesserten Bedingungen, nach Moskau in das Butirka-Gefängnis. Dort wurden sie von einem Soldaten in ein besonderes Zimmer geführt:

„Im Zimmer saßen NKWD-Offiziere, die mich freundlich aufforderten, Platz zu nehmen. ‚Wie geht es Ihnen gesundheitlich? Fühlen Sie sich wohl? Haben Sie sich gut erholt?' fragte im väterlichen Ton der eine. Dann blätterte er in irgendwelchen Papieren herum, die vor ihm auf dem Tisch lagen. ‚Haben Sie Verwandte im Ausland?'"

Margarete Buber-Neumann schöpfte zunächst Hoffnung und berichtete von ihrer Schwester in Paris, wurde aber sofort unterbrochen: „Welche Ihrer Angehörigen leben in Deutschland?“ Sie wird unruhig. Aber auf alle Fragen, was man mit ihr vorhabe, antwortete der NKWD-Offizier: „Darüber kann ich Ihnen jetzt keine Auskunft geben. Das werden Sie noch früh genug erfahren!“

Ähnlich wie vorher Alexander Weißberg wurden nun auch die kommunistischen Frauen zu einem Friseur gebracht, in einen Raum geführt, der vollgestopft war mit Kleidern, Wäsche, Schuhen und Pelzmänteln und freundlich gefragt: „Was benötigen Sie an Kleidungsstücken?“

Wenige Tage später wurden sie in einen Raum des Gefängnisses Butirka gebracht, in dem mehrere NKWD-Beamte an einem langen Tisch standen. Sie erhielt ein vorgedrucktes Formular mit der Mitteilung, das Urteil von 5 Jahren sei umgewandelt „in sofortige Ausweisung aus dem Territorium der Sowjetunion“. Auf ihre Frage, wohin, gab es nur die kurze Antwort: „Darüber kann ich Ihnen keine Auskunft geben. Dazu haben wir jetzt keine Zeit. Unterschreiben Sie.“

Kurz darauf wurde Margarete Buber-Neumann in den „Schwarzen Raben“, den Gefängniswagen, gebracht, in dem bereits andere deutsche Antifaschisten zusammengepfercht waren. Der Gefängniswagen hielt an einem Moskauer Bahnhof, in dem nur Züge Richtung Westen abfuhren. Die Abteile der Waggons hatten keine Fenster. Nur durch das Gitter über den Gang konnte man etwas von der Außenwelt sehen.

Während des ganzen Transports wurden die Gefangenen – 28 Männer und zwei Frauen – so gut verpflegt wie nie zuvor: Brot, Butter, Käse, Konserven, Tee und täglich eine Schachtel Zigaretten. Die Begleitmannschaft war freundlich – beantwortete aber keine Frage über das Ziel der Reise.

Noch hatten manche die Hoffnung, daß es vielleicht nach Litauen – damals noch unabhängig – gehen werde. Aber am Morgen des 7. Februar 1940 hörte sie den Ruf: „Wir haben Minsk schon passiert und fahren in der Richtung nach Polen weiter!“

Später erscholl dann der Ruf: „Fertigmachen, mit Sachen!“ Die Gitter wurden aufgeschlossen. Die Gefangenen kletterten aufs Eisenbahngleis hinunter und standen fröstelnd in der eisigen Winterluft. Von weitem konnte man einen Bahnhof erkennen: Brest-Litowsk.

Margarete Buber-Neumann schildert die Übergabe:

„Alle Gesichter waren gleich starr und unbeweglich vor Angst. Wir standen und blickten über diese Eisenbahnbrücke, die die Grenze bildete zwischen dem von den Deutschen besetzten Polen und dem von den Russen okkupierten Teil. Über die Brücke kam ein Soldat langsam auf uns zu. Als er sich näherte, erkannte ich die Soldatenmütze der SS. Der NKWD-Offizier und der von der SS hoben grüßend die Hand an die Mütze. Aus seiner hellbraunen länglichen Ledertasche zog der NKWD-Offizier eine Liste. Er war fast einen Kopf größer als der von der SS. Sein Gesicht ledern und maskenhaft, wie man das in Schundromanen immer beschrieben bekommt. Welche Namen er herunterlas, hörte ich nicht. Irgendwann vernahm ich ‚Buber-Nejman'." [23]

Auf der anderen Seite wurden die ausgelieferten deutschen Kommunisten, darunter Margarete Buber-Neumann, in eine Holzbude gebracht. Dort sah sie zum ersten Mal die SS-Mütze mit Totenkopf und gekreuzten Knochen aus der Nähe.

In einem Güterwagen wurden die ausgelieferten deutschen Antifaschisten zunächst in das Gefängnis von Bialas, einer kleinen polnischen Provinzstadt in der deutsch-besetzten Zone, gebracht. Von dort kamen sie in das Gefängnis von Lublin, und schließlich wurden sie in das Konzentrationslager Ravensbrück überführt. Dort blieb Margarete Buber-Neumann noch weitere fünf Jahre – bis zum Ende des Krieges.

KAPITEL 3

Schockwellen in der kommunistischen Weltbewegung

In der offiziellen sowjetischen Geschichte der Kommunistischen Internationale, herausgegeben vom Institut für Marxismus-Leninismus beim Zentralkomitee der sowjetischen KP – und in alle Sprachen der Ostblockländer übersetzt – werden die Folgen des Hitler-Stalin-Pakts auf die kommunistische Weltbewegung nur kurz erwähnt. In dem Buch von über 700 Seiten liest man darüber nur die folgenden zwei Sätze: „Nicht alle verstanden sofort Gründe und Motive dieses außenpolitischen Schrittes der Sowjetregierung. Der Pakt rief anfangs selbst in den Reihen Kommunistischer Parteien ein gewisses Unverständnis hervor.“ [1]

Eine Vielzahl von Zeitzeugen aus den unterschiedlichsten Ländern bestätigt hingegen, daß die Reaktionen in Wirklichkeit ernster, tiefgreifender und differenzierter ausfielen, als es der lapidare Hinweis auf „ein gewisses Unverständnis“ vermuten läßt.

Nachfolgend sollen diese Zeitzeugen die erdrutschartigen Veränderungen ihrer politischen Koordinaten in eigenen Worten beschreiben. In Dokumenten aus den Reihen der illegalen kommunistischen Bewegung in Deutschland, aus den Zuchthäusern, den KZs und der Emigration. Dann folgen die Erinnerungen aus Frankreich – die KP Frankreichs war damals die stärkste Kommunistische Partei außerhalb der Sowjetunion – und schließlich Erinnerungen aus anderen Ländern: England, Italien, Ungarn, der Tschechoslowakei, Jugoslawien, Belgien, Schweden, aus der Schweiz und den USA.

Die deutschen Kommunisten – in der Illegalität, in Zuchthäusern, Konzentrationslagern und in der Emigration

Die Stimmung bei den illegal tätigen Kommunisten in Deutschland

Für die unter den härtesten Bedingungen der Illegalität kämpfenden deutschen Kommunisten war der Hitler-Stalin-Pakt besonders schmerzhaft. Wir führen drei charakteristische Berichte von Beteiligten aus Solingen, Stuttgart und Hochheim bei Erfurt an, die von der damaligen Situation zeugen. Willi Dickhut, Jahrgang 1904, ein Solinger Arbeiter und aktives KPD-Mitglied seit 1926, wurde bereits 1933 verhaftet, war jedoch zur Zeit des Hitler-Stalin-Pakts auf freiem Fuß und erneut in der illegalen Organisation der KPD tätig.

Über den Eindruck des Hitler-Stalin-Pakts auf die Kommunisten in Solingen berichtet Willi Dickhut:

„Im August 1939 schloß die Sowjetunion mit dem faschistischen Deutschland einen Nichtangriffspakt ab, was ungeheures Aufsehen in der Bevölkerung erregte und große Verwirrung in der Arbeiterklasse hervorrief. Jetzt begann für unsere illegale Organisation eine schwierige Situation. Wie können wir unseren Genossen, Sympathisanten und den klassenbewußten Arbeitern das erklären? Wir hatten keinerlei Information von höherer Stelle, wurden aber mit Fragen bestürmt. Unsere Verbindung zur Bezirksleitung war unterbrochen, weil die Genossin, die Verbindung mit uns gehalten hatte, abgezogen worden war und uns keinen Nachfolger vermittelt hatte. Wir waren auf uns allein angewiesen."

Die illegal tätigen deutschen Kommunisten versuchten zu begründen, daß die Sowjetunion eine Einheitsfront der kapitalistischen Länder verhindern mußte; es sollten die Interessen eines kapitalistischen Landes gegen das andere ausgespielt werden, um sich selbst stärken zu können. Schließlich kam es für die Sowjetunion darauf an, Zeit zu gewinnen, um sich auf die unausbleibliche Auseinandersetzung mit dem deutschen Imperialismus militärisch besser vorzubereiten. „Auf dieser Grundlage betrieben wir unsere Agitation, um der Verwirrung entgegenzuarbeiten."

Was die „Verwirrung in unseren Reihen" in der äußerst schwierigen Situation damals bedeutet habe, sagt Willi Dickhut, könne sich heute keiner mehr vorstellen[2]. Auch das Denunziantentum wütete wie nie zuvor; selbst nüchtern denkende Leute waren um diese Zeit von der Nazi-Propaganda angesteckt.

Eine ähnliche Stimmung herrschte damals unter den illegal tätigen Kommunisten in Stuttgart. Eugen Eberle, aufgewachsen in einer Arbeiterfamilie, trat 1928 der KPD bei und interessierte sich neben seiner politischen Aktivität für Literatur, Geschichte und marxistische Theorie. Mehrere Jahre lang war er Lehrer an der „Marxistischen Arbeiterschule" („MASCH"). Im März 1933 wurde Eugen Eberle verhaftet und in das Schutzhaftlager Heuberg eingeliefert. Nach seiner Entlassung war er erneut im antifaschistischen Widerstand. Er schreibt: „Meine kommunistischen Freunde und ich waren fassungslos, als im Sommer 1939 die Sowjetunion und die Nazi-Regierung, das Deutsche Reich, einen Nichtangriffspakt und einen Freundschaftsvertrag schlossen. Am 23. August 1939 hatte der Außenminister Ribbentrop im Auftrag Hitlers und Molotow im Auftrag Stalins diese Verträge in Moskau unterzeichnet. für uns war völlig unklar, wie die Sowjetunion mit Nazi-Deutschland solche Verträge abschließen konnte."

Zwar hörten sie ausländische Sender und wußten von ‚Säuberungen' in der Sowjetunion, sagt Eugen Eberle, aber die Abmachungen Hitlers mit Stalin betrachteten sie mit größtem Widerwillen.

Nach anfänglicher politischer Verständnislosigkeit aber rang man sich durch: „Gläubig, wie wir waren, hielten wir die deutsch-sowjetischen Abkommen für eine ‚berechtigte, aber vorläufige Abwehrmaßnahme' der Sowjetunion."[3]

Ähnliche Bedenken wurden auch bei den Kommunisten in Hochheim bei Erfurt in Thüringen geäußert. Paul Elflein, aus einer Arbeiterfamilie stammend, trat 1920 der KPD bei. Seit 1923 war er Vorsitzender der Hochheimer KPD-Ortsgruppe, aber seit Ende der 20er Jahre – trotz all seiner Aktivität – kritisch, wie er schrieb, über „die Abhängigkeit der KPD von Moskau“ und besorgt, daß die kommunistische Bewegung „mehr und mehr zum Instrument der russischen Außenpolitik“ wurde. Im Juni 1929 erfuhr er aus einer kommunistischen Zeitung über seinen Ausschluß aus der KPD. Er schloß sich der damals von Brandler und Thalheimer geleiteten KPO („Kommunistische Partei-Opposition“) an und war besonders mit Alfred Schmidt verbunden, einem aktiven, langjährigen Parteifunktionär und Landtagsabgeordneten der KPD in Preußen, der ebenfalls um diese Zeit bereits der KPO angehörte. Paul Elflein: „1939 die Nachricht von dem Nichtangriffspakt zwischen der Sowjetunion und Hitler-Deutschland. Ich bin sofort zur Zeitung gelaufen, um mich zu überzeugen. Tatsächlich, da waren die Telegramme ausgehängt. Ich hatte das nicht für möglich gehalten. Bei aller Kritik, Stalin war immer noch die Hoffnung aller Antifaschisten. Und jetzt das, ein Abkommen mit Hitler ... Außer Alfred Schmidt hat keiner von denen, die ich darauf angesprochen habe, das Abkommen gutgeheißen.“ [4]

Erich Honecker und Heinz Brandt: zwei Wahrnehmungen im Zuchthaus Brandenburg

Im Zuchthaus Brandenburg befanden sich, nach den Angaben des damals inhaftierten Erich Honecker, insgesamt 3000 Häftlinge, darunter 2200 politische Gefangene. Zwei von ihnen bestätigen in Augenzeugenberichten – wenn auch auf unterschiedliche Weise –, wie die kommunistischen Häftlinge in Brandenburg auf den Hitler-Stalin-Pakt reagierten.

Ein relativ partei-optimistisches Bild zeichnet Erich Honekker in seinen Erinnerungen. Der damals 27jährige Erich Honecker, in Wiebelskirchen/Saarland geboren, gehörte seit 1929 der KPD an. Vom August 1930 bis August 1931 besuchte er einen Lehrgang an der Leninschule in Moskau und wurde Ende

1931, nach seiner Rückkehr aus Moskau, zum Leiter der Bezirksleitung Saargebiet des Kommunistischen Jugendverbandes (KJVD) eingesetzt. Nach Hitlers Machtantritt 1933 wurde er mit der Aufgabe betraut, zunächst in den Bezirken Mannheim und Frankfurt/Main die illegalen Verbindungen auszubauen.

Am 4. Dezember 1935 wurde Erich Honecker in Berlin verhaftet, in das Hauptquartier der Gestapo in der Berliner Prinz-Albrecht-Straße eingeliefert und vom Senat des „Volksgerichtshofs" im Juni 1937 zu 10 Jahren Zuchthaus verurteilt. Im Juli 1937 wurde er in das Zuchthaus Brandenburg-Görden überführt.

Nach seiner Darstellung löste die Nachricht vom Hitler-Stalin-Pakt dort nur geringfügige Diskussionen aus:

„Als am frühen Morgen des 24. August 1939 faschistische Zeitungen die Unterzeichnung des Vertrages meldeten, organisierten Max Uecker und ich noch vor sieben Uhr eine Zusammenkunft mit Max Maddalena und Fritz Grosze in der Wartezelle des Zahnarztes. Wir waren uns einig, daß der Abschluß des Vertrages ein diplomatischer Erfolg der Sowjetunion war. Entging sie dadurch doch der Gefahr, isoliert einem einheitlichen Block der imperialistischen Mächte gegenüberzustehen. Zugleich behielt sie das Gesetz des Handelns und gewann Zeit, ihre Verteidigungskraft zu stärken. Die weitere Entwicklung sollte unsere gemeinsamen Überlegungen, die von den meisten politischen Gefangenen geteilt wurden, bestätigen[5]."

Eine ausführlichere und wohl wahrheitsgetreuere Schilderung finden wir in den Memoiren eines anderen Insassen des Zuchthauses Brandenburg, Heinz Brandt. Heinz Brandt, damals 30, wuchs in Berlin auf, trat 1928 dem Kommunistischen Jugendverband (KJVD) und 1931 der KPD bei, wobei er von Beginn an der offiziellen Parteilinie, die sich fast ausschließlich auf den Kampf gegen den „Sozialfaschismus" der SPD konzentrierte, kritisch gegenüberstand. Kurz nach Hitlers Machtantritt – Heinz Brandt war als Wahlhelfer der KPD in Berlin-Weißensee aktiv – wurde er am 5. März 1933 verhaftet, in einem SA-Keller festgehalten und mißhandelt. Freigelassen, nahm er sofort die illegale Tätigkeit wieder auf, wurde jedoch am 4. Dezember 1934 erneut verhaftet. Wegen Verbreitung einer illegalen KPD-Betriebszeitung („Siemens-Lautsprecher") und der „Vorbereitung zum Hochverrat" wurde er zu einer langjährigen Haftstrafe verurteilt. Im Zuchthaus Brandenburg-Görden erlebte er eine politische Polarisierung, vor allem die Herausbildung von zwei Gruppen unter den kommunistischen Häftlingen:

„Im Zuchthaus Brandenburg weht unter uns Politischen eine andere Luft als in Luckau. Ständig kommen Zugänge aus dem ‚Apparat' (hauptamtliche Funktionäre der KPD). Immer schärfer schälen sich zwei Gruppen heraus.

Die unbedingt Linientreuen, die nichts vergessen und nichts hinzugelernt haben, durch die Haft noch verhärtet wurden und der Politik Stalins und der Komintern blindlings vertrauen. Sie diffamieren den geringsten Zweifel bereits als beginnende ‚Zersetzung'. Diese Linientreuen erhalten laufend Verstärkung durch Kettenverhaftungen im obersten illegalen Funktionärsapparat. Aber auch die andere Gruppe, die der nachdenklich gewordenen Kommunisten, wächst an. Sie verbindet sich mit allen jenen Genossen, die schon lange zuvor nicht stalinistisch waren (Genossen aus der SPD, SAP, KPO, Trotzkisten, Gruppe „Neu Beginnen"). Wir versuchen, unsere Gedanken untereinander auszutauschen und sie auch den Unentwegten verständlich zu machen. Deren Diskussionsformen aber werden um so feindseliger, je problematischer die Kominternpolitik im Lichte der Ereignisse erscheint."

Heinz Brandt erwähnt als wichtigste Diskussionspunkte die Moskauer Schauprozesse, die Entwicklung des Spanischen Bürgerkriegs und schließlich die Diskussion über den Hitler-Stalin-Pakt.

Bis zum Hitler-Stalin-Pakt, so Heinz Brandt, gab es immer noch eine feste Solidarität unter den politischen Häftlingen:

„Trotz aller internen Differenzen hielten wir gegenüber dem Zuchthausapparat fest zusammen – das war stillschweigende Voraussetzung auch bei der erbittertsten Diskussion. Das System der gegenseitigen moralischen, ideellen und materiellen Hilfe (Austausch von Gedanken, Informationen, Kassibern, Zeitungen, Lebensmitteln, Tabak) war fabelhaft ausgebaut, klappte technisch hervorragend. Wir waren die große Familie, wenn auch mit internem Familienkrach, geblieben." Heinz Brandt unterstreicht die damals bestehenden Verbindungen zu Wachtmeistern sowie zu Gefangenen, die in Elektrowerkstätten arbeiteten. Sie wurden ausgenutzt, um die neuesten Radionachrichten der ausländischen Sender zu erfahren.

Doch um die Zeit des Hitler-Stalin-Paktes war es mit der bisherigen großen Familie vorbei. Heinz Brandt erwähnt, daß die Diskussion über den Hitler-Stalin-Pakt „lebensgefährlich zu werden" begann und fährt fort: „Eine gefährliche Zuspitzung trat mit dem ‚Nichtangriffspakt' zwischen Hitler und Stalin ein. Die absolut Linientreuen begrüßten das Zustandekommen des sogenannten Nichtangriffspakts im August 1939, weil damit der Krieg ausgelöst, herbeigeführt wurde – der erwünschte Krieg der ‚Imperialisten untereinander.' Wir anderen aber standen aufs tiefste betroffen über diesen schlimmsten Verrat an der internationalen Arbeiterbewegung, der vor der Welt offenbar machte, daß auch Stalins Staat – nur mit einem anderen Vorzeichen als derjenige Hitlers – eine inhumane Despotie darstellte.

‚Gleiche Brüder, gleiche Kappen', ‚Pack schlägt sich, Pack verträgt sich' schrieben wir an unsere Angehörigen in harmlosem, privatem Zusammenhang, so daß unsere Briefe die Zuchthauszensur passierten."

Zwischen den beiden Hauptgruppen, den Befürwortern und Gegnern des Paktes, gab es eine mittlere Gruppe. Heinz Brandt berichtet: „Dazwischen standen einige, die lieber zuhörten, als mit ihrer Meinung herauszurücken. Sie wollten sich nicht festlegen, denn dauernd drohten die Stalinisten: ‚Später einmal wird euch die Partei wegen eurer Abweichungen, eurer parteifeindlichen Kritik zur Rechenschaft ziehen.'"

Die Diskussion verschärfte die Beziehungen zwischen den Häftlingen und griff auf immer neue Themen über:

„Solchen erbitterten Argumenten gegenübergestellt, zerrissen die Stalinisten die bisherigen Bande der Solidarität. Es trat eine sehr komplizierte Lage ein. Die Mehrzahl der Parteikommunisten – sie hatte zu den Illusionisten, Unentschiedenen gehört – war niedergeschlagen, verzweifelt und schwankte zwischen uns und den Unentwegten hin und her.

Manche sagten auch, sie verstünden zwar ganz und gar nicht, warum das alles geschehe, billigten auch die von unseren Linientreuen vorgebrachten Argumente nicht, aber man müßte doch Stalin, müßte doch der Sowjetunion vertrauen. Es würde sicherlich irgendwelche stichhaltigen, wenn auch für uns noch unersichtlichen, rätselhaften Gründe für diesen Pakt geben ... Eine ganze Reihe von politischen Häftlingen begann dem Pakt gute Seiten abzugewinnen in der illusionären Hoffnung, er werde zu einer Massenamnestie für die Antifaschisten, zu unser aller und auch zu Ernst Thälmanns Befreiung führen ... Das sei doch das mindeste, was Stalin jetzt von Hitler verlangen würde."

Die kritischen Kommunisten aber, zu denen Heinz Brandt zählte, erklärten diese „Strohhalmtheorie" – wie sie geringschätzig genannt wurde – für völlig unrealistisch. Heinz Brandt: „Wir wußten: nicht die Amnestie – der Krieg steht vor der Tür."

Die nachdenklichen, kritischen Kommunisten begannen ihre grundsätzliche Stellung zum Pakt zu formulieren. Die von ihnen erarbeiteten Thesen lauteten:

- „Der Faschismus ist eine tödliche Gefahr für die menschliche Gesellschaft, insbesondere in seiner nazistischen Erscheinungsform; der Pakt mit dem Faschismus, von wem auch geschlossen, ist ein Verbrechen.
- Der Abschluß dieses Paktes im Namen angeblicher Interessen einer angeblichen Arbeiterbewegung bedeutet keinen Fehler, sondern Verrat – so wie auch der 4. August 1914 (die Bewilligung der Kriegskredite durch die sozialdemokratische Reichstagsfraktion) keinen Fehler, sondern Verrat am Sozialismus, an der großen Idee der Völkerfreundschaft, der internationalen Verbrüderung bedeutete.
- Der Nichtangriffspakt ist ein markanter historischer Be-

weis dafür, daß der Stalinismus keine Diktatur des Proletariats darstellt, sondern eher im Gegenteil eine Diktatur über das Proletariat.

- Die III. Internationale (Komintern) erweist sich deutlich als reines Anhängsel der stalinistischen Außenpolitik, als Instrument des Stalinschen Terrorsystems. Die Komintern erweist sich im Zweiten Weltkrieg genauso als ein ‚verwesender Leichnam' wie seinerzeit – im Ersten Weltkrieg – die Zweite Internationale.
- Die internationale Arbeiterbewegung kann – wie die jetzige Katastrophe beweist – nur auf völlig neuer Grundlage, nur durch prinzipiellen Bruch mit der terroristischen Despotie, nur auf demokratischer Grundlage, also *neu* erstehen. Nur eine solche humanistisch-sozialistisch-demokratische Plattform legitimiert – politisch und moralisch – unseren Kampf gegen den Faschismus. Nur von einer solchen Grundkonzeption aus kann der Faschismus nicht nur gestürzt, sondern auch überwunden werden."

Heinz Brandt über die Schlußfolgerung: „Der Hitler-Stalin-Pakt war nicht nur der Ausdruck einer vorübergehenden und begrenzten Interessengemeinschaft, sondern auch einer partiellen Übereinstimmung von Faschismus und Stalinismus – trotz ihrer unterschiedlichen sozialen, historischen und ideellen Wurzeln und ihrer Gesellschaftsstruktur ... Wer, wie wir, im Faschismus den Todfeind sah, konnte an seinem jetzigen Helfershelfer, dem Stalinismus, nicht vorbeigehen, mußte auch ihn bekämpfen." [6]

Eugen Ochs:
Bibelforscher und Kommunisten im KZ Dachau

Auch in anderen Haftanstalten und Konzentrationslagern kam es zwischen den Häftlingen zu ernsten Diskussionen über den Hitler-Stalin-Pakt, wenn auch vielleicht nicht in so ausgeprägter Weise wie im Zuchthaus Brandenburg.

Über die damaligen Auseinandersetzungen im KZ Dachau berichtet Eugen Ochs, ein gelernter Maschinenschlosser, Mitglied der KPD seit 1925 und seit Ende der 20er Jahre aktiver Funktionär und Betriebsrat. Ähnlich wie der bereits vorher erwähnte Paul Elflein war auch Eugen Ochs ein Anhänger der KPD-Opposition (KPO), die sich für die Einheit der Gewerkschaften einsetzte und den Kampf gegen die Sozialdemokratie unter der Losung „Sozialfaschismus" mißbilligte. Nach Hitlers Machtantritt war er in der antifaschistischen Widerstandsbewegung in Stuttgart, wurde im Dezember 1934 verhaftet und schon bald in das KZ Dachau überführt – als Häftling Nr. 32600 (wo er übrigens mit dem ebenfalls verhafteten bekannten Sozialdemokraten Kurt Schumacher wiederholt zusammentraf).

Der Hitler-Stalin-Pakt kam für Eugen Ochs weniger überraschend als in den bisher geschilderten Fällen. Eugen Ochs befand sich zu jener Zeit in einer Strafkompanie, gemeinsam mit zahlreichen Bibelforschern. Sie waren in Haft, weil sie den Kriegsdienst verweigerten, vor allem auch den Eid auf Hitler. Aus diesen Bibelforschern war ein kleines Arbeitskommando zusammengestellt worden, das jede Woche, montags früh, mit einem Lastwagen zum Sudelfeld bei Bayrischzell gefahren wurde. Dort mußten sie für die SS Bauarbeiten ausführen und kamen erst samstags wieder ins Lager zurück. Da diese Bauarbeiten längere Zeit dauerten, kamen die Bibelforscher in Kontakt mit ihren Wachbeamten. Eines Tages berichteten sie, die SS-Leute hätten ihnen erzählt, die Deutschen und die Russen hätten sich über die Aufteilung Polens geeinigt.

Die übrigen Häftlinge aber, darunter Eugen Ochs selbst, konnten dies nicht glauben; die Bibelforscher, so meinten sie, verstünden nichts von Politik und hätten sich einen Bären aufbinden lassen.

Aber wenige Wochen später stellte sich heraus, daß die Bibelforscher recht gehabt hatten. Eugen Ochs erinnert sich:

„Im August 1939 bestätigte sich die Erzählung der Bibelforscher, daß die Deutschen und die Russen sich über die Aufteilung Polens geeinigt hatten. Im Zusammenhang mit dem Nichtangriffspakt zwischen Hitler-Deutschland und der Sowjetunion wurde das Schicksal Polens besiegelt. Für uns als politische Häftlinge war dieses Ereignis zunächst unverständlich. Wir konnten nicht verstehen, daß Faschisten und Kommunisten sich auf irgendeine Sache einigen könnten.“[7]

Wolfgang Abendroth: Die Diskussion im Zuchthaus Luckau

Wolfgang Abendroth (1906–1985), geboren in Elberfeld, schloß sich zunächst der Sozialistischen Jugend an, ging aber schon bald zum Kommunistischen Jugendverband Deutschlands (KJVD) über. Während seiner Studienzeit – er studierte Jura – wurde er Mitglied der Kostufra (Abkürzung für „Kommunistische Studentenfraktion“). Ende der 20er Jahre ging er, wie viele andere, zur KPL-Opposition (KPO) über und war vorübergehend auch in der Bewegung „Neu Beginnen“ tätig.

Nach Hitlers Machtantritt Anfang 1933 nahm Wolfgang Abendroth am illegalen Kampf teil, wurde in Berlin am 22. Februar 1937 verhaftet und in das berüchtigte Gefängnis in der Prinz-Albrecht-Straße überführt. Von dort kam er im November 1937 in das Zuchthaus Luckau in der Niederlausitz. Die Zellen waren überbelegt; in den Ein-Mann-Zellen lagen jeweils vier Mann; etwa zwei Drittel aller Häftlinge waren Politische, ein Drittel Kriminelle. Die Zuchthausverwaltung legte Wert darauf, daß in jeder Zelle mindestens ein Krimineller war, um die politischen Häftlinge zu beaufsichtigen. Die Kriminellen waren, nach dem Bericht von Wolfgang Abendroth, jedoch so ahnungslos, daß man sie leicht überspielen konnte.

Unter den etwa 1000 politischen Häftlingen kamen, nach der Darstellung Abendroths, etwa zwei bis drei aus der KP-Opposition (KPO), einige aus ISK (Internationaler Sozialistischer Kampfbund) und der SAP (Sozialistische Arbeiterpartei) sowie vielleicht zehn Häftlinge aus verschiedenen Gruppen der Sozialdemokratie; alle übrigen waren KPD-Mitglieder.

Unter den politischen Häftlingen in Luckau gab es viele Diskussionen über die „politische Linie“, vor allem mit den die Mehrheit bildenden KPD-Mitgliedern. Darunter befanden sich allerdings auch solche, die nicht unbedingt linientreu waren. Die Debatten waren kameradschaftlich, selbst mit den „stursten KPD-Mitgliedern“. Bereits über die Moskauer Schauprozesse hatte es Diskussionen gegeben, wobei einige, so auch Abendroth, erklärten, sie könnten die Behauptungen der Anklage nicht glauben. Dann aber, in der letzten August-Woche, erfuhren die Häftlinge vom Hitler-Stalin-Pakt. Wolfgang Abendroth in seinen Erinnerungen:

„Als der Nichtangriffspakt zwischen Hitler und Stalin abgeschlossen wird, habe ich im Zuchthaus eine heftige Debatte, einen scharfen Fraktionskampf entfacht, indem ich entschieden gegen diesen Vertrag Stellung nehme ... Ich kennzeichne den Pakt als den 4. August 1914 für die Kommunistische Internationale ... Bei dem Fraktionskampf ist das Verhältnis zwischen Befürwortern und Gegnern des Paktes unter den politischen Gefangenen zunächst etwa 2:1 ... So sind in dieser Frage die alten Fraktionsgrenzen nicht mehr bestimmend. Die Auseinandersetzung selber wird mit viel Polemik von beiden Seiten ausgetragen[8].“

Eigentümlicherweise schwächt Wolfgang Abendroth in seinen 1976 erschienenen Memoiren seine damalige Stellungnahme ab und meint, nach seinen späteren Erkenntnissen habe die Sowjetunion einen solchen Pakt schließen müssen. Dies dürfte der einzige Sinneswandel eines früheren Gegners des Paktes sein, der, drei Jahrzehnte später, Entschuldigungen und Rechtfertigung für diesen Pakt gibt. Sonst war es meist umgekehrt: viele Zeitzeugen, die damals den Pakt für notwendig hielten und, wenn auch unter manchen Bedenken, befürworteten, erkannten erst später seinen wirklichen Charakter und standen ihm danach mit äußerster Kritik, ja Ablehnung gegenüber.

Die deutsche KP-Emigrationsführung in Paris

Nicht nur viele der „einfachen“ deutschen Kommunisten, auch die nach Paris emigrierten KPD-Führer waren überrascht. An der Spitze der Emigrationsführung – sie wurde stets offiziell als „Zentralkomitee der KPD“ bezeichnet – stand

Franz Dahlem (1892–1981), Mitglied der KPD seit 1920, zunächst vorwiegend im Rheinland tätig, seit 1928 Mitglied des Zentralkomitees und KPD-Abgeordneter im deutschen Reichstag sowie gleichzeitig Verbindungsmann zur Presseabteilung der sowjetischen Botschaft in Berlin.

Nach kurzfristiger illegaler Arbeit für die KPD in Berlin emigrierte Franz Dahlem über Prag nach Paris. Während des spanischen Bürgerkrieges war er Politleiter der internationalen Brigaden; er kehrte nach der Niederlage der spanischen Republik im Frühjahr 1939 nach Paris zurück.

Aus den Memoiren von Franz Dahlem, erschienen in der DDR, geht klar hervor, daß niemand in der KPD-Emigrationsleitung in Paris mit dem Hitler-Stalin-Pakt gerechnet hatte. Bis zur zweiten August-Hälfte 1939 war der deutschen KP-Emigration, laut Franz Dahlem, „ein beachtlicher Spielraum für eine legale eigenständige politische und kulturelle Betätigung verblieben. So erschien beispielsweise bis in die letzte August-Woche hinein in ungestörter Regelmäßigkeit unser legales politisches Wochenblatt ‚Deutsche Volkszeitung' ... Meiner Erinnerung nach hat es während der gesamten Zeit keinen ernsten Eingriff seitens der französischen Zensur gegeben."

Am 24. August erschien die letzte Ausgabe der „Deutschen Volkszeitung" unter dem Datum vom 27. August 1939. Darin befand sich auch ein ausführlicher Veranstaltungskalender unterschiedlichster „Freundeskreise", mit Vorträgen und Diskussionen – so wurde zum Beispiel für den 31. August um 20.30 Uhr ein „ernster und heiterer Dialektabend" mit „Kostproben aus verschiedenen deutschen Mundarten" angekündigt.

Dazu sollte es jedoch nicht kommen. „Bereits in der Nacht vom 23. auf den 24. August und in den darauffolgenden, verhaftete die Pariser Polizei die ersten kommunistischen Emigranten in ihren Wohnungen oder Hotels und führte sie nach der ‚Santé' ab", erinnert sich Franz Dahlem. ‚Santé' war das berüchtigte Gefängnis für „staatsgefährliche" Gefangene. Allerdings wurde zunächst nur ein kleiner Kreis von deutschen KP-Emigranten davon betroffen. Franz Dahlem bemerkt, daß

„uns die plötzlichen Schläge des Klassenfeindes unerwartet trafen".

Die Wendung durch den Hitler-Stalin-Pakt und die Furcht vieler Franzosen vor einem deutschen Angriff führte dazu, daß sich ‚die Bande der Solidarität der Bevölkerung mit den Politemigranten zu lockern begannen. Immer häufiger, so berichtet Franz Dahlem, konnte man bei Franzosen nun das mit Verachtung ausgesprochene Wort „Boche" hören, jenen Schimpfnamen für die Deutschen aus der Zeit des Ersten Weltkrieges. Die Zahl der Franzosen, die mit den „Boches" nichts zu tun haben wollten, nahm zu. „Der schlimmste Makel allerdings, der einem Emigranten zu jener Zeit anhaftete, war es dennoch, als Kommunist verdächtigt zu sein".

Für das Sekretariat des Zentralkomitees der Kommunistischen Partei Deutschland (KPD) in Paris war, laut Franz Dahlem, „in jenen acht Tagen vor Kriegsbeginn eine komplizierte, ja sehr kritische Lage entstanden." [9]

Alexander Abusch und die offizielle KPD-Erklärung

Vor allem kam es natürlich darauf an, eine offizielle Erklärung des Zentralkomitees der KPD zum Pakt auszuarbeiten. Für diese Aufgabe wurde neben den Exilfunktionären Gerhart Eisler und Anton Ackermann auch Alexander Abusch (1902–1982) eingeschaltet.

Alexander Abusch, in Krakau geboren und in Nürnberg aufgewachsen, gehörte der KPD bereits seit ihrer Gründung Ende 1918 an, nahm aktiv an den von der KPD geleiteten revolutionären Kämpfen in Bayern und Thüringen teil, war von 1924 an Chefredakteur der kommunistischen „Neuen Zeitung" in Jena, danach Mitarbeiter des KPD Pressedienstes und der Redaktion der „Roten Fahne", sowie, von 1928–1933 auch Chefredakteur des kommunistischen „Ruhrechos" in Essen. Nach 1933 emigrierte Abusch zunächst in das Saargebiet, war Chefredakteur der saarländischen „Arbeiterzeitung" und kam anschließend über Prag nach Paris, wo er sich als absolut linientreuer Funktionär betätigte. In seinen in der DDR erschienenen Memoiren heißt es:

„Natürlich grübelten auch wir über Gründe, Perspektiven, Argumente. Man beschimpfte uns als ‚bolschewistische Bürokraten‘, weil wir bei allem Durchdenken des Neuen von vornherein gewillt waren, in der Tat als Felsenfeste die schwieriger gewordene Lage zu meistern ... Im Jardin du Luxembourg traf ich auf einer Bank Franz Dahlem. In der politischen Einschätzung des Nichtangriffspaktes gab es von der ersten Sekunde an politische Übereinstimmung: Nun erst recht, alles für die Sowjetunion!“ [10]

Gemeinsam mit Gerhart Eisler und Anton Ackermann bereitete Alexander Abusch den Entwurf einer Erklärung des Zentralkomitees der KPD zum deutsch-sowjetischen Nichtangriffspakt vor. Die Aufgabe, so berichtete Abusch, war nicht leicht, denn die KPD war nun „in die Situation eines anti-imperialistischen Zweifrontenkrieges gerückt.“ Für die deutschen Kommunisten käme es darauf an, „die Dialektik im Gang der Ereignisse und damit die Position der Sowjetunion in weltpolitisch-strategischer Sicht voll zu erfassen“ [11].

Der ausgearbeitete Entwurf wurde am 25. August vom KPD-Emigrations-Sekretariat mit geringfügigen Veränderungen angenommen. Offensichtlich waren die deutschen KP-Funktionäre in der Emigration auf sich allein gestellt – denn weder Franz Dahlem noch Alexander Abusch berichten in ihren sonst so detaillierten Memoiren über eine Instruktion oder Direktive der Komintern aus Moskau – eine Tatsache, die sie bestimmt erwähnt haben würden, wenn es sie gegeben hätte.

Die Erklärung der KPD vom 25. August 1939 begrüßt zunächst den Pakt „als eine Friedenstat der Sowjetunion“. Man sollte sich dafür einsetzen, daß ebensolche „Friedenspakte“ mit Polen, Frankreich, England und Rumänien und anderen Ländern abzuschließen seien. Hitler habe den Pakt in einer schwierigen Notlage geschlossen und nur das ganze deutsche Volk könne der Garant seiner Einhaltung sein. Dazu müsse es aber selbst „das Schicksal der deutschen Nation in seine Hände“ nehmen. Von der Arbeiterklasse hänge in erster Linie die Zukunft Deutschlands ab; es gelte, durch die Schaffung einer „revolutionären Einheitspartei" die notwendige Einheit zu schaffen und das deutsche Volk in einer „antifaschistischen Volksfront" zu sammeln[12].

Tatsächlich entsprachen Tendenz und Formulierung der KPD-Erklärung – ohne Instruktionen von Moskau verfaßt – weder der damaligen Moskauer Politik noch den Ralitäten des antifaschistischen Kampfes in Deutschland.

Kritische Stimmen unter deutschen Emigranten

Kritische Stimmen, auch unter kommunistischen Emigranten, werden in den Memoiren von Franz Dahlem und Alexander Abusch kaum erwähnt. Nur in einer einzigen kurzen Episode läßt sich aus den Memoiren von Abusch entnehmen, daß die linientreuen KP-Funktionäre auf Widerspruch stießen. Alexander Abusch berichtet über ein Gespräch mit den in der Emigration befindlichen deutschen Schriftstellern (und KP Mitgliedern) Gustav Regler und Alfred Kantorowicz. Sie waren „in heller Verzweiflung aus Südfrankreich" in Paris eingetroffen. „Der Pakt! Der Pakt! Wie konnte Stalin uns das antun?", war ihre erste Frage. Alexander Abusch versuchte „mit viel Geduld" – wie er in seinen Memoiren betont – die Haltung der Sowjetunion zu erklären. Nach seiner Darstellung erschien Kantorowicz „den Argumenten allmählich zugänglich zu werden", Gustav Regler aber protestierte weiter. Der Kommentar von Abusch: „Unsere Lage als Kommunisten war dadurch bedrohter, daß Freunde von gestern zu Feinden von heute werden konnten." [13]

Zu den kritischen Emigranten in Frankreich gehörte auch der deutsche Ex-Kommunist Henry Jacoby. In der Weimarer Republik war er in der marxistischen Jugend- und Arbeiterbewegung tätig, schloß sich dem Kreis marxistischer Individualpsychologen um Manès Sperber an und beschloß angesichts der wachsenden Nazi-Gefahr, trotz mancher Vorbehalte, 1930, der KPD beizutreten. Als nach der Machtübernahme durch Hitler die KPD-Führung behauptete, die deutsche Arbeiterklasse habe keine Niederlage erlitten, beschloß Jacoby, sich von der KPD zu trennen, und schloß sich, in der Illegalität, der linkssozialistischen Gruppe „Der Funke“ an.

Henry Jacoby wurde verhaftet und Ende Juni 1934 zu zweieinviertel Jahren Zuchthaus verurteilt. Ende Juni 1936 aus dem Zuchthaus Brandenburg entlassen, emigrierte er zunächst nach Prag und kam von dort nach Paris, wo er noch vor der Bekanntgabe des Paktes von der Annäherung der Sowjetunion an Hitler-Deutschland erfuhr:

„Gerüchte über ein Hitler-Stalin-Bündnis verbreiteten sich. Die Funken-Gruppe – durch Informationen eines unserer polnischen Freunde bestärkt – hielt diese Gerüchte für durchaus glaubhaft. Die Kommunisten und ihr Anhang ahnten nichts, hielten die Möglichkeit nicht einmal für diskutabel und führten die Gerüchte auf ‚faschistisch-trotzkistische Diversanten‘ zurück. Ihr Anliegen war und blieb die Volksfront gegen Hitler für die Verteidigung der Sowjetunion, in die die ‚Deutsche Volkszeitung‘ auch den Papst einschließen wollte. Am Tage, nachdem der Pakt zwischen Hitler und Stalin aber Wirklichkeit geworden war, hieß es dann, er verkörpere den Friedenswillen der Völker.“ [14]

Henry Jacoby gehörte zu einer Freundesgruppe nachdenklicher Sozialisten, die versuchten, den Zusammenbruch der politischen Welt, in der sie gelebt hatten, ungeschminkt wahrzunehmen.

„Die mächtige Arbeiterbewegung Mitteleuropas war in Trümmern, Hitlers Panzer beherrschten Europa, die Genossen Lenis in der Oktoberrevolution waren alle als Spione erschossen worden, die spanische Republik war von den europäischen Demokratien verlassen, ihre revolutionäre Bewegung von den Agenten Sowjetrußlands erdolcht und Stalin hat schließlich ein Bündnis mit Hitler geschlossen.

Schwer aber erwies es sich, das einstmals Erlernte in Frage zu stellen und sich von der Vorstellungswelt und den Gedankengängen der Vergangenheit loszureißen. Am schwersten hatten es diejenigen, die mit dem Mythos der Oktoberrevolution nicht fertig werden konnten.

Wir waren wie Strandgut, das von den Wellen hier in diese kleine Provinzstadt gespült worden war, waren Trümmer eines untergegangenen Schiffes, aber konnten immer noch nicht glauben, daß wir falschen Kurs genommen hatten."[15]

Die „Bürokratie-Diskussion" in Montauban

Die kleine Provinzstadt, die Henry Jacoby erwähnt, war die französische Stadt Montauban, in der, auf der Flucht vor den damals vorrückenden deutschen Armeen, eine Gruppe deutscher sozialistischer, teils auch marxistischer Emigranten, nicht nur Zuflucht gefunden hatten, sondern auch zu ihrem eigenen Erstaunen eine hervorragend eingerichtete Stadtbibliothek fanden. Henry Jacoby und seine Freunde entdeckten schon bald, daß hier Schätze verborgen waren. Die kleine Gruppe begann sich für die Schriften aus der Zeit des Kampfes zwischen der zentralen Königsmacht und der Adelsklasse zu interessieren, besonders für die damit verknüpfte Entwicklung einer Bürokratie mit wachsender Machtstellung.

Die landläufige marxistische Betrachtung, die sich auf den Gegensatz zwischen Adelsherrschaft und Bourgeoisie konzentrierte, hatte, wie sie schon bald in ihrem Studium feststellten, an wesentlichen Momenten der Entstehung des modernen Nationalstaates vorbeigesehen. Mit Spannung lasen die versprengten Genossen, wie in den damaligen Schriften des Adels die Herrschaft Ludwigs XIV. mit dem Despotismus des Orients verglichen und das ständige Wachstum der Bürokratie bitter beklagt wurde. Die Bürokratie aber fuhr fort zu wachsen. Selbst die französische Revolution wurde damit nicht fertig. Henry Jacoby fand in einem vergilbten Notizbuch ein Zitat von St. Just: „Die Gesetze sind revolutionär, die, die sie ausführen, sind es nicht. Je mehr die Beamten sich an die Stelle des Volkes setzen, desto weniger Demokratie gibt es."

Aus den historischen Studien über die bürokratischen Tendenzen und die verstärkte Rolle der Bürokratie auf dem Höhepunkt des Absolutismus, zog Henry Jacoby die Schlußfolgerung, daß auch das sowjetische Gesellschaftssystem als eine bürokratische Herrschaftsform zu charakterisieren sei.

Jacoby's Versuch ein besseres Verständnis der Gegenwart aus der historischen Entwicklung der Bürokratisierung und Verselbständigung des Staatsapparates in der Vergangenheit zu ermitteln, stieß in den Diskussionen der Gruppe auch auf Widerspruch. Vor allem seine These, das sowjetische Gesellschaftssystem sei eine bürokratische Herrschaftsform, wurde zunächst abgelehnt. Die Teilnehmer dieses Montaubaner Kreises waren alle Feinde des Stalinismus. Sie waren auch keine Anhänger Trotzkis. Sie sahen aber, ähnlich wie Henry Jacoby selbst bis dahin, im Rußland seit der Oktoberrevolution einen sozialistischen Arbeiterstaat, der von Stalin verraten und durch dessen Regime vom rechten Weg abgebracht worden war.

Der Mythos der Revolution und die Tatsache der entprivatisierten Produktionsmittel hielt sie im Bann. Daß Henry Jacoby den sozialistischen Grundcharakter der Sowjetunion leugnete und eine nicht-kapitalistische Ordnung (die auch nicht sozialistisch war!) für denkbar hielt, war für manche schwer zu verkraften. Dies nicht nur, weil die Existenz einer solchen anderen Ordnung die Hoffnung auf eine Rückkehr Rußlands zu seinem „sozialistischen" Ausgangspunkt zerstörte sondern auch weil damit der Glaube an das „historische Gesetz", aufgegeben wurde, wonach der Kapitalismus durch den Sozialismus abgelöst werde.

Aber in späteren Jahren, so berichtet Jacoby, haben manche der damaligen Diskussionspartner sich dieser Deutung angeschlossen und die „Hoffnung Rußland" abgelegt[16].

J. K. in London: Zur Feier des Pakts eine Zigarre

Von Montauban nach London – von den kritischen nachdenklichen Sozialisten zum linientreuen Parteifunktionär Jürgen Kuczynski, der damals an der Spitze der KPD-Emigration in England stand.

Jürgen Kuczynski, 1904 in Elberfeld als Sohn eines Bankiers geboren, studierte an den Universitäten Berlin, Heidelberg und Erlangen, trat 1930 der KPD bei, war danach schon bald Wirtschaftsredakteur des Zentralorgans „Rote Fahne“. Nach 1933 emigrierte er zunächst nach Prag, war kurzfristig in der Sowjetunion, kam im Oktober 1936 nach Paris, wo er von Walter Ulbricht die Aufgabe erhielt, als politischer Leiter der deutschen kommunistischen Emigranten nach England zu gehen – eine Funktion, die er von Oktober 1936 bis 1941 ausübte.

Die von Kuczynski geleitete kommunistische Gruppe hatte die Aufgabe, Flugblätter zu verfassen und mit Hilfe englischer Genossen diese abzuziehen oder zu drucken und an deutsche Seeleute zu verteilen oder auf anderem Wege nach Deutschland hereinzuschmuggeln. Gleichzeitig ging es darum, in England durch Artikel, Vorträge und Broschüren über die Situation in Nazi-Deutschland zu berichten und innerhalb weitester deutscher Emigrantenkreise alle Kräfte für den Kampf gegen den Faschismus zu mobilisieren. In diese Zeit fällt die Nachricht vom Hitler-Stalin-Pakt.

Jürgen Kuczynski bezeichnet sich in seinen in der DDR erschienenen Memoiren stets als J. K. und spricht von sich immer in der dritten Person.

Die Reaktion des J. K. gegenüber dem Pakt war, vor allem im Vergleich zu manchen bisher erwähnten Zeitzeugen, etwas ungewöhnlich: „Selbstverständlich mußte der Abschluß des Paktes zwischen der Sowjetunion und Hitler-Deutschland im August 1939 zunächst Erstaunen hervorrufen. Sofort besprach er darum die Situation mit den führenden Genossen. Ehe er sich mit ihnen zusammensetzte, ging er in den besten Tabakladen von Belsize Park und kaufte sich eine große Zigarre. Alle Genossen wußten, wie gerne er Zigarren rauchte und daß man diesen Genuß, da Zigarren in England überaus teuer waren, als Emigrant eigentlich nur haben konnte, wenn man sie geschenkt bekam. Als J. K. sie anzündete, erklärte er den Genossen: ‚Zur Feier des Paktes, der die Sowjetunion aus einem möglichen Kriege heraushalten kann‘. Eine Geste, aber noch heute erinnert ihn gelegentlich ein Genosse an diese Sitzung, in der ihnen seine Zigarre Sicherheit gegeben hat.“ [17]

Paris:
Der Ausweg des Emigranten Thorwald Siegel

Während sich in London Jürgen Kuczynski aus Freude über den Pakt eine Zigarre gönnte, war in Paris der deutsche Emigrant Thorwald Siegel vom Hitler-Stalin-Pakt zutiefst betroffen und erschüttert.

Thorwald Siegel ist keiner historischen Darstellung bekannt, wird aber erwähnt in den Memoiren von Theodor Balk, einem aus Jugoslawien stammenden linientreuen Kommunisten, der in den 20er Jahren in der KPD wirkte, 1933 in Berlin wurde er verhaftet, nach der Freilassung gelang ihm die Flucht. Er kam illegal nach Paris, wo er Thorwald Siegel traf, der ihm anbot, in seiner Wohnung zu wohnen. Zum Glück stand Thorwald Siegel gut mit seinen Portierleuten; er nahm Theodor Balk gleich am ersten Abend mit, stellte ihn als einen Vetter vor, der auf kurze Zeit in Paris zu Besuch sei.

Nach Bekanntgabe des Hitler-Stalin-Pakts kam es zu endlos langen Diskussionen zwischen dem selbständig denkenden Thorwald Siegel und dem linientreuen Theodor Balk. Thorwald Siegel vertrat sofort die Ansicht, „daß der Krieg hätte vermieden werden können, hätte die Sowjetunion nicht diesen Pakt abgeschlossen.“ Er wiederholte immer wieder: „Der sozialistische Staat hat sich mit dem faschistischen Dritten Reich verbunden“ und „ein Krieg gestartet durch den Hitler-Stalin-Pakt.“

Eines Abends, als Thorwald Siegel und Theodor Balk gemeinsam heimkehrten, bat Thorwald Siegel ihn, einen Augenblick zu ihm ins Zimmer zu kommen. Siegel machte sich an einem Koffer zu schaffen, entnahm ihm ein Päckchen, schälte aus der Papierhülle eine kleine und breithalsige Flasche und stellte sie auf den Tisch. Es war Zyankali. Thorwald Siegel hatte diese Flasche aus einem chemischen Laboratorium entwendet, für den Fall, daß er den Nazis in die Hände fallen sollte.

Thorwald Siegel verglich den Hitler-Stalin-Pakt mit dem Abgesang der sozialdemokratischen Führer auf ihre internationalistischen Positionen bei Ausbruch des ersten Weltkrieges. Immer wieder kam er auf das Thema 1914 und 1939 zurück, auf die Haltung der Zweiten Internationale zu Kriegsbeginn 1914 und die Haltung der Führung der Dritten Internationale im August 1939 – so häufig, daß er nur einfach noch von 14 und 39 sprach. Thorwald Siegel meinte: „Damals wie heute sind die Arbeiterführer von ihren Ideen abgefallen. 14 die Führer der Zweiten, 39 die Führer der Dritten Internationale. 14, indem sie von Gegnern zu Anhängern des Krieges wurden, heute, indem sie mit dem Erzfeind der Arbeiterklasse, mit Hitler, einen Pakt geschlossen haben."

Theodor Balk entgegnete ihm: Man müsse doch Vertrauen zu den Führern und der Kommunistischen Internationale haben.

Vertrauen? Thorwald Siegel ließ sich von diesem Argument nicht beeindrucken:

„Was sagte man 14 zu den Arbeitern, die erstaunt zusahen, wie sich ihre Führer auf den Kopf stellten? Man sagte ihnen: Vertraut euren erfahrenen Führern und nicht euren Augen. Eure Führer stehen nicht Kopf, es scheint euch nur so. Und die Arbeiter vertrauten. Und das war eben falsch. Grundfalsch. Und was sagt man mir heute? Vertraue! Obwohl das, was deine Führer treiben, dir wie ein Kopfstand erscheinen mag. Ja, wenn die Russen sich nicht schon so oft geirrt hätten. Die Prozesse. Die Erschießungen. Damals habe er geschwiegen, weil er sich kein endgültiges Urteil zutraute. Aber jetzt, jetzt sehe er klar. Von den Prozessen zum Pakt ziehe sich eine gerade Linie ... Weshalb habe man nur der Welt weisgemacht, daß Tuchatschewski ein Nazi und deshalb gefährlich sei, wenn man jetzt selbst mit den Nazis gehe?"

Theodor Balk verwies auf die Politik der Westmächte, auf den Vertrag in München, auf das Ziel der Westmächte, das Dritte Reich und die Sowjetunion in einen Konflikt gegeneinander zu treiben. Die Wahrheit, so meinte er, liege nicht in Fotografien, wo Ribbentrop und Stalin nebeneinander stehen, nicht in den Unterschriften, die so jäh und unerwartet sich auf diesem Pakt-Schriftstück vereinten. Das Ziel sei einfach: Zeit, Zeit für die Sowjetunion, um militärisch bereit zu sein, wenn die Stunde schlagen soll. „Unsere zum siebenundsiebzigsten Mal geführte Auseinandersetzung überzeugte Thorwald Siegel nicht." Aber er sah auch ein gewisses Schwanken im Verhalten Thorwald Siegels, das ihn stutzig und sogar ängstlich machte.

„Die Giftflasche, die den ganzen Tag aus Thorwald Siegels Blickfeld entschwunden war, rückte wieder in seine Mitte".

Der nächste Tag war ein Sonntag. Theodor Balk trank mit Thorwald Siegel die zweite Tasse Kaffee; es war wie gewöhnlich Mittag geworden. Von der Straße kam der Ruf eines Zeitungsjungen: „Die Russen sind in Polen einmarschiert."

Die Diskussion setzte sich fort. Theodor Balk schildert sie: „Voilà, sagte Thorwald Siegel, nun lohnt es sich nicht mehr. Nein, es lohnt sich nicht. Die Einen gleichen den Anderen.

Wenn zwei das Gleiche tun, meine ich, dann müsse das nicht das Gleiche sein. Die Russen wären in Polen aus strategischen Erwägungen einmarschiert. In der Voraussicht eines Überfalles Hitlers auf die Sowjetunion, der kommen müsse.

Ach, diese Worte kenne er aus unzähligen deutschen Erklärungen. Mit diesen Worten der Besorgnis um die eigene Sicherheit haben die Nazis alle Verträge gebrochen, die Rheinlandzone militarisiert, Prag besetzt, Polen überfallen.

Auch sind diese Gebiete, taste ich nach anderen Gründen, von Ukrainern besiedelt. Neunzehnhundertzwanzig hätten sie nach der Curzon-Linie der Sowjetunion zufallen sollen. Sie wurden ihr von den Polen entrissen. Sei es nicht vorteilhafter für die Ukrainer, daß sie sich mit dem Stamm ihres Volkes in einer sozialistischen Republik vereinigten, als daß sie unter das Joch der Nazis kämen?

Ach, auch diese Leier klinge ihm wohlbekannt. Unter dem Vorwand des Selbstbestimmungsrechts der Völker hat Hitler Österreich besetzt, die Sudeten sich geholt und den Krieg gegen Polen eingeleitet."

Noch einmal versuchte Theodor Balk, ihn umzustimmen und beschwor ihn: „Abwarten, Thorwald Siegel, Abwarten!"

Aber Thorwald Siegel ließ sich nicht mehr umstimmen: „Abwarten? Es lohnt sich nicht mehr" [18].

Sie trennten sich. Theodor Balk machte einen langen Spaziergang an diesem Sonntag in Paris und kehrte erst nachts in die Wohnung zurück. Dort fand er Thorwald Siegel – er hatte Selbstmord begangen.

Deutsche Oppositionwelle in den Niederlanden: „Die Nachricht löste einen Schock aus"

Der Begriff „Schock" für die Auswirkung des Pakts auf die damaligen Antifaschisten und Emigranten ist keineswegs nur in Erinnerungen jener zu finden, die später mit der Partei brachen. Selbst Ewald Munschke, zur Zeit des Erscheinens seiner Memoiren Generalmajor in der „Nationalen Volksarmee" der DDR, benutzt diesen Begriff. Ewald Munschke, 1901 in Berlin geboren, seit 1923 Mitglied der Kommunistischen Partei Deutschlands, war seit Anfang der 30er Jahre Mitarbeiter des Militärpolitischen Apparates (MP) der Partei. Nach Hitlers Machtantritt emigrierte Munschke in die Sowjetunion, wo er die „Kommunistische Universität der Völker des Westens" besuchte. Während des spanischen Bürgerkrieges war er zunächst Kompanie-Politkommissar in der XIII. Internationalen Brigade und nahm an den Kämpfen in den Gebirgen der Sierra Nevada und anschließend an der Front von Madrid teil. Nach der Niederlage der spanischen Republik erhielt Munschke den Auftrag, mit falschem Paß nach Holland zu gehen. Dort erlebte er den Hitler-Stalin-Pakt: „Es soll nicht verschwiegen werden, daß die Nachricht vom Abschluß eines deutsch-sowjetischen Nichtangriffspakts im ersten Moment auch unter den Emigranten einen Schock auslöste. Heftige Diskussionen hoben an," schreibt Munschke. Er selbst aber blieb unerschütterlich auf der Parteilinie.

Da seine Memoiren im Ostberliner Militärverlag erschienen sind, müssen wir wohl die Ironie seiner Worte als unbeabsichtigt zu werten haben: „Mir half meine in jahrelangem Aufenthalt in der Sowjetunion erworbene tiefe Kenntnis, ... den Sinn der taktischen Schwenkung der Sowjetpolitik schneller zu erfassen. Mit Feuereifer stürzte ich mich in Streitgespräche. Mehr denn je war es nötig, die Genossen zu eiserner Geschlossenheit zu erziehen.“ [19]

Heinz Kühn in Brüssel
Hochzeit oder Feier des Paktes?

Über die Stimmung der deutschen Emigranten in Belgien gibt es keine Erinnerungen eines damaligen deutschen kommunistischen Emigranten, wohl aber des bekannten Sozialdemokraten Heinz Kühn, der wiederum über die Kommunisten gut informiert war.

Heinz Kühn, geboren 1912 in einer Arbeiterfamilie in Köln, gehörte seit 1928 der sozialistischen Jugendbewegung „Falken“ an, studierte Nationalökonomie an der Universität in Köln und trat im Oktober 1931 dem „Reichsbanner“ bei. Nach Hitlers Machtantritt wurde er verhaftet und in ein Kölner Gefängnis eingeliefert, setzte aber nach seiner Freilassung die illegale Tätigkeit fort. Später im tschechischen Sudetengebiet den „kleinen Grenzverkehr“ ausnutzend, schmuggelte er Schriften nach Deutschland – auf knitterfreiem Dünndruckpapier in Kleidern von Kurieren eingenäht oder mit Luftballons den Winden anvertraut. Im Juni 1936 wurde Heinz Kühn nach Belgien gerufen, um dort an der Vorbereitung der sozialdemokratischen Zeitung „Freies Deutschland“ mitzuarbeiten. Hier in Brüssel erfuhr er auf ungewöhnliche Weise vom Hitler-Stalin-Pakt:

„Am 23. August 1939 hatten Hitler und Stalin ihren Pakt geschlossen, am 26. August schlossen Marianne und ich den unseren: wir heirateten. Es hatte lange gedauert, bis sie ihre für die Eheschließung notwendigen Papiere illegal aus Deutschland bekommen konnte. Und nun wollten wir, die nahe Bedrohung vor Augen, unsere Verbindung legalisieren, ein einfacher standesamtlicher Akt, den wir aber abends nach jugendbewegter Art im Kreise unserer Freunde mit Klampfe und Mundharmonika und unseren Liedern feierten. Es war für lange Zeit der letzte fröhliche Abend. Am nächsten Morgen standen die Beamten der Sûreté Publique vor unserer Tür, wir dachten schon des lärmvollen Abends wegen, aber nein: ‚Sie haben gestern den deutsch-sowjetischen Pakt gefeiert.' Erst die Vorlage unserer Carnet de mariage, des Hausstandsbuches, ließ die erboste Denunziation der Nachbarn in Glückwunsch und Gelächter untergehen."

Weit über dieses persönliche Erlebnis hinaus beschreibt Heinz Kühn, wie der damalige Pakt auf die deutschen kommunistischen Emigranten in Belgien wirkte:

„Unter den übriggebliebenen illegalen Kadern der KPD, so erfuhren wir von unseren Kurieren, wirkte der Pakt des ‚roten Vatikans' mit dem braunen Teufel wie Gotteslästerung. Es gab nicht nur einen tiefen Vertrauensverfall, sondern auch unter gläubigen Kommunisten menschliche Tragödien. Wie sollten sie auch begreifen, daß über Nacht das Wort Faschismus aus dem Wörterbuch des kommunistischen Funktionärs gestrichen war, und daß nicht mehr Hitler, sondern die Westmächte Schuld am Krieg trügen? In Brüssel suchten wir in bitterer Diskussionsbereitschaft die kommunistischen Funktionäre in ihren Kneipen, keiner war mehr auffindbar." [20]

Karl Kunde:
Verwirrung im Internierungslager Cépoy

Die Diskussionen über den Hitler-Stalin-Pakt beschränkten sich keineswegs auf die ersten Tage, sondern gingen noch monatelang weiter – vor allem in französischen Internierungslagern, wo sich damals viele deutsche Antifaschisten befanden.

Darüber berichtet Karl Kunde, ein Metallarbeiter, 1904 in Neustettin geboren und seit seiner Jugend KPD-Mitglied. Auch er durchließ nach 1933 die Stationen Illegalität, Verhaftung, KZ und Emigration. In Paris wurde er am 4. September 1939 als Ausländer verhaftet und kam nach vielen Zwischenstationen Anfang April 1940 im Lager Cépoy im Departement

Loiret an, wo er mit 500 Internierten vom Hitler-Stalin-Pakt hörte. „Der Hitler-Stalin-Pakt hatte auch in unseren Reihen zu einer fürchterlichen Verwirrung geführt. Unter uns Kommunisten wurde dieser Pakt zum Gegenstand ausführlichster Diskussionen.“ Karl Kunde verteidigte den Pakt – damals wie auch heute –, sah aber deutlich, wie schwerwiegend dessen Folgen waren: „Diese Diskussionen förderten die Demoralisierung und verkleinerten unsere Gruppe. Wir waren uns nicht mehr einig und das hatte auch Konsequenzen für die praktische Lagerarbeit. Nunmehr betrachteten wir es als unsere vorrangige Aufgabe, den KPD-Apparat im Lager aufrecht zu erhalten. Diejenigen, die nicht mehr voll mitzogen, wurden abgehängt. Dadurch wuchs unsere Isolierung. Es war eine schwierige Zeit.“

Auch Heinrich Brandler, der gemeinsam mit August Thalheimer damals die KPD-Opposition leitete, kam in das Lager Cépoy:

„Wir sahen, wie die KPO ihre Gruppe im Lager formierte. Es war damals für uns schwer, mit diesen Leuten zu diskutieren“, erinnert sich Karl Kunde, „damals bezeichneten wir sie sogar als ‚fünfte Kolonne‘.“

Im Lager Cépoy kam Karl Kunde auch mit kommunistischen Schriftstellern zusammen, darunter mit Hans Marchwitza, dem Autor des Buches „Sturm auf Essen“, sowie mit Ludwig Turek, dessen Buch „Ein Prolet erzählt“ in KPD-Kreisen weit bekannt war. Turek hatte, nach der Darstellung von Kunde, sich der Gruppe der Internierten angeschlossen, die damals den Hitler-Stalin-Pakt, die Kommunistische Partei und die Sowjetunion aufs heftigste angriff.

Die Folgen der Diskussionen über den Hitler-Stalin-Pakt im Lager Cépoy faßte Karl Kunde zusammen:

„Die Masse lehnte den Standpunkt der Partei ab. Mit Marchwitza konnte man im Gegensatz zu Turek noch diskutieren ... Aber die Partei als solche ist nach dem Abschluß des Hitler-Stalin-Paktes auch brüchig geworden. Den ganzen großen Bruch gab es aber dann gegenüber den anderen Internierten, die der KPD nicht nahestanden. In dieser Zeit hat sich alles empört über das Abkommen: Sozialdemokraten und KPO-Leute waren nicht mehr ansprechbar. Es waren ja zum Teil auch Kommunisten nicht mehr ansprechbar. Wir standen ihnen als Gruppe gegenüber, die die Version der KPD verteidigt hat, daß nämlich die Sowjetunion die Zeit brauche, um sich auf den Endkampf einzustellen. Ich stehe zu meinem Standpunkt von damals auch heute noch.“ [21]

Schweiz:
Hans Teubner und die „Abschnittsleitung Süd“

Hans Teubner, ein linientreuer KP-Funktionär, war zur Zeit des Hitler-Stalin-Pakts in der Schweiz. 1902 in Aue als Sohn eines Textilarbeiters geboren, gehörte er der KPD bereits seit 1919 an und war von 1924–27 Redakteur kommunistischer Zeitungen. Von 1927–1930 erhielt er eine politische Ausbildung an der Lenin-Schule in Moskau.

Nach Hitlers Machtantritt verhaftet, war Hans Teubner zwei Jahre im Zuchthaus Luckau. 1935 emigrierte er nach Prag, war während des Bürgerkrieges in Spanien, zeitweise als Redakteur des in Madrid operierenden „Deutschen Freiheitssenders“; kam nach Frankreich und wurde von der KPD-Emigrationsleitung im März 1939 in die Schweiz, nach Zürich, entsandt, wo er als Leiter der „Abschnittsleitung Süd“ für die antifaschistische Tätigkeit im süddeutschen Raum verantwortlich war.

Über die Auswirkungen des Hitler-Stalin-Pakts in der Schweiz berichtet Teubner, „daß viele Menschen verständnislos dastanden“, und manche von einer bald bevorstehenden „Aussöhnung zwischen Bolschewismus und Faschismus“ sprachen.

Besonders schwierig war es aber für die deutschen kommunistischen Emigranten.

Hans Teubner: „Auch bei einigen Kommunisten zeigten sich Verwirrung und Unverständnis ... Während der Emigrant das Brot des barmherzigen Gastgebers aß, wurde auf ihn eingeredet: ‚Warum gehen Sie denn nicht zu Ihrem Stalin, der sich jetzt mit Hitler verbrüdert? Sie können doch jetzt nach Deutschland zurück, wenn sich Stalin mit den Hakenkreuzlern aussöhnt.‘ Das machte das Brot des Flüchtlings sehr bitter. Die Luft, die er atmete, war vergiftet. Es gehörten gutes politisches Wissen und große moralische Kraft dazu, sich nicht zermürben zu lassen und offensiv die Wahrheit zu verteidigen.“ Hans Teubner – ähnlich wie zur gleichen Zeit die Kommunistischen Parteien Frankreichs, Englands und die Emigrationsführung der KPD in Paris – versuchte sich selbst (und anderen) einzureden, der Kampf gegen den Faschismus ginge weiter. Er verfaßte für die illegal in Deutschland zu verbreitende „Süddeutsche Volksstimme“ einen Artikel mit der Überschrift „Die Sowjetunion – das Bollwerk des Friedens – Der faule Nazischwindel über die SU / Niemals gibt es ein Bündnis zwischen Hitler und Stalin.“ Darin schrieb Hans Teubner, offensichtlich den wirklichen Charakter des Pakts völlig verkennend, die Sowjetunion denke niemals daran, „sich mit Hitler und seiner verbrecherischen Abenteuerpolitik zu verbünden ... Die Sowjetunion wird an der Seite aller vom Faschismus bedrohten Völker stehen, die entschlossen sind, sich gegen ihre Angriffe zu wehren ... Niemals also kann es ein Bündnis zwischen den Sowjets und Hitler geben.“ (Süddeutsche Volksstimme, Zürich, 1939, zitiert in seinen Memoiren, S. 58).

Hans Teubner erkannte, wie sehr dieser Pakt auch in der Schweiz die Menschen bewegte:

„Auf den Plätzen und Straßen bildeten sich Menschengruppen. ‚Also doch‘, hieß es. ‚Hitler und Stalin haben sich verbündet.‘ Wo man ging und stand, überall war erkennbar, daß die Verwirrung und die Kopflosigkeit breitester Schichten ein unbeschreibliches Ausmaß angenommen hatten. Jetzt war sehr schnelles Reagieren außerordentlich wichtig. Der oben zitierte Artikel genügte nicht mehr.“

Hans Teubner verfaßte noch einen weiteren ausführlicheren Artikel unter der bezeichnenden Überschrift: „Die Politik der Sowjetunion ist die Politik des Friedens / Der Nichtangriffspakt ist kein Bündnis und kein Beistandspakt.“ In diesem Artikel wandte sich Teubner gegen alle Versuche des Hitler-Systems, die Arbeiterklasse zu entwaffnen und der Widerstandsbewegung in Deutschland den lähmenden Gedanken einzuimpfen: ‚Wenn schon die Sowjetunion den Kampf gegen den Faschismus aufgibt und mit ihm zusammen geht, was wollen wir dann noch? Unser Widerstand gegen Hitler ist sinnlos.‘

Um zu versuchen, dieser – sehr richtig beschriebenen – Reaktion zuvorzukommen, spielte Hans Teubner den Pakt herunter. Der Pakt, so meinte er, hindere auch jetzt nicht das Zustandekommen von Bündnissen zur Verteidigung gegen die faschistischen Aggressoren und die Sowjetunion sei weiter zu „Verhandlungen um einen Beistandspakt mit England und Frankreich bemüht". Dann rief Teubner die deutsche Bevölkerung auf, den Kampf gegen das Hitler-System fortzusetzen: „Stört die Kriegsmaschinerie! Schafft und festigt die Einheitsfront und die Volksfront! Fallt Hitler in den Arm! Hindert Hitler, gleich nach welcher Seite er auch zum Krieg auszuholen versucht, an der Entfachung des Weltbrandes!"[22]

Soweit die Stellungnahme der damaligen „Abschnittsleitung Süd" in der Schweiz. Während Hans Teubner diese Erklärung schrieb und durch seine „Süddeutsche Volksstimme" illegal in Deutschland verbreiten ließ, fanden in Moskau längst intensive Kontakte mit der Hitler-Führung über das gemeinsame Vorgehen gegenüber Polen statt, wobei in allen Einzelheiten der Einmarsch der Sowjettruppen in Polen am 17. September vereinbart wurde.

Karl Mewis in Malmö
„Der Pakt mit dem Teufel"
und die Neuorientierung der „Genossen im Lande"

Mit der Bezeichnung „Genossen im Lande" waren stets die illegal tätigen Kommunisten in Deutschland gemeint – und dieser Begriff wurde damals von der KPD-Emigrationsführung in Paris und den verschiedenen „Abschnittsleitungen" in den an Deutschland grenzenden Ländern und auch in der Kominternführung in Moskau benutzt.

Was aber wußte damals die Kominternführung in Moskau

von den „Genossen im Lande“? Wie wurde sie informiert? Darüber liegt nur ein einziger Augenzeugenbericht vor – von dem damals in der schwedischen Hafenstadt Malmö tätigen Karl Mewis, der, wenige Wochen nach dem Pakt, nach Moskau zur Kominternführung gerufen wurde, um über die Stimmung der „Genossen im Lande“ zu berichten.

Karl Mewis war damals 32 Jahre alt und hatte im Sommer 1939 die Aufgabe, von Malmö aus die Verbindung zu den illegalen KP-Gruppen in Deutschland aufrecht zu erhalten und die illegale Tätigkeit zu fördern. 1907 geboren, erhielt Karl Mewis eine Ausbildung als Schlosserlehrling im Reichsbahnausbesserungswerk Kassel, trat 1923 dem Kommunistischen Jugendverband (KJVD) bei, war seit 1925 Vorsitzender des KJVD von Hessen-Waldeck und Lokalredakteur der kommunistischen „Neuen Arbeiterzeitung“.

Von 1932–1934 war Karl Mewis in Moskau auf der Leninschule. Im Spätsommer 1934 wurde er zur illegalen Arbeit nach Deutschland entsandt. Im Sommer 1935 kam er erneut nach Moskau, als Delegierter der deutschen Kommunisten am 7. Weltkongreß der Komintern. Anschließend wurde er auf der sogenannten „Brüsseler Konferenz“ der KPD (die in Wirklichkeit in der Nähe von Moskau stattfand) als Kandidat in das Zentralkomitee berufen. Nach kurzfristiger illegaler Tätigkeit in Hamburg kam Mewis über Paris als KPD-Vertreter nach Spanien (Juli 1937 – April 1938), wo er sich, nach Augenzeugenberichten, an der Unterdrückung unabhängiger linksstehender Antifaschisten aktiv beteiligt haben soll. Im April 1938 wurde Karl Mewis nach Paris berufen, war dort in der Emigrationsführung der KP tätig und wurde im Januar 1939 auf der „Berner Konferenz“ (die in Wirklichkeit in Draveil bei Juvisy in der Nähe von Paris stattfand) Vollmitglied des damals aus 17 Funktionären bestehenden KPD-Zentralkomitees. Von Paris aus wurde Karl Mewis dann in die schwedische Hafenstadt Malmö entsandt, wo er vom Hitler-Stalin-Pakt erfuhr:

„Allerdings traf dieser ‚Pakt‘, wie man den Vertrag allgemein nannte, auch uns etwas unvorbereitet; außerdem hatten wir intensiv wenigstens eine Gemeinsamkeit des Handelns der westlichen Länder und der Sowjetunion gegen den Hauptkriegstreiber in Europa gewünscht." Aber Karl Mewis folgte sofort der Parteilinie und setzte diese in die Tat um.

„Vor allem galt es, den Genossen ‚im Lande' bei der Neuorientierung zu helfen." Aber dafür blieb kaum Zeit, denn bevor es möglich war, den Vertrag und seine Konsequenzen zu analysieren, begann Hitler-Deutschlands Überfall auf Polen: „Es wurde noch schwerer, den Genossen ‚im Lande' die Besonderheiten dieses Pakts mit dem Teufel zu erklären," erinnert sich Karl Mewis.

Kurz darauf erreichte ihn die Nachricht, er solle zur Berichterstattung nach Moskau kommen. Mit einem schwedischen Paß kam er in Moskau an, wo er mit den damals führenden Funktionären der Emigrationsleitung der KPD zusammentraf, darunter mit Philipp Dengel, Walter Ulbricht und Herbert Wehner (damals in der Komintern als Kurt Funk bekannt). Bei der Aussprache ging es um die Situation in Deutschland und die inzwischen notwendig gewordene „taktische Orientierung". Karl Mewis wohnte im Hotel Lux und wurde auch vom tschechoslowakischen Klement Gottwald (damals Sekretär der Komintern für Mitteleuropa) zu einer Aussprache eingeladen. Inzwischen war es Ende November 1939 geworden und er sollte vor dem Präsidium des Exekutivkomitees der Kommunistischen Internationale berichten.

Karl Mewis erinnert sich:

„Wilhelm Pieck hat mir den Ratschlag gegeben, sachlich und ohne jede Überbetonung dieser oder jener Frage zu sprechen.

Natürlich begann ich etwas nervös. Schließlich saßen hier außer Georgij Dimitroff, José Diaz und Otto Kuusinen auch solche Genossen wie André Marty, die nichts akzeptieren würden, was nicht exakt zu belegen war."

Karl Mewis gab in typischer Parteisprache einen recht optimistischen Bericht und erklärte, „daß unsere Partei noch immer eine festgefügte Organisation darstellte, die trotz weitestgehender Dezentralisierung ihre Aktionsfähigkeit bewahrt hatte."

Dann kam er auf den Hitler-Stalin-Pakt und seine Auswirkungen zu sprechen:

„Niemand schien es zu verwundern, daß der Vertrag zwischen der Sowjetunion und Hitler-Deutschland bei vielen Genossen auf Unverständnis gestoßen war … Manche unserer Genossen konnten die Gründe, die zu diesem Vertrag geführt hatten, nicht ganz überschauen; einiges löste ein Gefühl des Unbehagens bei ihnen aus, anderes war mißverständlich." Aber Mewis schloß, wie üblich, optimistisch: Bei den deutschen Kommunisten sei das Vertrauen zur Sowjetunion tief und viele hätten erkannt, „daß die Sowjetunion unter den gegenwärtigen Bedingungen nicht anders handeln konnte."[23]

Soweit die Darstellung von Karl Mewis. Auf diese Weise wurde also die Kominternführung in Moskau über die Stimmung der „Genossen im Lande" informiert.

Der Pakt und die Kommunisten in Frankreich

Die Auswirkungen des Pakts auf die Antifaschisten Frankreichs waren besonders weitgehend und bedeutungsvoll – aus zwei Gründen. Erstens war die KP Frankreichs damals die größte Kommunistische Partei außerhalb der Sowjetunion und wurde besonders vom Hitler-Stalin-Pakt betroffen und zweitens lebten damals in Frankreich viele Zehntausende antifaschistische politische Emigranten aus anderen Ländern – aus Deutschland, Italien, vielen osteuropäischen Ländern und vor allem, seit März 1939, aus Spanien.

Zunächst die KP Frankreichs. Während der Volksfrontperiode der Jahre 1936–38 war aus der kleinen Partei eine relativ wichtige politische Kraft geworden. Die Mitgliederzahl war gewaltig gestiegen; sie erreichte Ende 1937 schon 328 000 (gegenüber 286 000 für die französische sozialistische Partei). Bei den Wahlen im Frühjahr 1936 erreichten die Kommunisten 15,3% aller Stimmen (die Sozialisten 19,3%). Die Kommunisten Frankreichs traten um diese Zeit als entschlossene Verteidiger der Republik auf und sicherten 1936 durch ihre Stimmen Léon Blums Volksfrontregierung eine Mehrheit im Parlament.

Noch im März 1939, auf dem 18. Parteitag in Moskau, stellte Manuilski die Kommunistische Partei Frankreichs als leuchtendes Vorbild heraus: „Die Kommunistische Partei Frankreichs war der Bahnbrecher im Kampf für die antifaschistische Volksfront. Sie ist in fünf Jahren von 40 000 Mitgliedern auf 270 000 Mitglieder am heutigen Tage angewachsen. Bei der Entfaltung der antifaschistischen Bewegung stützte sich die Kommunistische Partei Frankreichs auf die besten revolutionären Traditonen ihrer Arbeiterklasse und ihres Volkes“.[1]

Soweit Manuilski im März 1939 – aber bereits Ende August befand sich diese einst so mächtige Partei in voller Auflösung. Nach der Periode der Volksfront war der Schock des Hitler-Stalin-Pakts bei den französischen Kommunisten besonders groß – eine Tatsache, die von damaligen führenden Funktionären der Partei in ihren inzwischen erschienenen Memoiren zum Ausdruck gebracht wurde.

Tillon und Ceretti
Ein Schlag vor den Kopf – wie bei Rindern im Schlachthaus

Charles Tillon, damals 43 Jahre alt, erreichte die Nachricht vom Hitler-Stalin-Pakt, wie viele andere Franzosen, während der Urlaubszeit. Tillon, 1897 in Rennes geboren, zunächst Schlosser und später Matrose, war 1919 einer der Initiatoren der Meuterei der französischen Flotte im Schwarzen Meer – durch die die Unterstützung der Weißen im Bürgerkrieg in Rußland verhindert werden sollte – und gehörte der KP Frankreichs bereits seit ihrer Gründung im Dezember 1920 an. Zunächst war Tillon vor allem im Auftrag der Kommunisten in den Gewerkschaften tätig (und übrigens wiederholt in Haft), seit Frühjahr 1931 gehörte er dem Zentralkomitee an, seit August 1932 war er Mitglied des Politbüros der KP Frankreichs. Beim Sieg der Volksfront im Frühjahr 1936 zog Tillon als Abgeordneter der KP Frankreichs in das Parlament ein; während des spanischen Bürgerkrieges gehörte er dem Generalstab der Internationalen Brigaden an und kehrte nach der Niederlage der Republik im März 1939 nach Frankreich zurück.

Am 23. August 1939 verbrachte Tillon mit einigen Freunden gerade seine Ferien im kleinen Dorf Glange, Haute-Vienne:

„An jenem Nachmittag des 23. August gingen wir, wie jeden Tag, zum Krebsefischen an einen Flußlauf, der von alten Baumstümpfen umsäumt war. Als wir zum Abendessen zurückkamen wurde im Rundfunk verkündet, daß gerade ein Nichtangriffspakt zwischen der Sowjetunion und Hitler-Deutschland unterzeichnet worden sei. Die Nachricht schien mir so überwältigend, daß ich mich dummerweise erst gar nicht um die sich daraus ergebenden dramatischen Folgen scherte ... Dennoch spürte ich mehr und mehr, wie mich die Angst überkam ... Und die Parteiführung soll nichts davon gewußt haben? Wie war dies zu verstehen? Was würde nur aus unserer Partei in dem unabwendbaren Sturm, der sie bedrohte, werden?"[2]

Während Charles Tillon damals zur Führung der KP Frankreichs gehörte, war Giulio Ceretti – unter dem Namen Pierre Allard – ein Kominternfunktionär, der in Frankreich tätig war.

Giulio Ceretti, eigentlich Italiener, 1903 in Sesto-Florenz geboren, war zunächst in der italienischen KP aktiv und anschließend im französischen Exil – zunächst in Lyon (1927–29) und seit 1929 in Paris, wo er mit dem italienischen KP-Führer Togliatti und anderen im Exil lebenden italienischen KP-Führern zusammen arbeitete. Gleichzeitig aber war Ceretti auch in der französischen „Bewegung gegen Faschismus und Krieg" tätig und erlebte den Hitler-Stalin-Pakt in Paris:

„Unser Kampf gegen Hitler und Mussolini war nicht nur einfach Kampf, nein, diesen Kampf hatten wir im Blut. Brutal war daher das Erwachen, das durch den in der sowjetischen Hauptstadt unterzeichneten Pakt ausgelöst wurde. Und zwar nicht so, als würden wir aufgerüttelt, sondern es war so, als ob wir einen schweren Schlag vor den Kopf erhielten, ähnlich wie bei Rindern im Schlachthaus.

Vielleicht haben die sowjetischen Genossen die Folgen dieses Schritts auf die Arbeiterbewegung, auf die Partei, die die Volksfront ins Leben rief, nicht richtig abgeschätzt: ergebene Aktivisten standen plötzlich kopflos da, ohne politische Linie, ohne Perspektive."

Giulio Ceretti ahnte, daß nun ein Krieg nicht mehr zu vermeiden war und dieser Krieg außergewöhnlich sein werde. In dieser Situation blieb nur der Glaube an die Sowjetunion: „Hier hatten wir einen der Wendepunkte, bei dem unser Glaube, ja unser blindes Vertrauen in den Sozialismus, in das erste sozialistische Land, zu einer entscheidenden Grundlage wurde."[3]

Adam Raysky:
„Das Unerklärliche erklären"

Bei den Erinnerungen von Charles Tillon und Giulio Ceretti handelt es sich keineswegs um isolierte Beobachtungen – sie werden von anderen Zeitzeugen, die damals in der KP Frankreichs tätig oder mit ihr verbunden waren, bestätigt.
In dieser Hinsicht sind die Erinnerungen des aus Polen stammenden Journalisten und Kommunisten Adam Raysky interessant. 1934 war Raysky Delegierter beim Kongreß der französischen kommunistischen Jugendorganisation in Ivry und seit dieser Zeit mit den Führungsgremien der KP Frankreichs verbunden, darunter mit Maurice Thorez, Jacques Duclos und Raymond Guyot, damals der Führer der Kommunistischen Jugendinternationale. Adam Raysky war beim Zentralorgan der KP Frankreichs „L'Humanité" tätig und kam auch häufig mit anderen KP-Führern wie André Marty, Marcel Cachin und dem mit der KPF verbundenen Schriftsteller Louis Aragon zusammen. Adam Raysky erinnert sich an den Pakt:

„Am späten Abend des 23. August 1939 ertönte die Neuigkeit von der Unterzeichnung eines Nichtangriffspakts zwischen Moskau und Berlin wie ein Donnerschlag im schwülen Gewitterhimmel auf Europalandschaft, die in einer Atmosphäre der äußersten Spannung auf ein militärisches Drei-Mächte-Bündnis zwischen Frankreich, England und der UdSSR gefaßt war.

Unmöglich! Unglaublich! In der Presse, wie auf der Straße, brachten diese Ausrufe nur die allgemeine Verblüffung, einschließlich der Kommunisten, zum Ausdruck. Man mußte sich nur einmal vor Augen halten, daß Moskau ganz plötzlich auf die Unterzeichnung eines Abkommens mit den demokratischen Ländern verzichtete, deren Militär- und Wirtschaftspotential zusammen mit dem der UdSSR immerhin den Expansionismus Hitlers aufzuhalten vermochte.

Nach dem ersten Ansturm der Überraschung mußten wir sodann versuchen, das Unerklärliche zu erklären. Zunächst bezog sich unsere Analyse des Vorfalls nur auf diplomatische Konsequenzen; niemand wagte sich in der Tat vorzustellen, daß sich daraus auch Folgen ideologischer Hinsicht ergeben könnten ... Nie wäre uns der Gedanke gekommen, daß der Pakt grünes Licht für einen Krieg geben könnte – so sehr waren wir vom ‚Friedenswillen des Landes des Sozialismus' überzeugt."[4]

Auch zwei Schweizer, die lange in der kommunistischen Bewegung aktiv tätig gewesen waren – Paul und Clara Thalmann – erlebten den Hitler-Stalin-Pakt in Paris. Paul Thalmann, 1901 in Basel geboren und Clara Ensner, sieben Jahre jünger, waren beide in den 20er Jahren aktiv in der KP der Schweiz tätig gewesen und hatten auch mehrere Jahre in Moskau verbracht. 1928 aus der Schweizer KP ausgeschlossen, blieben sie in der sozialistischen Bewegung, gingen 1936 nach Spanien, kämpften in den Milizabteilung an der Aragon-Front – bei gleichzeitiger deutlicher Kritik am Stalinismus. Während des Bürgerkrieges wurden sie im republikanischen Spanien als angebliche „Faschisten" verhaftet und erst durch Interventionen ihrer sozialistischen Freunde befreit. Dann kamen sie nach Paris; sie waren, wie sie schrieben, bereits lange vor dem Pakt „zur Auffassung gelangt, Stalin werde mit Hitler ein Bündnis schließen." Sie berichten über die Auswirkungen des Pakts auf die französischen Kommunisten: „Trotzdem war der unmoralische Pakt auch für uns ein erheblicher Schock. Das Meisterstück autoritärer Geheimdiplomatie löste erst grenzenlose Verwirrung, dann tiefe Erbitterung aus. In den nichtsahnenden kommunistischen Reihen brach die Panik aus. Ohne die Direktiven aus Moskau fanden sich die kommunistischen Führer nicht zurecht. Bisher war der Hitler-Faschismus als der Hauptfeind der Arbeiterklasse und des proletarischen Staates gebrandmarkt worden. Was nun? Jetzt war dieser Arbeiterstaat mit dem Faschismus verbündet, die ganze Konzeption der kommunistischen Strategie hundertprozentig umgestülpt. Nur die Unentwegten, die jedes Drehen der Windfahne mitmachten, suchten krampfhaft nach Erklärungen. Der kommunistische Barde Louis Aragon, Verseschmieder auf Stalin ‚Die

Sonne der Völker' schrieb in der Abendzeitung ‚Le Soir': ‚Die Kriegstreiber zurückgeschlagen, der Friede gesichert'. Doch blieb vorerst die große Mehrzahl der Partei und ihrer Mitläufer verstört und stand fassungslos diesem Bündnis gegenüber. Ein Teil der Parlamentsfraktion rebellierte, zahlreiche Gemeinde- und Generalräte traten aus der Partei aus, viele zerrissen ihre Mitgliedsbücher."[5]

Die Tagung der französischen KP-Führung in der Rue Le Pelletier 44

Die Schwierigkeiten der französischen KP-Führung – keine Direktiven aus Moskau, die eigenen Kader zum großen Teil verreist – waren angesichts dieser unverhofften Ereignisse enorm. Die Leitung der KPF an diesem schicksalsschweren Tag lag in den Händen von Marcel Gitton (1903–1941), einem Parteimitglied seit der Gründung im Dezember 1920, mittlerweile Mitglied des Zentralkomitees, des Politbüros und KP-Abgeordneter im französischen Parlament. Zur Zeit des Hitler-Stalin-Pakts war Marcel Gitton in der Spitzenführung für Organisationsfragen zuständig – aber nach dem Hitler-Stalin-Pakt brach er mit der Partei und soll, nach einigen Berichten von Zeitzeugen, sogar Polizeispitzel gewesen sein.

Die Zersplitterung der Führung machte die Situation der KP Frankreichs noch schwieriger. Erst am Mittag des 24. August wurden die wichtigsten Funktionäre zu einer Tagung nach Paris eingladen, die am 25. August in der Rue Le Pelletier 44 in Paris stattfand. Charles Tillon, einer der wichtigsten Teilnehmer dieser Tagung, erinnert sich:

„Am Morgen des 25. erschien ich am Sitz der KP Frankreichs Rue Le Pelletier; Poupon, der leutselige, einarmige Pförtner, war auf seinem Posten, nervöser als sonst.

– Was hältst denn Du davon?

– Tja, wir werden Krieg haben, vielleicht sogar in der ganzen Welt!"

An dieser Veranstaltung nahmen die Mitglieder des Zentralkomitees und die KP-Abgeordneten des französischen Parlaments teil. Charles Tillon fiel auf, daß bei den Anwesenden „ein Unbehagen" deutlich spürbar war. Die Gespräche, in denen sich zwei Richtungen herauskristallisierten, brachten der Führung offensichtlich nicht die erhoffte Sicherheit. Renaud Jean und Sossot, zwei KPF-Abgeordnete aus der Bauernschaft, schlugen vor, man solle eine Delegation der KP Frankreichs zur sowjetischen Botschaft entsenden und die Sowjetunion auffordern, sich weiterhin auf die Seite der demokratischen Länder gegen Hitler-Deutschland zu stellen.

Thorez setzte sich, laut Tillon, aufs hohe Roß und empörte sich gegenüber den Kritikern des Pakts, wie man überhaupt daran denken könne, sich in die Angelgenheiten der UdSSR einzumischen. Niemand wagte sich einzugestehen, daß die Abmachung zwischen Molotow und von Ribbentrop nichtsdestoweniger die Angelegenheiten der französischen Partei durcheinander brachte. Thorez begnügte sich bei dieser Sitzung mit einem Aufruf in der letzten Morgenausgabe der „L'Humanité": „Stalin hatte recht, sich nicht allein in einen Krieg verwickeln zu lassen. Militärische Verträge sind immer noch möglich, sofern Paris und London dies wünschen; Voraussetzung ist allerdings, daß sich keine antikommunistische oder antisowjetische Haltung vor die Interessen des Friedens stellt. Der Frieden ist weiterhin möglich. Wenn es jedoch gegen Deutschland Krieg geben sollte, werden die Kommunisten in erster Linie für die Verteidigung der nationalen Sicherheit eintreten." Soweit die auf der Tagung beschlossene Linie. Charles Tillon in seinen Erinnerungen:

„Der deutsch-sowjetische Pakt erregte Aufsehen, erfaßte alles, betäubte uns und zerbrach uns das Herz; wir brauchten uns jedoch nicht selbst zu verleugnen, da wir weiterhin gewillt waren, gegen den Hitlerismus Krieg zu führen. Wenn Stalin im Interesse der UdSSR, des Landes des Sozialismus, handelte, war es uns vorbehalten, so gut wir konnten, im Interesse der Kommunistischen Partei Frankreichs zu handeln."[6]

Auch A. Rossi berichtet über diese wichtige Tagung, obwohl er zu jener Zeit bereits nicht mehr der Führung der KP Frankreichs angehörte. Bei „A. Rossi" handelt es sich in Wirklichkeit um Angelo Tasca (1892–1960), der bereits vor dem Ersten Weltkrieg in der Sozialistischen Jugendbewegung von Turin tätig war. Angelo Tasca war einer der Begründer der Kommunistischen Partei Italiens im Januar 1921, danach führend in der Gewerkschafts- und Genossenschaftsbewegung tätig und Delegierter der KP Italiens auf dem 4. Weltkongreß der Komintern im November 1922. Anschließend nahm Angelo Tasca unter den Decknamen Valle und Rienzi am illegalen Kampf der italienischen Kommunisten teil und war seit Dezember 1926 für die Komintern in Frankreich tätig. Unter seinem damaligen Parteinamen „Serra" nahm er am 6. Weltkongreß der Komintern im Sommer 1928 teil. Er war zu jener Zeit Mitglied des Exekutivkomitees der Komintern (EKKI) und der beiden entscheidenden Führungsgremien – des EKKI-Präsidiums und des EKKI-Sekretariats. Kurz nach dem 6. Weltkongreß und dem plötzlich einsetzenden Kampf gegen den angeblichen „Rechtsopportunismus" und die Konzentrierung des Kampfes gegen den „Sozialfaschismus" kam Angelo Tasca in Konflikt mit der Kominternführung und mit Stalin persönlich. 1929 wurde er aus der Partei ausgeschlossen, war seitdem in der Sozialistischen Partei Frankreichs tätig, hatte jedoch in Frankreich auch noch immer Verbindungen zu den Kommunisten, über die er außerordentlich gut informiert war.

Hier seine Schilderung der Sitzung:

„Bei der ersten Versammlung der Gruppe am 25. August, in der der von Thorez eingebrachte Bescheid zur Abstimmung kam, herrscht eine geladene und schlechte Atmosphäre ... Kein anderer als Renaud Jean, dessen derbe Offenheit ihn zu einer Art ‚enfant terrible' macht, ruft aus: ‚Was soll das heißen? Geben Sie uns eine Erklärung. Das heißt doch Krieg.' Thorez, der nicht mehr weiß als die anderen, bringt einige verlegene Hypothesen vor. Da man völlig im dunkeln tappt, schlägt Gustave Sausset, ein Abgeordneter der KP Frankreichs aus der Dordogne, vor, daß eine Delegation bei der sowjetischen Botschaft vorsprechen möge. Dort soll man den Vorschlag unterbreiten, daß die sowjetische Botschaft die Regierung in Moskau bitte, eine offizielle Erklärung abzugeben, daß die Sowjetunion im Falle eines Hitler-Angriffs auf Danzig, der eine kriegerische Auseinandersetzung mit den westlichen Demokratien nach sich zieht, sich automatisch auf die Seite jener Länder stellt, die um ihre Unabhängigkeit kämpfen.

Der bis dahin vorsichtige und schlichtende Thorez reagiert mit einer außergewöhnlichen Heftigkeit: ‚Wir haben uns nicht in auswärtige Angelegenheiten Rußlands zu mischen.' Schreiend fährt er fort: ‚Ein solcher Vorschlag kommt einem Verrat gleich. Dadurch würden wir zeigen, daß wir kein Vertrauen zu Moskau haben.'

Am Tag nach der Versammlung tritt Sausset aus der Partei aus. Seinem Beispiel folgt ein weiterer KPF-Abgeordneter aus der Dordogne, Paul Loubradou. Danach folgen Jules Fourrier und Marcel Brout, beides KPF-Abgeordnete von Paris, sowie Gilbert Declercq, ein KPF-Abgeordneter aus dem Département Du Nord."

Die fünf Dissidenten veröffentlichen eine Erklärung, in der es heißt:

„Wir bekräftigen weiterhin die Politik des Widerstandes gegen den Aggressor, sowie die Unterstützung der Demokratien, die sich dem Regime der Unterdrückung widersetzen. Wir sind stets gegen jeden Kniefall vor Hitler und einem Regime eingetreten; wir verurteilen den deutsch-sowjetischen Pakt."[7]

In dem Aufruf werden alle jene kritisiert, die ohne Rücksicht auf französische Interessen die stalinistische Politik unterstützen.

Marcel Thourel und die kommunistische Basis in Toulouse

Bisher war nur von Paris, vorwiegend von höheren Funktionären, die Rede. Wie aber sah es andernorts und an der Basis aus? Darüber berichtet Marcel Thourel in seinen 1980 veröffentlichten Memoiren.

Der aus einer Arbeiterfamilie stammende Marcel Thourel trat 1935 der Kommunistischen Partei bei. Während des spanischen Bürgerkrieges war er für die Einschleusung ausländischer Freiwilliger nach Spanien tätig, kehrte dann in die

Umgebung von Toulouse zurück und erfuhr von dem Pakt während des Urlaubs, den er gemeinsam mit seinen kommunistischen Freunden Maurel und Laroque verbrachte:

„Ich war gerade in Faou-Petit, wo ich einige Urlaubstage verbrachte, als mich die Neuigkeit aus heiterem Himmel überraschte. Da wir kein Radio hatten, wurde uns die Nachricht von zwei Sozialisten aus dem Nachbardorf übermittelt. Unsere Verblüffung war so groß, daß wir diese beiden Männer in unserem ersten Reflex als Provokateure behandelten. Lachend machten sie sich auf den Heimweg, als wären sie froh darüber gewesen, uns einen Streich zu spielen. Gegen Abend ging ich mit Maurel und Laroque ins Dorf hinunter; die auf einer ganzen Zeitungsseite untergebrachte Schlagzeile machte jegliche Illusion zunichte. Man kann sich die Angst und Verwirrung vorstellen, mit der wir den nächsten Tag verbrachten. Vergeblich hatte ich versucht, den Parteisitz in Toulouse telefonisch zu erreichen.

Am darauf folgenden 24. August war kein Zweifel mehr möglich; die gesamte Presse verkündete, daß der deutsch-sowjetische Pakt soeben unterzeichnet worden war. Wir waren einfach zerschmettert ... Einen Tag später erreichten wir Toulouse gegen Abend. Sofort telefonierten wir mit den Verantwortlichen, die in Urlaub waren oder schickten ihnen Telegramme, um sie zu sofortiger Rückkehr aufzufordern; es folgten zwei Tage angstvollen Wartens, ohne jegliche Direktive der Partei ... Wie soll man auch versuchen, das Unerklärliche zu erklären? Wie üblich hatten die Sowjets ihre Entscheidung allein getroffen und zwar ohne die Verantwortlichen der Bruderparteien vorsichtshalber darüber zu informieren und ohne das geringste Interesse an den Auswirkungen, die diese Entscheidung innerhalb dieser Parteien haben würde.

Bei den wenigen verantwortlichen Funktionären der Partei, die wir in Toulouse zusammenbringen konnten und die zwischen Glauben und Zweifel schwankten, war die Stimmung auf dem Nullpunkt ... Ohne Direktiven waren wir angesichts eines so schwerwiegenden Ereignisses unfähig, die geringste Initiative zu ergreifen. Wie hätten wir dies auch tun sollen, wo wir doch daran gewöhnt waren, die Instruktionen von oben zu empfangen?“

Erst am Morgen des 27. August traf Pourtalet ein, der KPF-Abgeordnete des Départements Alpes-Maritimes und Beauftragter des Zentralkomitees: „Aber Pourtalet schien sich hinsichtlich der Interpretation des Hitler-Stalin-Pakts genauso unbehaglich zu fühlen wie wir. Er hatte zwar vor seiner Abfahrt nach Paris vage Direktiven erhalten, aber noch keine klare Linie, weil die gesamte KPF-Führung zu jenem Zeitpunkt nicht in der französischen Hauptstadt war.“

Marcel Thourel organisierte in Eile eine Versammlung für den Abend und lud dazu möglichst viele verantwortliche Funktionäre ein. Schon zu Beginn der Versammlung mußte er ein Rücktrittsschreiben von Marcel Marquie entgegennehmen. Im Anschluß an den Pakt gab es zwar in diesem Gebiet keine weiteren spektakulären Rücktritte von Genossen, aber doch eine Reihe von Austritten aus der Partei.

Aus der Rede des KZ-Beauftagten Pourtalet ging eindeutig hervor, daß auch die Führung der KP Frankreichs von der Unterzeichnung des Paktes völlig überrascht worden war. Die offene Rechtfertigung des Paktes im Lande käme, so Pourtalet, einem Selbstmord gleich; die Partei würde der Welle der Entrüstung und der Anschuldigungen, bereits jetzt deutlich erkennbar, nicht widerstehen können. Andererseits müsse man auch die Situation der Sowjet-Führung und Stalins verstehen; man dürfe den Verstand des Mannes nicht anzweifeln, der mit Entschlossenheit das Vaterland der Arbeiter führt. Die Genossen gewannen aus der Rede Pourtalets den Eindruck, daß die Partei zögerte – zwischen ihrer bedingungslosen Ergebenheit gegenüber Moskau auf der einen Seite und der Aufrechterhaltung ihrer nationalen Politik der Einheit und des Kampfes gegen den Hitler-Faschismus auf der anderen Seite.

Marcel Thourel erinnert sich, „daß es bei dieser Versammlung zum ersten Mal zu keiner Übereinstimmung zwischen den Teilnehmern gekommen ist. Einige Genossen zeigten ein unschlüssiges Verhalten, wodurch ein erster Riß in der Mauer des blinden Gehorsams sichtbar wurde.“

Die KP Frankreichs wählte, wie Thourel in seinen Erinnerungen berichtet, einen mittleren Weg: man sollte den Pakt als ein notwendiges Übel akzeptieren, trotz der großen Schwierigkeiten, die sich daraus für die französischen Kommunisten ergaben. Andererseits bedeutete der Hitler-Stalin-Pakt keine Veränderung der Politik der KP Frankreichs in ihrem Kampf gegen den Faschismus. Marcel Thourel: „Wir sollten also eine doppelte Linie vertreten:

– Annahme des Pakts als einen einstweiligen Kompromiß.
– Fortsetzung unserer nationalen Verteidigungspolitik angesichts der Provokationen Hitlers.

Diese Linie aber galt nur noch bis zum 20. September, jenem Tag, an dem die Führung der KP Frankreichs direkt an die kommunistische Internationale übergeht und die neue Linie vom ‚imperialistischen Krieg auf beiden Seiten' verkündet wird."[8]

Das Verbot der französischen KP-Presse

Mitten im Zustand völliger Verwirrung der KP Frankreichs ordnete die französische Regierung das Verbot der KP-Presse an. Stalins Pakt mit Hitler hatte, nach Auffassung der damaligen französischen Regierung, die Kommunisten und die mit ihnen Sympathisierenden zu passiven Verbündeten der Nazis und zu einer möglichen 5. Kolonne gemacht.

Gerade zu einer Zeit, wo es die Führung der KP Frankreichs schwer hatte, ihren Anhängern den Pakt zu erklären und zu rechtfertigen, wurde sie dieser Aufgabe paradoxerweise durch das Verbot der KP-Presse enthoben. Über die damalige Situation berichtete Georges Cogniot (1901–1978), KPF-Parlamentsabgeordneter und damals Chefredakteur der L'Humanité. Er rinnert sich, daß nach seiner Rückkehr von einem Krankheitsurlaub am 24. August 1939 wie immer „die gesamte Redaktion der Zeitung zur Einschätzung der Lage" zusammentraf. Am 25. August trat L'Humanité noch mit dem Versprechen auf, im Kampf gegen den Aggressor „in der vordersten Reihe zu stehen".[9] Die französische KP, so hieß es in dem entscheidenden Artikel, sei mehr denn je der unversöhnliche Feind des internationalen Faschismus, in erster Linie des Hitler-Faschismus. Aber zwei Tage später, so Cogniot, am 27. August, wurden alle Tageszeitungen und Zeitschriften der KP Frankreichs verboten.

Vom Verbot betroffen war L'Humanité (damals mit einer Auflage von 320000 Exemplaren) sowie die der KP nahestehende Zeitung „Ce Soir" und weitere 195 Tages- und Wochenzeitungen verschiedener kommunistischer oder sympathisierender Organisationen. Nur „La Vie Ouvrière", das Organ der CGT, der Gewerkschaften mit kommunistischer Tendenz, durfte noch drei Wochen lang erscheinen und wurde somit de facto zum Parteiorgan. Verstärkt wurden Hausdurchsuchungen durchgeführt und schon bald die ersten Flugblattverteiler verhaftet.

Franz Dahlem berichtet in seinen Memoiren, die Pariser Polizei sei bereits am 25. August in die Redaktion der L'Humanité eingedrungen und habe die soeben fertiggestellte Ausgabe vom gleichen Tag beschlagnahmt. Es gelang der KP Frankreichs jedoch am 26. August noch einmal, eine legale Ausgabe ihres Zentralorgans herauszubringen; nur ein Teil der Ausgabe wurde erneut durch die Polizei beschlagnahmt – obwohl die KP Frankreichs damals noch zum Kampf gegen Hitler aufgerufen habe: „Die Stunde verlangt die Einheit der Franzosen. Wenn Hitler die Absicht, die er im Schilde führt, zu verwirklichen wagt, werden die französischen Kommunisten in der ersten Reihe bei der Verteidigung der Unabhängigkeit der Völker, der Demokratie und der gefährdeten demokratischen Freiheiten Frankreichs sein." Trotzdem erfolgte schon bald das allgemeine Verbot – nicht nur der L'Humanité, sondern der gesamten kommunistischen Presse. Franz Dahlem über die Auswirkungen:

„Die Unterdrückung der bis dahin ansehnlichen und einflußreichen Presse der französischen Bruderpartei wirkte sich hier verheerend aus. Wenn auch die französischen Kommunisten sofort begannen, eine illegale Ausgabe der L'Humanité und eine Anzahl von Flugblättern, ungeachtet aller Verbote, herauszubringen, so erreichten diese dennoch nur einen Bruchteil der Massen." Die entscheidenden Erklärungen der KP Frankreichs, so Franz Dahlem, blieben in breiten Bevölkerungsschichten zumeist unbekannt. Kritisch bemerkt Dahlem: „Es ist eine Tatsache, daß diese massiven Schläge des Klassenfeindes unsere französische Bruderpartei keineswegs genügend vorbereitet fanden ... Im Verlaufe von wenigen Tagen gelang es damals der Reaktion, die KPF in einem hohen Maße von den Massen zu isolieren."[10]

Nach dem Verbot der Parteipresse befand sich die KP Frankreichs im Zustand völlliger Verwirrung. Die Polizei begann, die Sitze der Organisationen zu überwachen, Aktivisten – in der Parteisprache „Kader" genannt – wurden bei der Verteilung von Flugblättern verhaftet, so daß mit der Organisation illegaler Versammlungen begonnen wurde. Viele Funktionäre übernachteten nicht mehr bei sich zu Hause. Die Führung war weitgehend lahmgelegt. Jacques Duclos besorgte vorübergehend die Geschäfte des Generalsekretariats, war jedoch beunruhigt, da er jeglichen Kontakt zur Kommunistischen Internationale verloren hatte[11].

Giorgio Amendola über die Emigrationsführung der KP Italiens

Auch in der italienischen KP-Führung, damals in der Emigration in Frankreich, herrschte zur Zeit des Hitler-Stalin-Pakts eine außerordentliche Verwirrung – vielleicht nur um einige Grade geringer als bei der KP Frankreichs.

Darüber berichtet Giorgio Amendola, damals Mitglied der italienischen KP-Emigrationsführung in Paris. Geboren 1907, hatte Amendola an der Universität von Neapel Volkswirtschaft studiert und sich 1929 der damals illegalen Kommunistischen Partei Italiens angeschlossen. Zunächst war er im italienischen Untergrund tätig, anschließend mehrere Jahre unter italienischen Emigranten illegal in Paris. Er kehrte nach Italien zurück, wurde im Juni 1932 verhaftet und verurteilt; anschließend verbrachte er fünf Jahre in der Verbannung auf der

Insel Ponza. Im Juni 1937 entlassen, traf er im Oktober gleichen Jahres erneut in Paris ein; er wollte sofort nach Spanien, aber die Führung der KPI bestimmte, er solle in Paris bleiben, einen Verlag leiten, um Veröffentlichungen für die in Frankreich emigrierten Italiener herauszugeben.

Die sowjetische „große Säuberung" von 1936–1938 hatte ihre Auswirkungen auch auf die italienischen Kommunisten in Frankreich: „Die Wachsamkeit schlug in einen bürokratischen Konformismus um, den wir früher in der täglichen Praxis der italienischen Kommunistischen Partei nicht gekannt hatten", erinnert sich Amendola; Selbstkritik und Ausschlüsse waren „nicht selten von erbärmlichen Vorfällen begleitet", hielten sich jedoch glücklicherweise „in recht italienischen Grenzen". Allerdings war bereits dadurch die Führung geschwächt und die antifaschistische Einheitspolitik gefährdet. In diese Situation traf die Nachricht vom Hitler-Stalin-Pakt:

„Der Vertragsabschluß verschärfte die Krise, die die antifaschistische Einheitspolitik im Laufe der Jahre 1938–39 erfaßt hatte, aufs äußerste und führte zu einer plötzlichen Isolierung der Kommunisten", schreibt Amendola. Führende Kommunisten wie Togliatti, Longo, Montagnana und andere wurden in Paris verhaftet: „Die Kommunistische Partei war isoliert, die Verbindungskanäle unterbrochen, die Hauptexponenten saßen in Haft und die Spaltung von den anderen antifaschistischen Kräften war perfekt."

Innerhalb der italienischen Kommunisten hatten sich, wie Amendola berichtet, drei Positionen herausgebildet. Eine Gruppe von Kommunisten war bereit, auf der Seite Frankreichs in den Krieg zu ziehen, in der Auffassung, es handele sich um einen demokratischen Krieg gegen den Nazismus. Das schon bald zutage tretende Verhalten der französischen Behörden jedoch, vor allem die Verhaftungen und Repressionen, wirkten wie eine kalte Dusche und ließen manchen Eifer abkühlen.

Eine zweite Gruppe sah die Notwendigkeit des Kampfes sowohl gegen den deutschen, wie auch gegen den anglo-französischen Imperialismus. Eine dritte Gruppe erklärte, als italienische Kommunisten solle man sich auf den Kampf gegen den italienischen Faschismus konzentrieren: „Alles für Italien, alles richtet sich auf Italien, der Faschismus bleibt unser Feind – selbst wenn ihn die Sowjetunion mit dem deutsch-sowjetischen Pakt anders behandelt.“[12]

Zunächst war dies, laut Amendola, jedoch schwierig durchzusetzen: „Die Genossen waren isoliert und es fehlte an Verbindungen, so daß es schwierig wurde, etwas zu unternehmen. Unter solchen Bedingungen ließ sich nur schwer eine politische Position festlegen.“ Hinzu kam, daß sich eine Reihe italienischer Kommunisten aus Protest gegen den Pakt zurückzogen, ja sogar aus der Partei austraten. In der damaligen italienischen KP-Emigration gehörte dazu vor allem Adami (Parteiname für Romano Cocci), der seit 1936 dem Zentralkomitee angehörte und aus der Partei ausgeschlossen wurde, weil er gegen den deutsch-sowjetischen Pakt auftrat. Auch in italienischen Gefängnissen traten einige führende Kommunisten gegen den Pakt auf, darunter vor allem die in der ganzen Partei bekannten Umberto Terracini und Camillo Ravera. Terracini, damals 44 Jahre alt, Mitbegründer der KP Italiens 1921, gehörte unter dem Namen Urbani in Moskau dem EKKI und dem EKKI-Präsidium an, wurde während der illegalen Tätigkeit in Italien 1926 verhaftet und zu 22 Jahren und 9 Monaten Gefängnis verurteilt. Auch Camillo Ravera gehörte der KP seit ihrer Gründung an, wurde 1930 während eines illegalen Aufenthalts in Italien verhaftet und von einem Sondergericht verurteilt. Beide, Terracini und Ravera hatten sich eindeutig gegen den Pakt ausgesprochen und waren aus der Partei ausgeschlossen worden.

Diese Tatsachen werden von Amendola, im Unterschied zu anderen Geschichtsschreibern in der kommunistischen Bewegung, offen dargelegt; auch daß die Kritiker – wiederum eine Seltenheit für die kommunistische Bewegung – erneut in die KP aufgenommen wurden und am weiteren Kampf teilnahmen. Amendola:

„Ein großer Teil von ihnen kehrte über die Partisanenarbeit wieder zur Partei zurück. Viele kämpften auch in Frankreich in den Reihen der Partisanen. Auch in italienischen Gefängnissen gab es Kommunisten, die sich gegen den deutsch-sowjetischen Pakt stellten, ich denke dabei an den bekannten Fall, der mit den Namen von Terracini und Ravera verbunden ist. Beide wurden erst später, nach der Rückkehr Togliattis, wieder in die Partei aufgenommen. Wie dem auch sei, der deutsch-sowjetische Pakt verschärfte die schon bestehenden Gegensätze und die Verwirrung innerhalb der organisierten antifaschistischen Bewegung."[13]

Teresa Noce:
Sorgen der italienischen Kommunisten in Frankreich

Die Darstellungen Amendolas wurden auch von Teresa Noce, der Frau des damaligen italienischen KP-Führers Luigi Longo, bestätigt. Teresa Noce (1900–1980), aus einer Arbeiterfamilie stammend, war bereits seit frühester Jugend in der Arbeiterbewegung tätig. Auch sie gehörte Anfang 1921 zu den Mitbegründern der Kommunistischen Partei und wurde damals als „Sturmwindmadonna" bekannt. Nach illegaler Tätigkeit in Italien kam sie 1926 in die Sowjetunion, wo sie die Lenin-Schule der Komintern besuchte, kehrte nach Italien zurück, leitete die ersten illegalen Streiks unter dem italienischen Faschismus, nahm in der Garibaldi-Brigade am Bürgerkrieg in Spanien teil; kam nach der Niederlage im spanischen Bürgerkrieg in Paris an, wo sie als Journalistin tätig war. Sie schrieb Korrespondenzberichte für die illegale „L'Unita" in Italien und die „Voce della Italia" in Frankreich.

Ihr Mann, Luigi Longo, war damals Präsident der „Unione Populare Italiana" („Italienische Volksunion"), einer antifaschistischen Organisation der Italiener in Frankreich mit starker kommunistischer Tendenz, die sich um die italienischen Emigranten und auch um die italienischen Heimkehrer aus Spanien kümmerte.

Die Emigrationsführung der KP Italiens befand sich, wie Teresa Noce mitteilt, in einer ziemlich desolaten Situation:

„Zu jener Zeit war überhaupt nicht mehr zu begreifen, wohin sich die Partei entwickelte“, schreibt Teresa Noce. „Nach Auflösung des Zentralkomitees wußte man nicht einmal mehr, wer sie leitete.“ In dieser Situation traf die Nachricht vom deutsch-sowjetischen Pakt ein. Teresa Noce erinnert sich:

„Bis zum Vortage hatten wir dafür gekämpft, daß Frankreich und England sich mit der Sowjetunion gegen Hitler verbündeten. Und die Tatsache, daß die sogenannten demokratischen Regierungen davon offensichtlich nichts wissen wollten, wurde wie ein Verrat angesehen. Keiner hatte es für möglich gehalten, daß ausgerechnet die Sowjetunion einen Pakt mit dem Deutschland der Nazis unterzeichnen würde ... Zuerst wollten die Genossen die Nachricht nicht glauben. Es mußte sich um eine Provokation handeln. Als wir uns dann überzeugen mußten, daß sie Wirklichkeit war, suchten wir nach Gründen. Die Führung der italienischen Partei, die – wie bereits erwähnt – damals auf Schmalspur lief, kam mit ihren Erklärungen ein bißchen sehr spät. Einigen Genossen war bereits klar geworden, daß der Pakt sich aus der Lage der Sowjetunion nach dem ausgebliebenen französisch-englischen Vertrag erklärte, andere lehnten jegliche Erklärung ab.“

Noch in der Woche zwischen dem Abschluß des Paktes und dem Tag, da Frankreich Deutschland den Krieg erklärte (2. September), hatten Luigi Longo und zahlreiche ehemalige Freiwillige der Internationalen Brigaden sich überlegt, daß man gegen die Deutschen in Frankreich weiterkämpfen müßte, so wie man es in Spanien getan hatte. Man sprach sogar von einer Legion italienischer Freiwilliger im französischen Heer. In dieser, wie Teresa Noce berichtet „chaotischen Situation jener Tage“ wandten sich einige wichtige KP-Führer, wie Romano Cocci (Adami), der Sekretär der italienischen Volksunion, aus Protest gegen den russisch-deutschen Vertrag gegen die Politik der Partei und traten aus der Partei aus. Trotz der verworrenen Situation und obwohl viele die Gründe des Pakts nicht recht einsahen, blieb jedoch laut Teresa Noce die Mehrheit der italienischen Emigranten der KP treu.

In dieser verwirrenden Lage begannen die Verhaftungen durch die französische Polizei:

„Kaum verbreitete sich die Nachricht von der Unterzeichnung des russisch-deutschen Paktes, begann die französische Regierung, die Antifaschisten und zu allererst die Kommunisten zu verhaften – ganz gleich, ob sie Franzosen waren oder Italiener, ob Polen, Spanier, Tschechoslowaken und Juden."

Im Zuge der Verhaftungswelle wurde auch Luigi Longo verhaftet. Teresa Noce: „Die Genossen wurden einer nach dem anderen gefaßt. Wer nicht in die Illegalität gehen konnte, versuchte, die Wohnung zu wechseln. Die kommunistische Presse war sofort verboten worden, darunter auch die ‚Voce'. Wir, für die die Illegalität nichts gänzlich Neues war, bleiben nicht untätig. Auch die französische Partei versuchte etwas zu unternehmen, obwohl die Verwirrung in ihren Reihen noch größer war ... Die Verhaftung von Italienern und ehemaligen Freiwilligen der Internationalen Brigaden nahmen in der unmittelbar darauffolgenden Zeit weiter zu. Als ‚L'Humanité' nicht mehr erscheinen durfte und die Jagd auf die französischen Kommunisten begann, konnten wir auch von ihnen keine Hilfe mehr erwarten."

Auch die aktivsten höheren KP-Funktionäre wurden verhaftet, darunter Pajetta, Eugenio Reale, Mario Montagnana.

Teresa Noce erinnert sich: „Jeden Tag blieb irgendeiner der Unseren bei den Verabredungen aus. Bei ihnen zu Hause traf ich die Kinder und die Frauen in Tränen an. Die Hilfsaktionen für die Familien wurden ständig schwieriger: Die Zahl der Verhafteten war groß und das Geld knapp. Man mußte sparsam damit umgehen und den Familien helfen, die gänzlich mittellos waren."

Besonders bestürzt war Teresa Noce, daß in dieser Situation ein enger Freund, Leo Valiani, die Partei verließ. Mit Leo Valiani war Teresa Noce besonders befreundet gewesen. Als Leo mit vielen anderen italienischen Antifaschisten in Frankreich verhaftet wurde, stand seine Frau vor der Niederkunft; sie war noch sehr jung und Teresa Noce war besorgt um sie, vor allem, weil ihre Eltern sich kaum um sie kümmerten: „Mit Leo hatte mich stets eine herzliche Freundschaft verbunden", erinnert sie sich, aber „nach der Unterzeichnung des russich-deutschen

Paktes war es zwischen uns zu vielen Diskussionen gekommen." Kurz darauf erhielt sie eine Nachricht, die sie in besonderer Weise traf: Leo Valiani hatte die Partei mit der Begründung verlassen, daß er mit dem russisch-deutschen Pakt und unserer Position dazu nicht einverstanden sei. „Ich war darüber sehr verbittert. Leo und ich waren Freunde gewesen, hatten zusammen gearbeitet. Ich war bei seiner Hochzeit mit Nidia dabeigewesen, hatte mich nach seiner Verhaftung um sie und das Kind gekümmert, dessen Geburt damals bevorstand."

Gewiß erinnert sich Teresa Noce an die vielen Diskussionen mit Leo über den russisch-deutschen Pakt. Aber nun war sie doch erschüttert, daß er sich sich von der Partei lossagte. Zunächst wollte sie die Nachricht nicht glauben. Als sie sich als wahr erwies, begann sie zum ersten Mal seit langem zu weinen: „Die Genossinnen sahen mich zum ersten Mal als arme, törichte Empfindsame. Der Verlust eines Genossen und teuren Freundes in diesem Augenblick und auf diese Weise war für mich hart und schrecklich."[14]

Das Magengeschwür des Schriftstellers Ilja Ehrenburg

Eine höchst ungewöhnliche Auswirkung des Hitler-Stalin-Pakts schildert der sowjetische Schriftsteller Ilja Ehrenburg, der im August 1939 in Frankreich als Korrespondent der sowjetischen Regierungszeit Iswestija tätig war.

Ilja Ehrenburg war damals 48 Jahre alt und bereits seit seiner Jugend in der illegalen sozialistischen Bewegung im zaristischen Rußland tätig gewesen. Mit 17 Jahren war er, im damaligen Rußland, zum ersten Mal im Gefängnis. Es gelang ihm jedoch, aus dem zaristischen Rußland zu fliehen und er zog nach Paris, wo er 1910 seinen ersten Gedichtband veröffentlichte. Im Pariser Café Rotonde freundete er sich mit vielen bedeutenden Künstlern an, unter ihnen Picasso, Léger, Apollinaire und Modigliani. Während des russischen Bürgerkrieges in den Jahren 1917–21 war Ilja Ehrenburg vorübergehend in Sowjetrußland, ging 1921 wieder nach Paris und wurde vor allem bekannt durch seinen ersten großen Roman „Die ungewöhnlichen Abenteuer des Julio Jurenito“; in den 20er Jahren lebte er teils in der Sowjetunion, teils im Ausland und schrieb eine Reihe viel beachteter Romane. 1936–38, während des Bürgerkrieges in Spanien, war er dort als Korrespondent für sowjetische Zeitungen tätig. Nach der Niederlage der spanischen Republik wirkte Ilja Ehrenburg als Korrespondent der Regierungszeitung Iswestija in Frankreich und erlebte den Hitler-Stalin-Pakt in Paris:

„Bald nach meiner Rückkehr nach Paris hörte ich im Radio, die Sowjetunion und Deutschland hätten in Moskau ein Abkommen unterzeichnet ... Mein Verstand akzeptierte das Unvermeidliche, doch mein Herz machte nicht mit.“

Ilja Ehrenburg traf mit Suritz zusammen, dem damaligen sowjetischen Botschafter in Frankreich:

„Suritz zeigte mir die letzte Ausgabe der Prawda. Darin war ein Foto: Stalin, Molotow, Ribbentrop und noch ein gewisser Gaus. Alle vier lächelten befriedigt (Ribbentrop sah ich sechs Jahre später in Nürnberg wieder. Hier, im Angesicht des Galgens, lächelte er nicht mehr).

Ja, ich begriff alles, aber davon wurde mir nicht leichter ums Herz ... An jenem Tag erkrankte ich an einer den Ärzten unbekannten Krankheit. Ich konnte acht Monate nichts essen und verlor an die 20 Kilo. Der Anzug hing an mir herunter wie an einer Vogelscheuche. Ich las die Zeitungen, setzte mich an den Mittagstisch und spürte plötzlich, daß ich auch nicht das kleinste Stück Brot hinunterkriegte. (Die Krankheit war genauso urplötzlich wieder weg, wie sie gekommen war. Die Nachricht vom deutschen Einfall in Belgien gab mir einen Schock – und ich begann wieder zu essen. Der Arzt sagte tiefsinnig: ‚Spastisches Phänomen‘.)

Die Ereignisse überstürzten sich. Der deutsch-sowjetische Vertrag wurde am 24. August veröffentlicht. Am 1. September erklärte Molotow, dieser Vertrag würde den Interessen des Friedens dienen. Dies hinderte Hitler freilich nicht daran, zwei Tage später den Zweiten Weltkrieg zu entfesseln.“[15]

Die Auswirkung des Pakts auf die Antifaschisten in anderen Ländern

England:
Die Erinnerungen von Edith Bone und Douglas Hyde

Gemessen an der machtvollen französischen KP spielte die KP Großbritanniens nie eine große Rolle. Aber selbst bei der britischen KP brachte die Volksfront doch einen gewissen Mitgliederzuwachs: von 6000 im Jahre 1934 auf 18000 im Frühjahr 1939. „Ihr Einfluß in den Gewerkschaften und innerhalb der Labour-Party ist gewachsen", bescheinigte Manuilski auf dem 18. sowjetischen Parteitag im März 1939, verband dies jedoch mit der kritischen Bemerkung: „Ungeachtet dieser Erfolge ist die Kommunistische Partei Englands doch die am weitesten zurückgebliebene Sektion der Komintern. Sie vermochte nicht, zu den Hauptschichten der Arbeiterklasse Englands vorzudringen."[1]

Zwei damalige britische Kommunisten, Edith Bone und Douglas Hyde schildern, wenn auch auf unterschiedliche Weise, ihre damaligen Eindrücke. Edith Bone war zur Zeit des Pakts 50 Jahre. Geboren 1889 in Budapest, hatte sie in ihrer Jugend die Medizinische Fakultät der Budapester Universität absolviert und war während des Ersten Weltkrieges in Ungarn in einem Mitlitärhospital tätig. Erschüttert über Ungerechtigkeit und Leiden des Weltkrieges besuchte sie mit einer Delegation des Roten Kreuzes im Januar 1919 Sowjetrußland und trat auf die Seite der Bolschewiki über. Sie war während des Bürgerkrieges für die Rote Armee tätig und anschließend als Kurier für die Kommunistische Internationale, danach in der sowjetischen Handelsvertretung in Berlin und gleichzeitig Mitarbeiterin der Kommunistischen Internationale. Nach Hitlers Machtantritt 1933 war Edith Bone zunächst in Paris, nahm an der Herausgabe des „Braunbuches" teil und emigrierte dann nach England.

Sie rechtfertigt den Hitler-Stalin-Pakt mit einer etwas ungewöhnlichen Argumentation – denn Edith Bone beurteilte alles, was in der Sowjetunion während der Stalin-Ära geschah, nach ihren eigenen Erlebnissen aus der Revolutionszeit von 1919. So schreibt sie in ihren Memoiren: „Ich war 1919 in Petrograd und hatte die wirklich absurden Behauptungen in einem Teil der britischen Presse gelesen, wo von grauenhaften Geschichten über die Nationalisierung von Frauen und ähnlichem die Rede war. Natürlich habe ich danach allen Schaudergeschichten über die Sowjetunion mißtraut ... Der Pakt mit Nazi-Deutschland war in meinen Augen lediglich ein Kunstgriff, um Zeit zu gewinnen, damit Rußland die Vorbereitungen und Mobilisierung seiner Streitkräfte für den unvermeidbaren und bevorstehenden Entscheidungskampf in Angriff nehmen konnte."

Obwohl sie zu jener Zeit die sowjetische Politik immer noch rechtfertigte, kritisierte sie das ständige „Ja-sagen-müssen", wie es in der britischen KP üblich war: „Trotz allem war es für mich sehr schwierig, mich an die Parteibestimmungen zu halten, da ich erstens gerne die Wahrheit sage und zweitens meine Meinung zum Ausdruck bringen möchte; beide Neigungen wurden in der Partei jedoch nicht ermutigt. Außerdem sagte ich nicht gerne ja, wenn ich nein meinte und gerade so etwas mußte und muß man garantiert in der Kommunistischen Partei lernen."[2]

Edith Bone stieß sich an der „kindlich oberflächlichen Politik" der britischen kommunistischen Führung, die jede sowjetische Kehrtwendung mitmachte und verteidigte. All dies, so schreibt sie heute, habe sie bereits damals „sehr angeekelt", weshalb sie sich vorübergehend aus dem aktiven Parteileben zurückzog.

Ihre entscheidende Wandlung sollte jedoch erst ein Jahrzehnt später erfolgen. 1949 besuchte sie ihr ursprüngliches Heimatland Ungarn, befand sich am 1. Oktober 1949 auf dem Budapester Flugplatz, unmittelbar vor dem Einsteigen in das Flugzeug nach London. In diesem Moment wurde sie verhaftet, verbrachte sieben Jahre im Gefängnis, um erst durch die ungarische Revolution von 1956 befreit zu werden. Danach kehrte sie mit neuen Erfahrungen und neuen Erkenntnissen nach England zurück.

Für Douglas Hyde, damals bei der britischen KP-Zeitung „Daily Worker“ tätig, war es es schwieriger, den Hitler-Stalin-Pakt zu verteidigen. Er geriet zum ersten Mal in seiner kommunistischen Laufbahn in ernste Zweifel. Douglas Hyde, 1911 in Bristol als Sohn religiöser Eltern geboren, war von früher Jugend an vom sozialen Engagement des Christentums beeindruckt, wurde aber von den unzureichenden christlichen Reformvorstellungen während der Weltwirtschaftskrise zunehmend enttäuscht. Er engagierte sich sodann in der „Internationalen Arbeiterhilfe“ (IAH), einer überparteilichen Hilfsorganisation, die jedoch von den kommunistischen Parteien beherrscht war. Schließlich trat Douglas Hyde 1928 in die KP ein und versuchte zunächst noch Christentum und Kommunismus miteinander zu vereinen, wirkte aber dann immer mehr als Aktivist in der britischen KP. Anfang 1938 zog er nach London und war als Redakteur bei der britischen KP-Zeitung „Daily Worker“ tätig. Der Hitler-Stalin-Pakt, meint Douglas Hyde, bereitete geschulten Funktionären „keinerlei Kopfzerbrechen“, aber für viele der Parteimitglieder führte der Pakt zu „Zweifeln und Schwierigkeiten“. Auch manche der Intellektuellen, die während der Volksfrontperiode zur britischen KP gestoßen waren, wandten sich nun angewidert ab. Ein bekannter Schriftsteller, der während der antifaschistischen Volksfrontzeit in die KP eintrat, schrieb in diesen Tagen an Douglas Hyde: „Eure beiden Onkels sollen die Pest kriegen – Onkel Joe Stalin und Onkel Adolf Hitler.“

Die meisten KP-Propagandisten, so berichtet Douglas Hyde, stellten sich die Frage, wie sie das bloß ihren Anhängern klarmachen sollten. Aufgescheuchte KP-Mitglieder sahen sich in Fabriken den Fragen und dem Spott ihrer Arbeitskameraden gegenüber. Vor allem frühere britische Spanienkämpfer, deren Ziel es war, „mit den Nazis abzurechnen“ standen dem Pakt sehr kritisch gegenüber. „Zum ersten Mal seit Jahren“, schreibt Douglas Hyde über sich selbst, zweifelte er „daß die Eisntellung der Partei richtig war, fühlte mich elend und niedergeschlagen und fand Vorwände, um fast meine gesamte politische Tätigkeit einzustellen."[3]

Dennoch setzte Douglas Hyde, wie viele andere, nach kurzer Unterbrechung seine Tätigkeit für die Partei wieder fort. Was ihn vor allem überzeugte und beeindruckte war der Enthusiasmus der Parteimitglieder während des Zweiten Weltkrieges gegen Hitler-Deutschland. Erst nach Jahresende 1945, vor allem durch die Entwicklung in Osteuropa, wurde er zunehmend kritisch; er empörte sich über den Prager KP-Putsch vom Februar 1948 und über die Schauprozesse in Osteuropa, löste sich Ende der 40er Jahre von der KP und kehrte später zum Katholizismus zurück.

Italien:
Antonio Pesenti im Gefängnis von Fossano

Die Tatsache, daß viele italienische Kommunisten – sowohl in der französischen Emigration als auch in italienischen Gefängnissen – voller Zweifel über den Pakt waren und einige damals sogar austraten, wurde bereits in der Schilderung von Amendola erwähnt. Aber natürlich gab es auch italienische Kommunisten, die sofort den Pakt verteidigten – ein besonders interessantes Beispiel dafür ist der damals 29jährige Antonio Pesenti, zur Zeit des Paktes im italienischen Gefängnis, der während dieser Zeit seinen Übergang vom Sozialisten zum Kommunisten vollzog.

Antonio Pesenti, geboren 1910 in Verona, wuchs in einer antifaschistischen intellektuellen Familie auf, studierte an der Universität von Padua und verbrachte anschließend drei Jahre (1931–34) in Wien, Bern, Paris und London. Während dieses Aufenthalts kam er in Kontakt zu sowjetischen Diplomaten, blieb jedoch zunächst noch Sozialist. Nach seiner Rückkehr nach Italien wurde er im Dezember 1934 Professor an der Universität von Sassari, aber schon Ende 1935 verhaftet. In seiner mehrjährigen Haftzeit im Gefängnis von Fossano entwickelte sich Pesenti zum Kommunisten. Dafür gab der Hitler-Stalin-Pakt den entscheidenden Anstoß.

Pesenti erinnert sich:

„Gegen Ende August 1939 kam der deutsch-sowjetische Nichtangriffspakt, der zweifellos für uns alle, die wir inhaftiert waren, eine bittere Pille war ... Das Problem wurde in den Schlafsälen bewertet und diskutiert." Obwohl Pesenti den deutsch-sowjetischen Vertrag bedauerte, war er doch überzeugt, daß er letzten Endes richtig sei und versuchte, dies seinen Mithäftlingen klarzustellen: „Damals provozierte diese Auffassung allerdings nicht gerade wenige Auseinandersetzungen unter uns. Meine Überzeugung war jedoch so stark, daß ich öffentlich Stellung beziehen wollte. Ich fühlte mich verpflichtet, in diese Diskussion einzugreifen, die sich mit Heftigkeit in den Schlafsälen entfacht hatte und in der insbesondere die Genossen der ‚Gerechtigkeit und Freiheit' den Pakt als ‚Verrat' hintellten, obgleich es auch bei den Kommunisten nicht an Zweifeln mangelte."[4]

Er schrieb einen Brief und ließ allen mitteilen, daß er sich nun erst recht als Kommunist betrachte und bat die Partei, dies auch offiziell zur Kenntnis zu nehmen.

Ungarn: Zoltan Vas im Gefängnis von Budapest

Für den ungarischen Kommunisten Zoltan Vas bedeutete der Hitler-Stalin-Pakt zunächst „ein ideologisches Wirrwarr", das aber schließlich auf seltsame Art und Weise mit seiner Befreiung aus dem Gefängnis und einer Reise in die Sowjetunion endete.

Zoltan Vas (1903–1982), aus bürgerlicher Familie stammend, nahm seit seinem 16. Lebensjahr an der damals illegalen kommunistischen Jugendbewegung teil. Schon mit 18 Jahren verhaftet, kam er durch einen sowjetisch-ungarischen Gefangenenaustausch in die Sowjetunion, verbrachte dort drei Jahre und kehrte 1924 zur illegalen Arbeit nach Ungarn zurück. Ein Jahr später wurde Zoltan Vas erneut verhaftet und zu 15 Jahren Kerker verurteilt. Zur Nachricht vom Hitler-Stalin-Pakt schreibt er: „Ich erfuhr von dem Ereignis, als mich, nach

Beendigung meines einstündigen Spazierganges im Gefängnis ein faschistenfreundlicher Offizier ansprach: ‚Gestern haben Hitler und Stalin einen Pakt unterschrieben, ab heute sind sie Gesinnungsgenossen‘."

Zoltan Vas erhielt auf legalem Wege überhaupt keine Zeitung und konnte sich nur manchmal durch Schmuggeln die eine oder andere Nummer beschaffen. Vom Hitler-Stalin-Pakt hatte er nichts erfahren. So verstand er nicht, was der Offizier eigentlich meinte. Der fuhr jedoch fort ihm zu erklären, daß die zwei Außenminister von Ribbentrop und Molotow einen Vertrag unterschrieben hätten.

Zoltan Vas:

„Ich wollte die Nachricht kaum glauben, da die Gefängnisoffiziere sich auch mit ‚Seelenkauf‘ befaßten. Die ganze Zeit über war ich allerlei Überredungsversuchen ausgesetzt, damit ich vom Kommunismus abschwöre. Bis dahin hatte man mich schon wiederholt mit Unwahrheiten traktiert. Aber der Gefängnisoffizier zeigte mir das Bild, das die ungarischen Zeitungen der ‚Prawda‘ entnommen hatten. Es zeigte Molotow und von Ribbentrop in Moskau bei der Unterzeichnung des Vertrages. Die zentrale Figur im Bild war Stalin.

‚Unglaublich‘, sagte ich. Trotzdem begann ich mich auf das Verstehen des Unverständlichen umzustellen. Ich hatte im Verlauf meiner kommunistischen Tätigkeit, zusammen mit allen Kommunisten der Welt und auch jetzt im Gefängnis, fest daran geglaubt: Was der Sowjetunion gut und vorteilhaft ist, ist unbedingt gut für die Anhänger des Kommunismus, ist gut für alle kommunistischen Parteien ... Diese Grundhaltung half mir nun, die Nachricht, die mir der faschistische Offizier mitgeteilt hatte, zu verstehen."

Auch Zoltan Vas war damals noch der Ansicht, die Sowjetunion versuche Zeit zu gewinnen, auch er hoffte, der Kampf der Kommunisten gegen den Faschismus würde weitergehen. Als er dann aber, Ende September 1939 erfuhr, die Sowjetunion habe mit Deutschländ einen Vertrag über gemeinsame Grenzen und Freundschaft unterzeichnet, „verschlug es mir den Atem", wie Zoltan Vas in seinen Memoiren schreibt.

„Auch ich fiel in ein ideologisches Wirrwarr, ich, der eingekerkerte Kommunist. Konnte ich ahnen, daß eben dieser Pakt es ermöglichen würde, daß ich im November 1940, als freier Mensch zusammen mit Rakosi in die Sowjetunion kommen würde?“[5]

Tatsächlich gab es im Herbst 1940 eine Vereinbarung zwischen der ungarischen Horthy-Regierung und der Sowjetregierung, eine Reihe von eingekerkerten ungarischen Kommunisten in die Sowjetunion ausreisen zu lassen; dafür übergab die Sowjetunion einige ungarische Fahnen, die 1848 bei der Niederschlagung der damaligen ungarischen Revolution von russisch-zaristischen Truppen erbeutet worden waren.

Zoltan Vas kam im Herbst 1940 in die Sowjetunion, blieb dort nur vier Jahre, kehrte 1944 nach Ungarn zurück, wurde Bürgermeister von Budapest und später Chef des Planungsbüros. Seit 1945 war Zoltan Vas Mitglied des Zentralkomitees der ungarischen Partei, von 1948–53 sogar Mitglied des Politbüros. Nach Stalins Tod stand er auf der Seite der Reformer, unterstützte Imre Nagy und die ungarische Revolution von 1956. Gemeinsam mit Imre Nagy wurde er daraufhin nach Rumänien deportiert und konnte erst 1958 nach Budapest zurückkehren. In die Partei trat Zoltan Vas nicht mehr ein; er lebte bis zu seinem Tode im Jahre 1982 völlig zurückgezogen in Ungarn als parteiloser Schriftsteller.

Die Kommunisten Jugoslawiens: Ein Ja zum Pakt – aber der Kampf geht weiter

Die damals illegale jugoslawische KP stand zu jener Zeit unter der Leitung von Josip Broz, bekannt unter dem Namen „Tito“.

Tito war damals 47 Jahre alt. 1892 in einer kroatischen Bauernfamilie geboren, von Beruf Metallarbeiter, geriet er während des ersten Weltkrieges im März 1915 in russische Gefangenschaft aus der er durch die russische Revolution 1917 befreit wurde. Im September 1920 trat Tito der KP Jugoslawiens bei, war zudem aktiv in der Metallarbeitergewerkschaft Kroatiens, wurde verhaftet und befand sich von Ende 1928 bis

1934 im Gefängnis. Seit Juli 1934 gehörte Tito dem Zentralkomitee, seit Dezember 1934 dem Politbüro an. Nach seiner Ernennung zum Generalsekretär der KP Jugoslawiens verlagerte Tito die Führung aus der Emigration nach Jugoslawien. Von 1938–39 befand sich Tito zweimal in Moskau und spürte dort im Zuge der Säuberungen ein starkes Mißtrauen gegenüber jugoslawischen Kommunisten. Im März 1939 kehrte Tito nach Jugoslawien zurück.

„Dann kam der August 1939, der sowjetisch-deutsche Pakt. Wir nahmen dieses Abkommen hin wie disziplinierte Kommunisten und sahen es als notwendig für die Sicherheit der Sowjetunion an, die zu jener Zeit der einzige sozialistische Staat der Welt war. Wir ahnten damals nichts von den Geheimklauseln darin, die ein sowjetisches Eingreifen in die Rechte anderer Nationen, vor allem der kleinen, zuließen.

Aber dieses sowjetisch-deutsche Abkommen ließ uns keinen Augenblick nachlässiger werden in unseren Vorbereitungen zur Verteidigung der Heimat gegen einen eventuellen Angriff, beeinflußte auch nicht die allgemeine Parteilinie bei unserem großen Kampf gegen den deutschen und italienischen Imperialismus.“[6]

Der Grundgedanke: Ein Ja zum Pakt aber Fortsetzung des Kampfes gegen den deutschen Faschismus, kommt auch in den Erinnerungen von Milovan Djilas und Svetozar Vukmanovic zum Ausdruck.

Der 28jährige Milovan Djilas gehörte damals bereits der Führung der KP Jugoslawiens an. Zur Zeit des Hitler-Stalin-Pakts war er Mitglied des Zentralkomitees und des Politbüros. Obwohl später einer der schärfsten Kritiker des diktatorischen Kommunismus, war Djilas damals, 1939, noch von der Linie Stalins überzeugt. Er habe, so berichtet Djilas in seinen 1973 erschienenen Memoiren, den deutsch-sowjetischen Pakt ohne Vorbehalte gebilligt: „Alle führenden Kommunisten taten es ebenso, obwohl es auch gewisse Schwankungen gab“, erinnert sich Djilas. „Wir hatten uns schon darauf trainiert, aboslutes Vertrauen in die Sowjetunion und in alle Entscheidungen ihrer Führung zu haben.“ Dabei war es Djilas klar, daß der Pakt dem Krieg Vorschub leistete und in unmittelbarem Zusammenhang mit Polen stand:

„Die Nachrichten vom deutsch-sowjetischen Pakt waren erst vor einigen Tagen in den Morgenzeitungen zu finden gewesen. Vor dem Nationaltheater war ich einem linken Intellektuellen begegnet, ich weiß nicht mehr, wer es war. Er meinte, daß dieses Ereignis sowohl positive wie auch negative Folgen haben könnte. Ich griff ihn heftig an. Ich konnte darin nur positive Aspekte für die Sowjetunion und daher auch für uns Kommunisten sehen. Ich wußte, daß ein Angriff auf Polen unvermeidlich war und die Westmächte mit einer Kriegserklärung antworten würden. Daher, so dachte ich, würde sich für die Sowjetunion eine großartige Gelegenheit geben, den Sozialismus auf Kosten der beiden kriegführenden Parteien zu verbreiten."[7]

Es ist jedoch möglich, daß Djilas in Wirklichkeit stärker betroffen war, als er es in seinen Memoiren zum Ausdruck bringt. Dies berichtet zumindest Svetozar Vukmanovic-Tempo, der 1939 den Hitler-Stalin-Pakt gemeinsam mit Milovan Djilas erlebt hatte.

Svetozar Vukmanovic – Tempo ist sein Parteiname – war damals 27 Jahre alt, ebenso wie Djilas in Montenegro geboren. Er studierte Jura an der Universität Belgrad, war zunächst in der kommunistischen Studentenbewegung tätig und wurde 1932 Mitglied der damals illegalen KP Jugoslawiens. 1935 legte Vukmanovic sein Staatsexamen ab, war jedoch nicht im juristischen Dienst, sondern ausschließlich für die illegale KP tätig. Er beschreibt in seinen Memoiren, daß er manchmal Zweifel hatte – so zweifelte er, ob Trotzki wirklich ein ‚Agent des Imperialismus' sei – aber er setzte trotzdem seine Parteiarbeit unermüdlich fort, war wiederholt verhaftet und im Gefängnis und wurde aus seiner letzten Gefängnishaft erst im Juli 1939 entlassen. Zur Zeit des Paktes war er Mitglied des Regionalkomitees der Kommunistischen Partei in Serbien. Svetozar Vukmanovic erinnerte sich:

„Eines Tages im August 1939 traf ich Djilas im Zustand höchster Erregung an. Soeben war der deutsch-sowjetische

Nichtangriffspakt bekanntgegeben worden. Djilas ging erregt im Zimmer hin und her und versuchte sich darüber klar zu werden, welche Bedeutung diese Entwicklung für die Erhaltung unserer eigenen Partei haben werde. Nach einer Weile sagte er: ‚Auf unseren Willen, die Heimat zu verteidigen, hat dies überhaupt keinen Einfluß – nichts kann uns von diesem Wege abbringen!‘ Ich war tief davon beeindruckt, wie er in einer neuen und verwickelten Situation an seiner kühnen Haltung festhielt.“[8]

Aber zweifellos hatten auch die jugoslawischen Kommunisten mit dem Pakt ernste persönliche und politisch-psychologische Probleme. Vilko Vinterhalter, ebenfalls in jener Zeit bereits in der KP Jugoslawiens tätig und ein späterer Tito-Biograph, berichtet in seinem 1969 erschienenen Buch: „Selbst heute, 30 Jahre später, fällt es einem immer noch schwer, seine eigenen Gedanken und Gefühle über einige Erscheinungen der internationalen Arbeiterbewegung darzustellen.“ Alle damaligen Aktivisten der kommunistischen Bewegung stießen beim Hitler-Stalin-Pakt an eine Grenze „bis zu der man die Dinge rational erfassen kann und muß und bis zu der sie logisch motiviert sind“. Die damalige Situation, so Vinterhalter, habe ihre Initiative, „und die Suche nach eigenen Lösungen, die immer notwendig sind“[9], gehemmt.

Jiri Pelikan und die kritischen Schüler von Prag

Seit März 1939 war die Tschechoslowakei von deutschen Truppen besetzt und hieß offiziell „Protektorat Böhmen und Mähren“. Fünf Monate nach der Besetzung kam es zum Hitler-Stalin-Pakt – eine tragische Situation, besonders für die Kommunisten der Tschechoslowakei.

Jiri Pelikan, 1923 in der tschechischen Kleinstadt Olomuc (Olmütz) geboren, war zu jener Zeit gerade in die illegale kommunistische Partei eingetreten. Sein sieben Jahre älterer Bruder, damals Medizinstudent und seit 1936 Mitglied der Kommunistischen Partei, war für den jüngeren Jiri Pelikan ein Vorbild. „Wenn Du Zweifel hast“, erklärte ihm sein Bruder,

„dann vertraue der Sowjetunion und der Partei, denn sie wissen, was zu tun ist."

Nach dem Münchener Abkommen vom September 1938 empfand der damals 15jährige Jiri Pelikan – ähnlich wie seine Freunde – eine Mischung aus Ohnmacht und dem brennenden Wunsch, etwas zu tun. Wenige Monate nach München, im März 1939, wurde die Tschechoslowakei besetzt.

Sein Bruder war bereits aktiv im Untergrundnetz der Kommunistischen Partei. Durch ihn kam der 16jährige Jiri Pelikan in ein Ferienlager am Rendlicek-See, das von der kommunistischen Partei geheim geleitet und organisiert worden war. „Wir nahmen an Schulungskursen über den Marxismus, über den antifaschistischen Kampf, über den Dialektischen Materialismus und über die Sowjetunion teil", erinnert sich Jiri Pelikan. „Abends sangen wir am Lagerfeuer revolutionäre Lieder, die Lieder der sowjetischen Partisanen und rezitierten Gedichte." Einige wurden von den älteren Genossen auf den Untergrundkampf vorbereitet.

Kurz darauf trat Jiri Pelikan der illegalen kommunistischen Partei der Tschechoslowakei bei:

„Ein Freund, der sich als Sekretär der Partei in unserer Stadt auswies, rief uns sofort zusammen. Waren wir bereit, illegale Flugblätter und die Parteizeitung zu verteilen, bei den Gymnasiasten zu agitieren? Wir waren bereit. Er unterwies uns in den Regeln der Untergrundaktion. Und, in Anbetracht unserer Teilnahme an der illegalen Arbeit, gab man uns außerdem die Möglichkeit, ohne Probezeit in die Kommunistische Partei einzutreten ... Seit jenem Tag gehörten wir zu jener großen, nicht nur tschechoslowakischen, sondern internationalen Familie der kommunistischen Bewegung. Für mich war das ein außergewöhnliches Ereignis. Es war der Anfang eines Doppellebens: auf der einen Seite die Schule und das von der Partei empfohlene Verhalten eines gewöhlichen Schülers; auf der anderen Seite die geheimen Aktionen abends oder nachts und die Erfüllung von Aufgaben, die mir das Gefühl gaben, einer großen Sache zu dienen. Man führte unser Ideal vor Augen: die sowjetische Gesellschaft, die nicht unter der Ausbeutung des

Menschen durch den Menschen, nicht unter Arbeitslosigkeit und Ungerechtigkeit litt ... Wir waren ein Motor der Geschichte!“

Aber dies, schreibt Jiri Pelikan, war nur die eine Seite der Medaille, denn nun hatten sie es mit etwas gänzlich Neuem, dem Hitler-Stalin-Pakt zu tun.

„Wir waren wie betäubt von dem Donnerschlag des Nichtangriffspakts zwischen Deutschland und der Sowjetunion. In unserer Vorstellung war die Sowjetunion der Hauptfeind Hitler-Deutschlands – wie also sollten wir einen solchen Pakt begreifen? Ich erinnere mich deutlich an viele durchwachte Nächte, an Diskussionen mit meinem Bruder und anderen Genossen; sie erklärten uns: Die Sowjetunion ist von der Isolierung durch die westlichen Alliierten bedroht; Frankreich und Großbritannien wollen keinen wirklichen Pakt mit ihr schließen; sie möchten, daß Deutschland sie angreift, um sie zu vernichten.“ Noch interessanter war die Argumentation seines älteren Bruders, auf die später noch einmal eingegangen werden soll. Hier Jiri Pelikan:

„Mein Bruder wiederholte immer wieder: ‚Du mußt uns verstehen, in einer Revolution gibt es Fortschritte und Rückschritte. Ein bestimmter Rückzug mag zunächst als Niederlage erscheinen, die sich aber später in einen Sieg verwandeln kann. Da die Sowjetunion das einzige sozialistische Land der Welt ist, mußte sie die Einkreisung verhindern und diesen Pakt mit Hitler schließen, so wie Lenin einst in Brest-Litowsk mit dem Kaiser: Er hat die Widersprüche zwischen den kapitalistischen Ländern ausgenutzt, um den Sozialismus zu retten und eine Bewegung auszulösen, die letztlich zu seinen Gunsten ausschlagen mußte.

Ja – aber wie sollte ich das meinen Schulkameraden erklären?

‚Hört zu‘, sagten sie, ‚Stalin hat sich mit Hitler verbündet und Du, der Du mit den Kommunisten sympathisierst, hast Verrat begangen: Jetzt hat auch Moskau die Tschechoslowakei aufgegeben.“

Jiri Pelikan versuchte, ihnen die taktischen Gründe für diesen Pakt begreiflich zu machen, obwohl diese Diskussionen, wie er später schrieb, keineswegs alle seine eigenen Zweifel verscheuchten. Es war nicht nur der Pakt, sondern auch das, was er zu jener Zeit aus Moskau hörte: „Die tschechischen Sendungen von Radio Moskau priesen, zu unserer großen Verwunderung, die Erfolge der sowjetischen Landwirtschaft, die Erhöhung der Zahl der Schweine und der landwirtschaftlichen Maschinen, während um uns herum die Gestapo Genossen und Patrioten verhaftete, folterte und ermordete. Doch darüber hörte man kein Wort von Radio Moskau, kein Wort der Kritik am Hitler-Regime."[10]

Die große Verwirrung gerade bei den Kommunisten der Tschechoslowakei, die wenige Monate zuvor von den deutschen Truppen besetzt worden war, kommt auch in anderen Erinnerungen zum Ausdruck. So beschreibt Gusta Fućikowa, die Witwe von Julius Fućik, genannt Julek, wie sie damals den Pakt in Pilsen (Plzeň) erlebten.

„Im August 1939 schloß die Sowjetunion mit Hitler-Deutschland einen Nichtangriffspakt. Die Menschen waren verwirrt, auch für uns kam dies unerwartet. Viele kamen zu Julek – der Bürgermeister, unser Untermieter, ein aus dem slowakischen Staat ausgewiesener Eisenbahner und mehrere Arbeiter, die in Plzeň beschäftigt waren und alle klagten übereinstimmend: ‚Die Russen haben uns also im Stich gelassen! Und wir hatten nur ihnen vertraut, in sie allein hatten wir unsere Hoffnung gesetzt, daß sie uns von Hitler befreien. Stattdessen freunden sie sich mit ihm an! Mit unserem Erzfeind!"

Aber Gusta Fućikowa, deren Memoiren in der Tschechoslowakei (und später ins Ost-Berlin) erschienen, stellte Julek als mutig und parteitreu heraus: „Julek aber schwankte nicht. Er vertraute unerschütterlich der Sowjetunion. Geduldig erklärte er den Menschen die verräterische Politik der Westmächte und ihre antisowjetische Einstellung. Er versicherte jedem, daß die Sowjetunion unser Volk niemals im Stich lassen werde ..."[11]

Belgien:
Leopold Trepper und die „Rote Kapelle“

Leopold Trepper, später als legendärer Chef der „Roten Kapelle“ bekannt, war damals bereits in Belgien für den sowjetischen Geheimdienst tätig. In Polen geboren, ging Leopold Trepper als Jugendlicher nach Palästina, wurde 1925 Mitglied der dortigen KP, war mehrmals verhaftet und war später als Sekretät der KP -Ortsgruppe in Haifa tätig. 1932 kam Leopold Trepper in die Sowjetunion, wo er in der „Kommunistischen Universität der Völker des Westens“ ausgebildet wurde, nahm am berühmten 7. Kongreß der Kommunistischen Internationale (25. Juli bis 8. August 1935) teil und wurde anschließend zur Zentrale des Nachrichtendienstes der sowjetischen Armee in die Snamenskaja-Straße 19 gerufen. In deren Auftrag fuhr er im Dezember 1936 nach Antwerpen und anschließend Anfang 1937 nach Paris. Im Sommer 1937 kehrte Leopold Trepper nach Moskau zurück und erhielt den Auftrag, in Brüssel ein nachrichtendienstliches Zentrum aufzubauen unter dem Deckmantel einer Import-Export-Firma, die im Herbst 1938 als „The Foreign Excellent Trench-Coat“ gegründet und eingetragen wurde. Trepper bewohnte damls in Brüssel eine unauffällige Wohnung in der Avenue-Bols Nr. 117. Hier erlebte er den Hitler-Stalin-Pakt:

„Ich konnte feststellen, wie verwirrt die militanten belgischen Kommunisten durch diese Politik waren. Manche fügten sich schweren Herzens, andere traten verzweifelt aus der Partei aus.“

Über seine eigenen Auffassungen und die seiner Freunde in der im Aufbau befindlichen „Roten Kapelle“ berichtet Leopold Trepper:

„In diesem Sturm, in dem die Anschauungen und Ideale durch die Geschichte Lügen gestraft wurden, klammerten wir, die den ursprünglichen Kern der ‚Roten Kapelle‘ bildeten, uns an einen einzigen Gedanken: Welche Windungen Stalin auch vollführen mochte, der Krieg zwischen Deutschland war unausweichlich. Diese Magnetnadel im Sturm bewahrte uns vor dem Untergang. Es galt durchzuhalten, was immer geschehen mochte. Wir mochten Stimmungen haben, und die hatten wir auch, aber aus unserer Mission durften wir nicht desertieren."

Aber auch dieses Vorhaben war nicht leicht zu verwirklichen, denn zu seiner maßlosen Erschütterung mußte Leopold Trepper feststellen, daß Moskau an einer gegen Hitler-Deutschland gerichteten nachrichtendienstlichen Tätigkeit offensichtlich kein Interesse mehr hatte.

Er schreibt darüber:

„Ende 1939 erhielt ich mehrere Weisungen, die zeigten, daß die neue Leitung der Zentrale kein weiteres Interesse an der Bildung der Roten Kapelle hatte. Die Zentrale hatte nicht nur aufgehört, die versprochenen Abgesandten in die Zweigstellen des ‚Roi du Caoutchouc' zu schicken, sondern mehrere Funksprüche, bei denen jedes Wort sorgfältig erwogen war, ersuchten mich dringend, Alamo und Kent (Sierra) nach Moskau und Leo Großvogel in die Vereinigten Staaten zurückzuschicken. Was mich anbelangt, so wurde ich aufgefordert, nach Moskau zurückzukehren ... Seitdem erhielt ich Weisungen, die mit der Bildung der Roten Kapelle nichts zu schaffen hatten und sogar ihre Existenz und Ziele gefährdeten."[12]

Schweden: Die Kontroverse im Internierungslager Loka Brunn

Bisher war fast ausschließlich von ersten Reaktionen auf den Pakt die Rede. Aber die Probleme, Widersprüche und Diskussionen zogen sich monatelang hin. Dafür zeugt der Bericht von Ruth Seydewitz, die im Frühjahr 1940 im Internierungslager Loka Brunn in Schweden mit Emigranten zusammen kam – vorwiegend Deutsche und Österreicher – die noch rechtzeitig aus dem bereits besetzten Norwegen und Dänemark nach Schweden geflüchtet waren .

Ruth Seydewitz, geboren 1905 in Oppeln als Ruth Lewinski, hatte zunächst Kunstgeschichte und Philosophie an der Universität Breslau studiert, trat 1923 der SPD bei und übersiedelte nach Wien, wo sie, um eine unabhängige Verdienstmöglichkeit zu haben, eine Meisterprüfung in Schneiderei ablegte. Später kam sie nach Deutschland, gehörte dem linken Flügel der SPD an und war vorübergehend auch von den Schriften Trotzkis beeinflußt. 1931 trat sie der „Sozialistischen Arbeiterpartei“ (SAP) bei, die von Max Seydewitz, den sie später heiratete, als einem entscheidenden Führer geleitet wurde. Nach dem Sieg Hitlers floh sie in die Tschechoslowakei, wo ihr Mann 1934 als Geheimmitglied der Kommunistischen Partei beitrat, in der Öffentlichkeit jedoch noch immer als einer der Führer des SAP wirkte. Nach dem Münchener Abkommen vom Herbst 1938 kamen Max und Ruth Seydewitz nach Norwegen; dort wohnten sie in den ersten Tagen zunächst bei Willy Brandt in Oslo, ehe sie sich ein eigenes Quartier beschafften. Beim Angriff Hitlers auf Norwegen am 9. April 1940 befanden sie sich in der grotesken Situation, vor den deutschen Truppen zu fliehen, während zur gleichen Zeit in sowjetischen Zeitungen der Angriff Hitler-Deutschlands auf Dänemark und Norwegen gerechtfertigt worden war. Auf einer abenteuerlichen Flucht überschritten sie die schwedische Grenze und wurden dort in das Internierungslager Loka Brunn in Dalarne eingeliefert. Hier erlebte sie die Diskussionen über den Hitler-Stalin-Pakt:

„Durch das offenstehende Fenster konnte ich so manche auf einer Bank unter meinem Fenster geführte Diskussion mithören“, erinnert sich Ruth Seydewitz. „Zu den heftigsten Auseinandersetzungen kam es über den deutsch-sowjetischen Nichtangriffspakt.

Da stritten die einen, ob es die Sowjetunion ehrlich gemeint habe, als sie den Regierungen von England und Frankreich anbot, mit ihr einen festen Abwehrblock gegen das faschistische Deutschland zu bilden und zu diesem Zweck einen Vertrag mit der Sowjetunion zu schließen. Andere sagten, es wäre falsch zu behaupten, die beiden westlichen Verhandlungspartner hätten gar keine Absicht gehabt, ernstliche Verhandlungen zu führen. Die Westmächte hätten es durchaus ehrlich gemeint. Das stimme nicht, sagten die anderen, sonst hätten sie nicht so geringe, zweit- oder drittklassige Verhandlungspartner nach

Moskau geschickt. Bestimmte Emigranten fanden es empörend, daß einige Kommunisten behaupteten, England und Frankreich wollten mit dieser unfairen Taktik nur Zeit gewinnen um geheime Verhandlungen mit Hitler-Deutschland zu führen."

Mit offensichtlicher Zustimmung berichtet sie über einige parteitreue österreichische Kommunisten: „Begreift ihr denn gar nichts?"ereiferten sich ein paar österreichische Kommunisten, ‚daß ihr solche Dösköppe seid und nicht begreift, daß die Sowjetunion mit dem Angriff der Nazis rechnen und sich schützen mußte. Sie muß doch Zeit gewinnen, – das ist es!'

So ging es hin und her und manch einer wußte in dem oft herrschenden Durch- und Gegeneinander nicht, wem er recht geben sollte."[13]

Walther Bringolf in der Schweiz: „Der Pakt bedeutet die Preisgabe Polens"

Eine der bemerkenswerten Reaktionen auf den Hitler-Stalin-Pakt stammt von Walther Bringolf (1895–1981), einem ehemals führenden Schweizer Kommunisten, der um diese Zeit bereits wieder Sozialdemokrat war.

Walther Bringolf war bereits beim zweiten Weltkongreß der Komintern in Moskau im Sommer 1920 als Delegierter anwesend, gehörte zu den Gründungsmitgliedern der KP der Schweiz im März 1921, war seit 1925 KP-Abgeordneter aus Schaffhausen im Nationalrat, dem Schweizer Parlament, trat Ende der 20er Jahre zur KP-Opposition über, war viele Jahre Stadtpräsident von Schaffhausen und ging mit seinen KP-Freunden Mitte der 30er Jahre in die Sozialistische Partei der Schweiz. Walther Bringolf war anschließend Vorsitzender der SP-Fraktion im Schweizer Parlament (1945–52) und Vorsitzender der Sozialistischen Partei der Schweiz (1952–62).

Im Sommer 1939 war Walther Bringolf in Paris und traf sich dort mit Willi Münzenberg, der um diese Zeit bereits mit der KP gebrochen hatte und seine eigene Zeitschrift „Die Zukunft" herausgab. Vor Paris reiste er in die Schweiz, wo ihn in

Basel des Extrablatt der „Nationalzeitung“ mit der Schlagzeile „Vor dem Abschluß eines deutsch-russischen Nichtangriffspakts“ erreichte. Bringolf fuhr von Basel nach Zürich weiter und traf sich dort mit dem damaligen Präsidenten der Sozialdemokratischen Partei der Schweiz, Hans Oprecht, und einigen anderen führenden Schweizer Sozialdemokraten, um die Lage zu besprechen.

Unmittelbar darauf schrieb Walther Bringolf seinen Kommentar, der am 22. August 1939 – also noch einen Tag *vor* der Unterzeichnung des Paktes! – in der sozialdemokratischen Zeitung „Volksrecht“ erschien. Unter dem Titel „Verständigung Berlin-Moskau“ schrieb Bringolf, diese Nachricht sei für die gesamte Arbeiterschaft und für alle, die im Kampf gegen den Faschismus ständen, äußerst schwerwiegend, weil sie einer neuen tiefgehenden Enttäuschung den Weg ebene.
Dann fuhr Bringolf wörtlich fort:

„Der Text des Nichtangriffspaktes ist im Augenblick noch nicht bekannt. Der Pakt selbst bedeutet, darin dürfen wir uns keinen Augenblick mehr täuschen, die Preisgabe Polens. Selbst dann, wenn der Nichtangriffspakt nur zu einer neutralen Haltung der Sowjetunion im Falle eines europäischen Krieges führt, ist Polen dem deutschen Angriff ausgeliefert … Hitler hat für diesen Krieg die letzten Vorbereitungen getroffen. Die deutsche Armee ist gegen Polen aufmarschbereit … Für die Schweiz wird durch diese neueste Entwicklung die Lage außerordentlich erschwert. Trotzdem wollen und dürfen wir keinen Augenblick unser Vertrauen in die freiheitlichen Kräfte Europas und vor allen Dingen in unsere eigene Kraft verlieren. Die Hilfe Rußlands war für Eingeweihte zu allen Zeiten fragwürdig. Wenn Rußland heute abspringt und am Kampf gegen den Macht- und Eroberungswahn des Nationalsozialismus und des italienischen Faschismus desinteressiert ist, so bleibt uns nichts anderes übrig, als davon Kenntnis zu nehmen. Dies geschieht mit Gefühlen der Enttäuschung, der Empörung, der Verbitterung. Keinen Augenblick aber darf daraus ein Defaitismus, ein schwindendes Vertrauen in unsere eigene Kraft werden … Die freiheitlichen Kräfte Europas haben eine Mission zu erfüllen und das arbeitende Volk der Schweiz darf auf seinen Anteil nicht verzichten.“[14]

Die Sorgen des Schweizer KP-Führeres Jules Humbert-Droz

Jules Humbert-Droz, damals politischer Sekretär der Kommunistischen Partei der Schweiz, war bereits voller Zweifel über die stalinistische Politik Moskaus, als die Nachricht vom Hitler-Stalin-Pakt eintraf.

Jules Humbert-Droz (1891–1971), ursprünglich protestantischer Geistlicher, verweigerte während des Ersten Weltkrieges als überzeugter Pazifist den Militärdienst. Er gehörte dem linken Flügel der Sozialistischen Partei der Schweiz an, kam bereits 1920 nach Moskau und traf dort wiederholt mit Lenin zusammen. Im März 1921 half er die Kommunistische Partei der Schweiz mitbegründen. Schon wenige Wochen später, auf dem 3. Kominternkongreß in Moskau (22. Juni bis 12. Juli 1921) wurde Jules Humbert-Droz zum Sekretär des Exekutivkomitees der Kommunistischen Internationale gewählt. Als Kominternemissär fuhr Jules Humbert-Droz unter unterschiedlichen Decknamen mehrmals zur KP Frankreichs, nach Italien, Spanien und Südamerika. In der Kominternzentrale war er seit Sommer 1924 Mitglied des Org-Büros und seit November 1926 auch des politischen Sekretariats. Mit dem einsetzenden linkssektiererischen Kurs der Kommunistischen Internationale Ende 1928 wurde Jules Humbert-Droz von Stalin persönlich angegriffen und von allen Komintern-Funktionen abgelöst. Jules Humbert-Droz übte Selbstkritik, kehrte in die Schweiz zurück und war dort noch einige Jahre Mitglied des Politbüros und Politischer Sekretär der Schweizer Kommunisten.

Die Tage des Hitler-Stalin-Pakts verbrachte er gemeinsam mit dem Schweizer KP-Funktionär Marino Bodenmann, ebenfalls ein Gründungsmitglied der Schweizer KP, seit Mitte der 20er Jahre Mitglied des Politbüros, seit 1939 KP-Abgeordneter im Schweizer Parlament und gleichzeitig Redakteur der KP-Zeitung „Freiheit“ in Basel.

Jules Humbert-Droz:
„Die Neuigkeit (des Nichtangriffspaktes) wurde mir am 24. August 1939 morgens um sechs Unr von Marino Bodenmann mitgeteilt, der dannzumal Redakteur der ‚Freiheit' in Basel war und mich mit seiner Botschaft aus dem Schlaf riß. Meine erste wörtliche Reaktion war: ‚Scheiße! Das hat uns noch gefehlt!' Was tun? Natürlich es so zu erklären suchen, daß sich die UdSSR aus dem Krieg heraushalten und ihrem Volk den Frieden erhalten wolle.' Das taten wir denn auch. ... Indessen empfand ich die neue Kehrtwendung Stalins als Verrat an unserer ganzen Kampfpolitik gegen den Faschismus und für den Frieden. Denn es war offensichtlich, daß Hitler, bevor er den Krieg begann, sich versichern wolle, daß er vom Osten nicht gestört werde. Deutschland konnte nicht an zwei Fronten kämpfen und der Nichtangriffspakt sicherte ihm, wenn auch nicht die direkte Militärhilfe, so doch die wohlwollende Passivität der UdSSR und eine teilweise Versorgung, deren Deutschland bedurfte. Durch diesen Pakt verpflichtete sich Stalin, keiner Macht Hilfe zu leisten, die Hitler-Deutschland angreifen könnte ... Dieser Pakt war nur der Beginn für weitere Verrate: Die Invasion Polens durch die Rote Armee und die Teilung des Landes mit Hitler, die Aggression gegen Estland, Lettland und Litauen und ihr Anschluß an die UdSSR, obwohl Lenin ihre Unabhängigkeit anerkannt hatte ... Noch einmal blieb ich auf meinem Posten als Vorsitzender der Kommunistischen Partei der Schweiz ... Es galt, die Sowjetunion und die Freiheiten der Welt zu retten. Trotz Stalin und gegen seine Politik."[15]

Der damalige Zwiespalt von Jules Humbert-Droz wurde auch von seiner Frau Jenny, ebenfalls ihr ganzes Leben politisch sehr aktiv, in einem ausführlichen Interview bestätigt. Beide, ihr Mann und sie hätten, – wenn auch mit etwas Kritik – selbst während der großen Prozesse in Moskau, noch den offiziellen kommunistischen Informationen geglaubt. Gleichzeitig hofften sie, wie übrigens viele andere Kommunisten jener Jahre, auf eine zukünftige positive Veränderung: „Wir waren überzeugt, daß einmal ein Umschwung zustandekommen wird, damit die ganze Sache den richtigen Weg geht. Mein Mann und ich sind in der KP geblieben, so lange wie möglich, bis wir ausgeschlossen wurden." Auf die Frage, ob dies nicht zu jener Zeit bereits mit einem „gespaltenen Gewissen" geschah, antwortete Jenny Humbert-Droz: „Noch mehr gespalten, als im Jahre 1939 der Allianzvertrag Hitler-Stalin geschlossen wurde, wo wir fühlten, daß etwas nicht stimmte. Damals haben wir sehr gezweifelt, aber trotzdem weitergemacht, obwohl wir bereits aus allen Aktivitäten ausgeschlossen und sehr isoliert waren in der Partei."[16]

Die geheimnisvollen Funker von „La Taupinière"

„La Taupinière" („Der Maulwurfshügel") lag in den Bergen der französischen Schweiz, in 1200 Meter Höhe, nicht weit von der Ortschaft Caux entfernt. Ganz für sich alleinstehend befand sich auf dem „La Taupinière" ein modernisiertes Bauernhaus. Die hintere Hälfte des Hauses nahm ein Stall mit einem Dutzend Kühen ein, darüber befand sich der Heuboden. die Vorderfront des Hauses bestand aus drei Zimmern. Vom Hause aus konnte man tief unten im flachen Land Montreux und den Genfer See sehen. Gegenüber lagen die 3000 Meter hohen französischen Alpen und vom hinteren Teil des Hauses sah man den Gipfel des Rochers de Naye.

Hinter dem Haus befand sich ein Narzissenfeld. Der Duft der Blumen war so stark, daß man nachts die Fenster schließen mußte. Das Haus lag so abgeschieden, daß man ein Auto einen halben Kilometer vom Haus entfernt hätte stehen lassen müssen. Nur ein schmaler, kaum sichtbarer Graspfad führte zum „Maulwurfshügel". Hier, in La Taupinière, befand sich der Sender, der eine Entfernung von über 2000 Kilometer zu überbrücken hatte, um die Verbindung nach Moskau aufrechtzuerhalten.

Die Sendeanlage war gut getarnt. Das Zimmer besaß einen eingebauten Wäscheschrank. Unter dem tiefsten Fach befand sich ein von Brettern verschlossener Hohlraum. Das untere Brett war gelöst worden und dort wurde der Sender in den

Hohlraum eingebaut. So brauchte man ihn während der Arbeit nicht herauszunehmen. Die beiden Löcher für die Bananenstecker waren mit Holzstöpseln geschlossen, die von außen wie Astlöcher aussahen.

Ruth Werner, damals 31 Jahre, war im Oktober 1938 in La Taupinière angekommen. In Berlin geboren, zunächst als Buchhändlerin ausgebildet, war sie im Mai 1926 der KPD beigetreten. Schon bald wurde sie für „Sonderaufträge" eingesetzt – zunächst 1930–32 nach China, wo sie chinesisch lernte und von dem berühmten Sowjetspion Richard Sorge mit den Regeln der konspirativen Arbeit vertraut gemacht wurde. Anfang 1933 kehrte sie in die Sowjetunion zurück und wurde auf einer „Kundschafter-Schule" (Das Wort „Spion" wird im Osten immer nur für Gegner verwandt, die eigenen heißen „Kundschafter"), für ihre weitere Tätigkeit ausgebildet. Über Prag nach Triest traf sie im April 1934 erneut in China ein; diesmal war sie in Schanghai, Mukden und anschließend in Peking nachrichtendienstlich tätig. 1935 nach Moskau zurückgekehrt, erhielt sie die Anweisung polnisch zu lernen, traf im Februar 1936 in Warschau ein und anschließend Ende 1936 in Danzig; in beiden Fällen richtete sie entsprechende Sender ein und funkte nach Moskau.

Im Frühjahr 1938 kehrte Ruth Werner wieder in die Sowjetunion zurück und hat, wie man aus ihren in der DDR erschienenen Memoiren schließen darf, von der großen Säuberung überhaupt nichts bemerkt. Stattdessen beschreibt sie ihre Beförderung vom Hauptmann zum Major in dieser Zeit und wie sie vom damaligen Sowjetpräsidenten Kalinin einen Rotbanner-Orden erhielt. Ihr nächster Auftrag: Zunächst nach England zu fahren und dann sich in der Schweiz für eine neue „Sende-Tätigkeit" niederzulassen. In London traf sie einen Vertrauensmann: „Ich sagte ihm nur das Nötigste. Meine politische Arbeit richte sich gegen den deutschen Faschismus; ich brauche ein oder zwei Genossen, die sich als Spanienkämpfer tapfer und zuverlässig erwiesen hätten und bereit seien, zu illegaler gefährlicher Arbeit nach Deutschland zu gehen. Die Sowjetunion erwähnte ich überhaupt nicht."

Soweit Ruth Werner, wobei der letzte Hinweis sich später als bedeutsam erweisen sollte.

Mit Hilfe deieses Vertrauensmanns gewann sie zwei junge zuverlässige Genossen. Einer von ihnen war Allan Foote, der schon bald den Decknamen „Jim“ erhielt. Ihre Einschätzung von ihm: „Er begriff leicht und stellte vernünftige Fragen. Er schien findig und gewitzt; das war günstig für unsere Arbeit; in neuen ungewohnten Situationen würde er schnell reagieren. Daß er ein tapferer guter Kämpfer war, mußte er in Spanien bewiesen haben. Sonst hätte man ihn nicht für diese Arbeit vorgeschlagen ... Jim machte einen guten Eindruck auf mich.“ Kritisch vermerkte Ruth Werner, daß Jim zu viel Wert auf gutes Essen und Trinken legte und daß er manchmal in Unterhaltungen einen Anflug von Zynismus zum Ausdruck brachte – aber da er dies nur gegenüber politischen Gegnern tat, schien sich dies nicht negativ auszuwirken. Jim war damals Anfang 30, groß, hatte rötlich blondes Haar, helle Wimpern, helle Haut und blaue Augen, sah gut aus und wußte sich zu benehmen. Seine Aufgabe: er sollte von München aus Augen und Ohren offen halten, Bekanntschaft mit Nazis suchen, und, wenn möglich, eine Verbindung zu den Messerschmidt-Flugzeugwerken herstellen.

Der zweite Mitarbeiter, ebenfalls ein englischer Kommunist, Len, war damals 25, hatte dichtes, braunes Haar, zusammengewachsene Augenbrauen und braun-grüne klare Augen. Er war dünn aber kräftig und muskulös. Kritisch stellte Ruth Werner fest, daß er einen etwas jungenhaften unfertigen Eindruck machte – war aber dafür im Gegensatz zu Jim materiell bedürfnislos. Begeistert sagte Len zu, als er hörte, daß er für eine gefährliche Arbeite in Nazi-Deutschland ausersehen war. Er sollte sich in Frankfurt/Main niederlassen und versuchen, Kontakte mit den IG Farben aufzunehmen.

Beide sollten jedoch nicht nur Informationen sammeln, sondern auch Möglichkeiten von Sabotageakten oder anderen aktiven Widerstandsaktionen vorbereiten und, wie damals angenommen wurde, dann auch durchführen.

Als letzter der Gruppe traf Ende April 1939 „Hermann“ ein,

der sich in der West-Schweiz, in Fribourg niederließ, sich in den ersten Monaten ruhig verhalten sollte, eine passende Unterkunft finden, um dann einen zweiten Sender einzurichten. Er war ein deutscher Kommunist und Spanienkämpfer, mit dem sich Ruth Werner völlig sicher fühlte, – das einzige Handicap war, daß „Hermann“ einen finnischen Paß besaß ohne auch nur ein Wort finnisch zu können.

Anfang Oktober 1938 traf Ruth Werner in der Schweiz ein und kam nach einem kurzen Aufenthalt in Lausanne in dem bereits erwähnten La Taupinière an. Es gelang ihr verhältnismäßig schnell mit der Arbeit zu beginnen. Die Verbindung mit Moskau war gut, die Versteckmöglichkeiten sogar ausgezeichnet. Vom Hausflur im ersten Stock führte eine Tür direkt auf den Heuboden; der Bauer entnahm das Heu von der Außenseite, erreichte aber nie die zweite Tür, zu der Ruth Werner den einzigen Schlüssel hatte. Hier im Heu verbarg sie das Material. Schon bald machte sie Bekanntschaften in Genf – darunter mit einem Engländer in höherer Position beim Völkerbund und mit einer Frau, der Chefbibliothekarin beim Völkerbund, die viele Menschen kannte. Ruth Werner lernte nun, nach englisch, russisch, polnisch und chinesisch auch noch französisch.

Sie konzentrierte sich völlig auf den Kampf gegen Hitler-Deutschland – dazu gehörten neben der Sammlung von Informationen auch die Organisation von Sabotage und die Unterstützung der Widerstandsbewegung.

In dieser Situation erreichte Ruth Werner die Nachricht vom Hitler-Stalin-Pakt. Sie traf sich, eben mit „Hermann“ in Zürich.

Ruth Werner:

„Der Nichtangriffspakt zwischen Stalin und Hitler kostete uns viel Nachdenken. Wir begriffen, daß die Westmächte hofften, die kommunistische Sowjetunion und das nazistische Deutschland würden sich gegenseitig kaputtmachen und sie der lachende Dritte sein; dem sollte ein Riegel vorgeschoben werden. Aber man mußte Emotionen ausschalten und nur den Verstand benutzen, um richtig zu reagieren.“[17] Soweit die vorsichtigen Formulierungen von Ruth Werner, deren Memoiren in der DDR erschienen. Ihren damaligen engsten Mitarbeiter, Jim – als Allan Foote – erwähnt sie in ihren Memoiren später als „Verräter“, der mit dem System und der Sowjetunion gebrochen habe.

Der wirkliche Eindruck des Paktes auf die „Funker von La Taupiniére“ scheint jedoch viel ernster gewesen zu sein. Besagter Alexander Foote, alias „Jim“ berichtet davon aus seiner Perspektive. Nach mehreren Jahren der aktiven Arbeit gegen Hitler-Deutschland ging er nach der Befreiung von Paris auftragsgemäß dorthin und wurde im Januar 1945 mit dem ersten sowjetischen Flugzeug nach Moskau zurückgerufen. Dort mußte er sich mißtrauischen und entwürdigenden Untersuchungsverhören unterwerfen, ehe seine Moskauer Auftraggeber ihm Vertrauen schenkten. All dies zog sich Monate lang hin. Dann erhielt er eine neue nachrichtendienstliche Ausbildung in der Sowjetunion und, Anfang 1947, den Auftrag, sich als Deutschen auszugeben, nach einem Aufenthalt in Deutschland nach Argentinien zu gehen, um dort ein gegen die USA operierendes Nachrichtennetz aufzuziehen.

Sein zweijähriger Aufenthalt in der Sowjetunion hatte ihn inzwischen von allen pro-sowjetischen Illusionen geheilt und er beschloß, pro forma auf das Angebot einzugehen. Gemäß den Moskauer Weisungen ließ sich Alexander Foote zunächst in Ost-Berlin nieder, um von dort seinen Auftrag anzutreten. Am 2. August 1947 sagte sich Alexander Foote los: er verließ den Sowjetsektor Berlins, ging zunächst über West-Berlin in die britische Zone und anschließend nach England.

In seinen 1954 erschienenen Erinnerungen bestätigt Alexander Foote („Jim“) manches, was Ruth Werner über La Taupiniére berichtet hatte. Einige Unterschiede aber sind wert, registriert zu werden. Bei Ruth Werner, damals unter dem Decknamen „Sonja“ tätig, handelt es sich in Wirklichkeit um Maria Schultz; ihr in ihren Erinnerungen nicht erwähnter Ehemann hieß Alfred Schultz und hatte für den Nachrichtendienst der Roten Armee in Polen und im Fernen Osten gearbeitet und befand sich zu jener Zeit immer noch im Fernen Osten. Bei dem von ihr erwähnten „Hermann“ handelte es sich in Wirklichkeit um Franz Ahlmann, einem langjährigen deutschen Kommunisten, der in der Zeit von La Taupinière nicht unter dem Namen Hermann tätig war, sondern unter dem Decknamen „Alex". Der jüngere Engländer, der in ihren Memoiren unter dem Decknamen „Len" erwähnt wird, hieß in Wirklichkeit Bill Philips und operierte in der Zeit von La Taupinière unter dem Decknamen „Jack."

Im Unterschied zu Ruth Werners Darstellung weist Alexander Foote darauf hin, daß sie bereits in Deutschland eine größere Zahl von Vertrauensleuten herangezogen hatten und neben einem größeren Sabotageakt auch einen Attentatsplan auf Hitler vorbereiten sollten – was Ruth Werner eigentümlicherweise nicht erwähnt.

Auch der Hitler-Stalin-Pakt traf sie laut Alexander Foote, wesentlich stärker, als es „Sonja" in ihren in der DDR erschienen Memoiren dargestellt hatte. Einen „Blitz aus heiterem Himmel" nennt Foote den deutsch-sowjetischen Pakt. Er fährt fort:

„Die erste und einzige Reaktion auf den Paktabschluß, die wir aus Moskau hörten, kam einen Tag später, als Sonja die Weisung erhielt, möglichst alle Agenten und V-Leute aus Deutschland herauszuziehen und jeglichen Kontakt zu dort verbleibenden Mitarbeitern abzubrechen. Das war mein erstes Erlebnis mit sowjetischer Realpolitik; es wirkte wie ein Schock auf mich. Seine Wirkung auf Sonja, die als Kommunistin der alten Garde während der letzten acht Jahre im Faschismus die Weltbedrohung Nr. 1 gesehen hatte, war natürlich verheerend. Als einem guten Parteimitglied war ihr die Parteidisziplin so in Fleisch und Blut übergegangen, daß es ihr zur zweiten Natur geworden war, den Launen eines Parteibefehls zu gehorchen; sie war aber trotz allem immer davon überzeugt gewesen, daß sich die grundsätzliche Parteilinie eindeutig gegen den Faschismus richte. Mit einem Schlag war dies je alles anders. Und sie, als gute Parteigenossin, mußte jetzt die Nazis als ihre Freunde und die Demokratien als mögliche Feinde betrachten. Solch eine Umkehr ihrer ganzen bisherigen Gedankenwelt war tatsächlich zu viel für sie ... Sonja gehorchte nach außen hin ihren Weisungen und löste befehlsgemäß die Organisation auf, die sie mit so viel Mühe aufgebaut hatte; aber ich glaube, daß sie von dem Zeitpunkt an nicht mehr mit dem Herzen bei der Sache war."[18]

Allan Foote berichtet, daß die gesamte geheime Tätigkeit eingestellt wurde – ähnlich wie bei der „Roten Kapelle" in Brüssel. Während Sonja, so berichtet er in seinen Erinnerungen, mit „ihrem politischen Gewissen rang", hatte er die schwere Aufgabe, alle Aktivisten aus Deutschland zurückzurufen.

George Charney: Der Pakt hinterließ Schwäche und Verwirrung bei den amerikanischen Kommunisten

Außerhalb Europas wirkte sich der Pakt besonders stark auf die amerikanischen Kommunisten aus, und darüber hinaus auch auf die Sympathisierenden und die vielen Antifaschisten in den USA.

Dies geht deutlich aus den Erinnerungen von George Charney hervor, dem damals 34 Jahre alten Organisationssekretär der KP der USA für den ganzen Bereich „New England".

Unter dem Eindruck der Machtergreifung Hitlers in Deutschland tat er im September 1933 der KP der USA bei. Vom antifaschistischen Kampf in der Volksfrontperiode war er in seinen Auffassungen bestärkt worden:

„Die Erfahrungen der Internationalen Brigaden in Spanien, das Angebot der Sowjetunion, die Tschechoslowakei zu unterstützen, die überzeugende Rolle Litwinows im Völkerbund, die glühenden Plädoyers für eine antifaschistische Einheit, die Bereitwilligkeit, diese mit militätischen Abkommen zu zementieren, trugen insgesamt dazu bei, meinen Glauben an die Politik der kommunistischen Bewegung der Sowjetregierung zu festigen."

Umso größer waren seine Probleme als der Pakt bekannt wurde. „Die Unterzeichnung des Nazi-Sowjet-Pakts im August 1939 war folglich ein totaler Schock", erinnert sich George Charney. „Der Grund für diesen Schock lag in erster Linie in der Tatsache begründet, daß wir uns vollkommen dem antifaschistischen Kampf verschrieben hatten. Der harte Kampf in Spanien, die Ereignisse in Deutschland, die schreckliche Vorahnung des Weltkrieges, hatten uns einen unerbittlichen Haß gegen den Hitlerismus eingeimpft. Der Pakt hinterließ bei uns Schwäche und Verwirrung ... Ein Teil dieser Schockreaktion wurde von außen übertragen, von Freunden und Verbündeten, von der großen jüdischen Gemeinde in New York, von meinen Eltern."

Aber die Bindung an die Partei war noch so groß, daß George Charney und seine Freunde trotz mancher Bedenken die offiziellen Erklärungen akzeptieren. Allerdings war es nicht leicht, diese Linie zu vertreten. So sollte George Charney vor Parteimitgliedern und Sympathisierenden an der Lower East Side in New York sprechen. Die Zuhörer, so erinnert er sich, waren in einer äußerst gereizten Stimmung. Sie hörten ihm zu, als er ihnen die Beschwichtigung der Westmächte gegenüber Hitler vor Augen führte. Aber er fühlte plötzlich, wie schwierig es war, die Beziehungen zu den Menschen, seinen Zuhörern herzustellen. Er spürte den Schmerz der Unsicherheit, der ihn selbst und viele seiner Genossen noch viele Jahre quälte.

Besonders verheerend, so George Charney, wirkte sich für die amerikanischen Kommunisten das Wort Molotows aus , die Ideologie des Nazismus sei eine „Geschmackssache". Er erinnert sich, daß seine Freunde unter den amerikanischen Kommunisten dieses Ereignis zu ignorieren und zu vergessen versuchten: „Es war so, als ob wir instinktiv fürchteten, die damit verbundenen Folgen zu analysieren. Aber trotz dieser erschütternden Erfahrung hielt unsere Treue an. Die Sowjetunion konnte einfach nicht im Unrecht sein. Sie war immer noch das Vaterland des Sozialismus, die einzige Kraft, die die Welt vor einer Katastrophe retten konnte. Es gelang uns, unsere Zweifel zu unterdrücken."

Soweit die damaligen Eindrücke von ihm und seinen Freunden. Aber George Charney fügte in seinen 1968 erschienenen interessanten Memoiren noch einiges über die späteren Auswirkungen des Paktes hinzu, vor allem über die damals so verbreitetete These des „Hinauszögerns". Zu der entschuldigenden Behauptung, trotz aller vielleicht negativen Aspekte habe der Pakt doch seine Rechtfertigung, da es der Sowjetunion gelungen sei, sich noch einige Zeit aus dem Krieg herauszuhalten, sagt George Charney:

„In den Kriegsjahren war er vergessen, aber im Rückblick auf diese Geschichtspanne kann er eigentlich nicht vergessen werden. Die hohen Verluste an Kriegsstärke, Zivilbevölkerung und Material, die die Sowjetunion in dem Überraschungsangriff erlitten hatte, machten das alte, zur Rechtfertigung angeführte Argument, wonach der Pakt angeblich Zeit zur Vorbereitung ließ, zunichte ... Nur schwer läßt sich der moralische Rückschlag messen, den die kommunistische Bewegung in der westlichen Welt als Folge des Pakts erlitten hatte." Hoffnungsvoll setzte George Charney allerding hinzu: „Vielleicht wird diese Epoche einmal von sowjetischen Historikern einer umfassenden Kritik unterzogen."[19]

Soweit George Charney. Man kann mit Sicherheit annehmen, daß viele sowjetische Historiker nur zu gern bereit wären, diese Epoche einmal „einer umfassenden Kritik" zu unterziehen – aber bis heute besteht in der Sowjetunion leider dazu keine Möglichkeit. Der Hitler-Stalin-Pakt und alle Entwicklungen, die zu diesem Ereignis führten und alle Folgen dieses Paktes dürfen bis heute in der Sowjetunion nicht untersucht werden. Selbst der Text des geheimen Zusatzprotokolls, ja jeder Hinweis darauf, ist strengstens verboten. Erst wenn dieses Verbot einmal aufgehoben wird, würden die sowjetischen Gedenkartikel und Bücher über den Zweiten Weltkrieg ihren bis jetzt ihnen anhaftenden zwiespältigen und teilweise unwahren Charakter verlieren.

Peggy Dennis in New York:
„Sag, das es nicht wahr ist!"

Peggy Dennis, in ihrer Jugend 1925 in Kalifornien der KP der USA beigetreten, verblieb 51 Jahre in der Partei und erklärte ihren Austritt am 7. Juni 1976. Bereits im Winter 1931 war sie zum ersten Mal nach Moskau gefahren. Ihr Mann, Eugene Dennis, der spätere Generalsekretär der KPUSA, war in der fernöstlichen Sektion der Komintern tätig. Mitte der 30er Jahre kehrten beide in die USA zurück. In New York, in der 171. Straße, erlebten nun beide den Hitler-Stalin-Pakt:

„Gepackt von tiefem Entsetzen schrie ich und flehte immer wieder: ‚Sag, daß es nicht wahr ist'! Eugene, ihr Mann, suchte sie – und sich selbst – zu beruhigen. Er durchblätterte den auf dem Schreibtisch liegenden großen Stapel von Mappen, in denen sich die Zeitungsausschnitte der letzten Monate befanden – jener Stapel von Berichten, die sie selbst ausgeschnitten und sortiert hatte. Gene, wie sie ihren Mann nannte, zitierte Stalins Erklärung auf dem 18. sowjetischen Parteitag im März 1939; er erinnerte daran, daß die USA Anfang April die faschistische Regierung Francos anerkannt hatten; an die Schwierigkeiten der westlichen Verbündeten in ihren Verhandlungen mit Moskau im Sommer 1939.

Auf ihre Frage, ob der Faschismus nun über Nacht akzeptiert werde, gab ihr Gene Dennis zur Antwort: „Die Sowjetunion hat die bürgerlichen Demokratien lediglich überlistet, denn diese wollten Deutschland und die Sowjetunion zu einem gegenseitigen Krieg bewegen und selber in aller Ruhe dabei zuschauen, um später die Brocken aufzusammeln."

Aber in Wirklichkeit war ihr Mann, der spätere KP-Generalsekretär Eugene Dennis, zutiefst betroffen. Peggy Dennis erinnert sich: „Gene sah ich nur selten. Er befand sich stets bei Versammlungen in der Stadt. Wenn er nach Hause kam, war er angespannt, in Gedanken versunken, schweigsam und lehnte es ab, in eine Diskussion verwickelt zu werden. Er machte einen zutiefst besorgten Eindruck."

Inzwischen war die Erklärung Molotows von Ende Oktober

bekannt geworden, wonach der Faschismus lediglich eine andere Ideologie sei, die man annehmen oder ablehnen könne. Damit hatten sich die Probleme und Widersprüche drastisch verstärkt. Nun war Peggy Dennis wirklich bestürzt:

Ich konnte zwar den pragmatisch-praktischen Charakter des Paktes verstehen, doch diese Umkehr in der Analyse des Faschismus und die Absage an den jahrelangen, unsere internatinale Bewegung beherrschenden, Kampf gegen den Faschismus war sträflich ... Ich wollte einleuchtende Antworten, aber Gene ging nicht darauf ein. Er befand sich in einer Zwickmühle. Ein Widerspruch zwischen einer kommunistischen Partei und der Sowjetunion war für ihn schier unvorstellbar."

Aber genau darauf kam es in Wirklichkeit an – auf die Unabhängigkeitder KP der USA von sowjetischen außenpolitischen Interessen. Rückblickend auf die damalige Zeit, meint Peggy Dennis: „Der große Niedergang der amerikanischen KP ist nicht so sehr durch den deutsch-sowjetischen Pakt erfolgt. Schuld daran war die Unfähigkeit und der Unwille der amerikanischen KP-Führer – Gene mit eingeschlossen – das Geschehen auf dem amerikanischen Schauplatz unabhängig von Moskau zu analysieren."[20]

Klaus Mehnert: Die Reaktion linker amerikanischer Studenten auf Hawaii

Klaus Mehnert, der bekannte deutsche Publizist und Ost-Experte, erlebte den Hitler-Stalin-Pakt als 33jähriger Professor für politische Wissenschaften an der Universität von Hawaii. Mehnert, 1906 in Moskau geboren, aufgewachsen in Stuttgart, hatte sich seit seiner frühesten Jugend mit dem Studium der Sowjetunion befaßt. Bereits im Sommer 1932 besuchte er die Sowjetunion und veröffentlichte das Buch „Jugend in Sowjetrußland". Als Korrespondent war er von 1934–36 erneut in Moskau, anschließend vorübergehend als Gastdozent an der University of California in Berkeley und, seit 1937, Professor für politische Wissenschaften und neue Geschichte an der

University of Hawaii in Honolulu. Klaus Mehnert erinnert sich:

„Der Pakt Hitlers mit Stalin war für die nach links neigenden amerikanischen Intellektuellen ein Schock gewesen. Sie wunderten sich nicht über Hitlers Verhalten, da sie ihm ohnehin alles Böse zugetraut hatten. Über Stalin aber waren sie verbittert. Jahrelang hatten sie ihn mit dem Argument, er sei doch gegen Hitler, vor seinen Kritikern in Schutz genommen – und nun machte er mit Hitler gemeinsame Sache."[21]

John Gates (KPUSA):
Schmerzlich getroffen sich selbst überlassen.

Auch John Gates unterstreicht die Reaktion der amerikanischen Kommunisten und die dringende Notwendigkeit einer anabhängigen Politik von Moskau. John Gates, geboren in New York 1913, wandte sich bereits während der Schulzeit sozialistischen Ideen zu. In der Weltwirtschaftskrise verlor sein Vater sein kleines Geschäft. Der Junge mußte nach der Schule und während des Sommers arbeiten, um sich das Brot zu verdienen. Im März 1931 trat John Gates in die „Young Communist League", in den Kommunistischen Jugendverband, ein und war gleichzeitig in der Arbeitslosenbewegung tätig. Von seinem 17. bis zu seinem 44. Lebensjahr, von 1931–1958, war John Gates Mitglied der Kommunistischen Partei. Ende 1936 meldete er sich als Freiwilliger nach Spanien und kämpfte im Rahmen der Lincoln-Brigade.

Nach seiner Rückkehr erlebte John Gates den Pakt in den USA. Dieser Pakt, schreibt er, „schlug wie ein Blitz ein", und fügt hinzu:

„Sowohl Parteifunktionäre wie auch Mitglieder an der Parteibasis gerieten in einen Zustand äußerster Verwirrung. Das Unmögliche war geschehen. Voller Hoffnung suchten wir im Vertrag nach einer Ausweichklausel, aber der offizielle Wortlaut sah nichts dergleichen vor. Es vergingen weitere Tage ohne eine klärende Stellungnahme aus Moskau. Schmerzlich getroffen waren wir amerikanischen Kommunisten uns selbst überlassen; bestimmt wäre es besser gewesen, wenn wir dabei geblieben wären."

Die Landesversammlung der Kommunistischen Partei fand, so Gates, „inmitten ergreifender Bestürzung statt". Eugene Dennis, bereits damals bevollmächtigter Sekretär, vertrat noch eine Art mittlere Linie: Er rief zu einem Zwei-Fronten-Kampf, einerseits gegen den faschistischen Feind, aber auch gegen die beschwichtigenden demokratischen Regierungen auf, denen man beim Kampf gegen den Faschismus nicht trauen konnte. Diese Haltung, so erinnert sich John Gates, war jedoch nur von kurzer Dauer.

Die politische Kehrtwendung hatte der Kommunistischen Partei der USA sehr geschadet:

„Der weitreichende Kurswechsel hat uns schwere Einbußen gebracht. Die Beschuldigung, unsere Politik der antifaschistischen Volksfront sei nur ein Manöver, eine Taktik zum Zwecke der Machtergreifung für uns selbst gewesen. Unser Antifaschismus sei niemals ernst gemeint gewesen, erhielt dadurch eine scheinbare Bestätigung. Aber nicht nur die Raektionäre, sondern auch die gesamten demokratischen Strömungen brachten uns auf die Anklagebank. Mit den Wort-Neuschöpfungen ‚Rotfaschisten' und ‚Kommunazis' wurden eigens für uns neue Begriffe geprägt. Eine gewisse politische Rechtfertigung hierfür war allerdings gegeben, zumal wir ja die Sozialisten auch einmal als ‚Sozialfaschisten' bezeichnet hatten. In Wahrheit war keiner von beiden – ungeachtet der Fehler im sozialistischen oder kommunistischen Lager – jemals in irgendeiner Weise faschistisch gewesen.

Die Einheit, zu deren Schaffung wir beigetragen hatten und die Bündnisse, die wir mit bedeutsamen Kräften des amerikanischen Lebens geschlossen hatten, waren über Nacht zunichte gemacht."

Viele entscheidende Repräsentanten der Arbeiterbewegung lehnten in dieser Situation jede weitere Zusammenarbeit mit den Kommunisten ab. Dasselbe galt für die Bewegungen der amerikanischen Schwarzen und der größerern amerikanischen Studentenverbände. John Gates: „Prominente Intellektuelle, wie Granville Hicks, traten aus der Partei aus. Unser Verlust an Mitgliedern war zwar nicht ganz so gravierend; die Einbuße unserer Einflußmöglichkeiten war jedoch beträchtlich."[22]

Die Kommentare Leo Trotzkis aus Mexiko

Leo Trotzki, einst engster Mitkämpfer Lenins in der Oktoberrevolution 1917, Begründer und Führer der Roten Armee im Bürgerkrieg, befand sich während des Hitler-Stalin-Pakts in Coyoacan in Mexiko.

Nach seiner Ende 1928 erfolgten Ausweisung aus der UdSSR war die Türkei die erste Station des Exils; vier Jahre lang lebte er auf der Insel Prinkipo. Von 1933 bis Sommer 1935 war Trotzki in Frankreich – zuerst in St. Palais bei Royan an der französischen Atlantikküste, später in Barbizon bei Paris. Reaktionäre und stalinistische Zeitungen wetteiferten in der Hetze gegen Trotzki. Unter der angenommenen Identität eines rumänischen Honorar-Professors namens Louis Level Léon lebte er versteckt in unterschiedlichen Orten Frankreichs, in ständiger Verbindung mit den trotzkistischen Gruppen unterschiedlicher Länder. Gleichzeitig arbeitete er an einer Biographie Lenins.

Aber auch in Frankreich konnte er nicht bleiben. Endlich wurde sein Asylantrag von der (damals sozialdemokratischen) norwegischen Regierung positiv beantwortet. Am 15. Juni 1935 traf Trotzki in Norwegen ein, wohnte zunächst bei dem sozialistischen Verleger Knudsen in Vexhall bei Hönefoss und wurde schon bald nach seiner Ankunft von dem damaligen sozialdemokratischen Justizminister Trygve Lie besucht – dem späteren Generalsekretär der UN.

Trotzki setzte in Norwegen seine Arbeit an der Lenin-Biographie fort und begann mit der Niederschrift seines wohl wichtigsten Buches „Die verratene Revolution". Aber auch in Norwegen lebte er unter ständiger Gefahr. In der Nacht des 6. August 1936 drangen norwegische Faschisten, Quisling-Anhänger, in sein Haus und versuchten, Dokumente zu stehlen.

Auch forderte die sowjetische Botschaft immer nachdrücklicher die Ausweisung Trotzkis, da sein weiteres Verbleiben den norwegisch-sowjetischen Beziehungen „Abbruch tun“ würde. Unter diesem Druck verschärfte die norwegische Regierung ihre Kontrollmaßnahmen. Anfang September 1936 wurde Trotzki in Sundby, 30 Kilometer nördlich von Oslo, interniert; Tag und Nacht wurden er und seine Frau Natalja von 20 Polizisten bewacht. Niemand, mit Ausnahme des norwegischen Anwalts, durfte Trotzki besuchen. Um eine Zeitung zu bekommen, mußte er um eine besondere Erlaubnis nachsuchen. Seine Korrespondenz wurde einer Zensur unterworfen.

So war Trotzki erfreut, daß seine Freunde – vor allem der mexikanische Maler Diego Rivera – sich darum bemühten, für ihn ein Asyl in Mexiko zu erlangen. Am 13. Dezember 1936 erhielt er die positive Nachricht: der mexikanische Präsident Cardenas hatte Trotzki eine Aufenthaltsbewilligung erteilt. Am 19. Dezember 1936 fuhr Trotzki mit seiner Frau Natalja – unter Polizeiaufsicht – auf dem Petroleumschiff „Ruth“ von Norwegen ab. Außer ihnen und den polizeilichen Bewachern gab es keine anderen Passagiere. Während der Überfahrt analysierte Trotzki den Moskauer Schauprozeß gegen Sinowjew und Kamenew vom August gleichen Jahres und arbeitete an seinem Buch „Stalins Verbrechen“.

Trotzki und Natalja waren voller Zweifel über das Schicksal, das sie in Mexiko erwarten würde – aber diesmal war ihr Mißtrauen unbegründet. Am 9. Januar 1937 trafen sie in Mexiko ein: „Am 9. Januar, an einem heißen tropischen Morgen, lief unser Tankschiff in den Hafen von Tampico ein. Wir wußten immer noch nicht, was unser harrt“, beschreibt Trotzki seine Ankunft: „Aber alles verlief gut. Bald nachdem wir angelegt hatten, kam ein Regierungskutter an das Tankschiff heran, mit Vertretern der Orts- und Zentralbehörde, mit mexikanischen und ausländischen Journalisten und, das Wichtigste, mit treuen und zuverlässigen Freunden ... Nach vier Monaten Haft und Isolierung war die Begegnung mit Freunden besonders warm! Der norwegische Polizeibeamte, der uns endlich unsere Pässe aushändigte, beobachtete verlegen das zuvorkommende Benehmen des mexikanischen Polizeigenerals uns gegenüber ... Entkommen der Atmosphäre abscheulicher Willkür und ermattender Ungewißheit, begegneten wir bei jedem Schritt Gastfreundschaft und Aufmerksamkeit."[23]

Am 11. Januar kamen Trotzki und seine Frau Natalja in Coyoacan, einem Vorort von Mexiko an. Dort wurden sie im Hause Diego Riveras untergebracht – einem blauen Haus, geräumig, hell, mit Wandgemälden Riveras geschmückt, voller Blumen, mit mexikanischen und indianischen Kunstgegenständen. In der Mitte des Hofes stand, woran sich Trotzki besonders noch erinnerte, ein Apfelsinenbaum.

Bereits am ersten Nachmittag nach seiner Ankunft wurde Trotzki von seinen Freunden Otto Rühle und dessen Frau Alice besucht. Sie berichtet in ihrem erst 1979 veröffentlichten Tagebuch über diese Begegnung mit Trotzki: „Wir setzten uns mit ihm in die primitiven Lederstühle, wie sie von den mexikanischen Indios in den Dörfern gemacht werden ... Trotzki war sehr unbefangen, heiter, agil, ziemlich jugendlich." Er sprach deutsch mit ihnen, aber dann, als Diego Rivera dazu kam, französisch. Beide Sprachen, so bemerkt Alice Rühle, beherrschte er fast fehlerlos.

Trotzki berichtete von seiner Reise auf dem kleinen norwegischen Frachtboot, das ihn nach Mexiko brachte, von der Strenge der Bewachung, von dem Verbot, Radio zu hören und der Tatsache, daß niemand ihn informiert hatte, wo er landen würde. Dann berichtete er von seinem skandinavischen Asyl. „Mit Ironie und Bitterkeit erzählt Trotzki von Norwegen, das ihn unter dem Druck Rußlands erst eingesperrt und dann ausgewiesen hat. Zu dem norwegischen Justizminister, einem Sozialdemokraten, hatte er gesagt: ‚Das wird sich an Ihnen noch einmal rächen. Denken Sie an mich, wenn Sie im Exil sein werden.' "[24]

Trotzkis Prophezeiung sollte sich bewahrheiten. Kaum vier Jahre später, im April 1940, mußten die norwegischen Regierungsmitglieder einschließlich des Justizministers Trygve Lie das Land verlassen und mehrere Jahre als Emigranten in London verbringen.

Von Januar 1937 bis März 1939 lebte Trotzki im Hause Diego Riveras, des großen Malers und Mitbegründers der KP Mexikos, seit 1922 Mitglied des Zentralkomitees, der jedoch die KP aus Protest gegen Stalins Unterdrückung der Trotzkisten Ende der 20er Jahre verlassen hatte. Hier in Coyoacan, erlebte Trotzki den zweiten großen Schauprozeß vom Ende Januar 1937 – erneut gegen engste Mitkämpfer Lenins. In diesem Verfahren war Trotzki beschuldigt worden, geheime Abkommen mit Hitler und dem Kaiser von Japan abgeschlossen zu haben, um auf eine militärische Niederlage der Sowjetunion hinzuarbeiten, mit dem Ziel, die Sowjetukraine an das Dritte Reich Hitlers abzutreten. Natalja Trotzki erinnert sich: „Mit dem Bleistift in der Hand zählt Lew Dawidowitsch, die Nerven aufs äußerste angespannt und überarbeitet, oft von Fieberanfällen geschüttelt, aber unermüdlich die Liste der Fälschungen auf, die so zahlreich sind, daß man sie nicht mehr widerlegen kann.“ [25]

Aber auch in Mexiko blieb Trotzki von gegnerischen Angriffen nicht verschont. Der mexikanische Gewerkschaftsbund war damals eine stalinistische Hochburg. Sein Führer Lombardo Toledano und die mexikanische KP protestierten wütend gegen Trotzkis Asyl in Mexiko. Sie würden so lange nicht ruhen, bis dieser „Führer des Vortrupps der Konterrevolution“ ausgewiesen werde. Die Drohungen wurden immer schärfer. Vor dem Haus Diego Riveras mußten Polizeiwachen postiert werden und im Innern des Hauses hielten Trotzkisten die Wache. Hier beendete Trotzki sein Buch „Stalins Verbrechen“ und hielt gleichzeitig regen Kontakt zur Außenwelt; seine Besucher waren politische Flüchtlinge aus Europa und vor allem natürlich Trotzkisten aus den verschiedensten Ländern.

Trotzki gehörte zu den wenigen Personen, die den Hitler-Stalin-Pakt vorausgesehen und dies auch veröffentlicht hatten. Nach dem Münchener Abkommen der Westmächte mit Hitler im Herbst 1938 – ein Abkommen, das de facto die Preisgabe der Tschechoslowakei bedeutete – prophezeite Trotzki: „Der Zusammenbruch der Tschechoslowakei ist der Zusammenbruch der internationalen Politik Stalins in den letzten fünf

Jahren ... Jetzt können wir mit Sicherheit erwarten, daß die Sowjetdiplomatie eine Annäherung an Hitler suchen wird, um den Preis neuer Rückzüge und Kapitulationen“ [26].

Wenige Monate später, im Frühjahr 1939, trennte sich Trotzki vom Maler Diego Rivera und mietete sich ein Haus in der Avenida Viena außerhalb Coyoacans, wo die Straße, leer, steinig und staubig wurde. Natalja, die Frau Trotzkis, erinnert sich: „Wir haben in Coyoacan ein großes, verfallenes Haus gemietet, es sehr einfach wiederinstandsetzen lassen; es liegt inmitten eines ziemlich weitläufigen Gartens, in dem morgens in den alten Bäumen die Vögel zwitschern. Die Gegend ist einsam; auf einer Seite ein breiter Bach, meist ausgetrocknet, auf der anderen eine staubige Landstraße und einige mexikanische Bretterhütten. Eine Mauer, die wir errichtet haben, umgibt unseren Besitz. Der Besucher betritt ihn durch ein solides Eisentor, das ein junger Genosse nur auf genaue Anweisung hin öffnet, nachdem er den Besucher durch ein Guckloch genau betrachtet hat. Draußen, 30 Meter vom Tor entfernt, hat die Polizei eine Casita aus Ziegeln bauen lassen, in der sich eine Schießscharte befindet. Dort wachen Polizisten über unsere Sicherheit.“ [27]

Das Leben Trotzkis war auf Arbeit konzentriert: Korrespondenz, Artikel, Bücher, Notizen für geplante Schriften. Mit dem Harpers-Verlag hatte Trotzki einen Vertrag für eine Biographie Stalins abgeschlossen. Dieses Buch beschäftigte ihn ununterbrochen. Natalja berichtet, er hätte viel lieber etwas anderes geschrieben, ein Buch, von dem er seit langem träumte, nämlich über die Freundschaft und Zusammenarbeit zwischen Marx und Engels, über ihre gemeinsamen Entdekkungen, ihre unzerstörbare Zuneigung. Mit einer gewissen Traurigkeit vermerkt Natalja Trotzki: „Die Verleger und das Publikum interessieren sich aber mehr für den Exponenten einer furchtbaren Tyrannei ...“ [28]

Mitten in der Arbeit an der Stalin-Biographie – die er niemals beenden sollte, da er am 20. August 1940 von einem Stalinschen Agenten ermordet wurde – erlebte Trotzki den Hitler-Stalin-Pakt.

Schon in seinem ersten Kommentar stellte Trotzki die Auswirkungen des Pakts auf die Kommunistische Internationale heraus:

„In Wirklichkeit ist die Komintern, das wichtigste Organ des Kreml zur politischen Beeinflussung und Lenkung der anderen Länder, das erste Opfer des deutsch-sowjetischen Pakts. Das Schicksal Polens ist noch nicht besiegelt, doch die Komintern ist politisch bereits gestorben.“ [29]

Wenige Tage später – aber noch bevor die sowjetischen Truppen in Polen eingefallen waren – wies Trotzki auf den Zusammenhang zwischen dem Pakt und Polen hin: „Eines zumindest ist eindeutig: das deutsch-sowjetische Bündnis hat die Niederlage Polens besiegelt.“ [30]

Als am 17. September 1939 die sowjetischen Truppen in Polen einmarschierten und damit die Teilung Polens zwischen Hitler und Stalin vollzogen wurde, prophezeite Trotzki: „Polen wird wieder auferstehen, die Komintern niemals wieder.“ [31]

In seinem wichtigsten Kommentar wies Trotzki darauf hin, daß es sich beim Hitler-Stalin-Pakt nicht um einen plötzlichen Entschluß der Kreml-Führung gehandelt hatte, sondern um das Resultat einer langjährigen Vorbereitung, wobei die Moskauer Schauprozesse von 1936–38 gegen die ehemaligen Mitkämpfer Lenins dazu dienen sollten, das Übereinkommen mit Hitler-Deutschland zu erleichtern:

„Jetzt hat man erkannt, daß der Kreml lange Zeit ein militärisches Übereinkommen mit Hitler gesucht hat – um gegen die sogenannten Demokratien vorzugehen. Während all dieser Jahre hatte die Komintern sich voll und ganz für die Gründung einer Allianz der demokratischen Länder gegen den Faschismus eingesetzt.

Selbst unverbesserliche Kreml-Hörige werden jetzt eingestehen müssen, daß die Moskauer Schauprozesse nichts als Tarnung für ein Bündnis zwischen Stalin und Hitler waren. Unter der Anklage der Kollaboration mit den Nazis war die gesamte alte bolschewistische Garde mit Hilfe dieser Prozesse vernichtet worden. Jetzt ist die Wahrheit ans Licht gekommen.“ [32]

Trotzki – der Pakt von 1939 und Brest-Litowsk 1918

Leo Trotzki dürfte der einzige Zeitzeuge sein, der auf ein Argument einging, das damals unter nachdenklichen Mitgliedern kommunistischer Parteien unterschiedlichster Länder diskutiert worden ist und als mögliche Rechtfertigung für den Pakt herangezogen wurde: Der Vergleich des Hitler-Stalin-Pakts vom August 1939 mit dem Friedensvertrag Lenins in Brest-Litowsk im Frühjahr 1918.

Der Vertrag von Brest-Litowsk war damals geschulten Kommunisten gut bekannt. Die Bolschewiki, im November 1917 an die Macht gekommen, hatten zunächst allen Völkern den Frieden vorgeschlagen. Die damaligen Regierungen Englands, Frankreichs und anderer Länder der Entente gingen nicht auf die Sowjetvorschläge ein. Gleichzeitig rückten Truppen des damaligen kaiserlichen Deutschlands mit großer Geschwindigkeit in Sowjetrußland vor. Sowjetrußland konnte ihnen keinen Widerstand entgegensetzen; die zaristische Armee war zerfallen und die Rote Armee erst im Entstehen. Dem damals schwachen Sowjetrußland blieb daher nichts anderes übrig, als auf einen Kompromiß einzugehen: auf große Gebiete seines Territoriums zu verzichten, um sich dafür den Frieden zu erkaufen.

Ausgehend von Brest-Litowsk zogen manche nachdenkliche Kommunisten die Schlußfolgerung: Damals, Anfang 1918, mußte Lenin Kompromisse schließen, um den Frieden für Sowjetrußland zu erringen. Dasselbe war für die Sowjetregierung 1939 gerechtfertigt, als wiederum die Gefahr bestand, daß die Sowjetunion vom deutschen Imperialismus angegriffen würde. Wie 1918, so lautet das Argument, handelte es sich im August 1939 zwar um einen unangenehmen aber notwendigen Kompromiß. Genau dies hatte, wie sich der Leser erinnern mag, der ältere Bruder von Jiri Pelikan als Argument angeführt. Zu diesem Rechtfertigungsversuch bemerkte Trotzki:

„Es gibt tatsächlich Leute, die sich erdreisten, den Hitler-Stalin-Pakt mit dem Vertrag von Brest-Litowsk zu vergleichen.

Welch eine Verzerrung der Tatsachen! Die Verhandlungen von Brest-Litowsk waren vor den Augen der ganzen Welt geführt worden. Der sowjetischen Revolutionsregierung stand Ende 1917 und Anfang 1918 nicht ein einziges kampffähiges Bataillon zur Verfügung. Das von den Hohenzollern beherrschte Deutschland griff Rußland an und besetzte sowjetische Provinzen und militärische Stützpunkte. Die junge sowjetische Regierung hatte gar keine andere Wahl, als den Friedensvertrag zu unterschreiben. Wir alle erklärten diesen Frieden öffentlich als eine Kapitulation einer wehrlosen Revolutionsregierung vor dem übermächtigen Feind ...

Der neue Pakt zwischen Hitler und Stalin wurde trotz der Existenz einer starken Armee von mehreren Millionen Soldaten geschlossen, der unmittelbare Zweck des Paktes war, Hitler den Weg freizumachen für eine Invasion Polens, das dann anschließend zwischen Berlin und Moskau aufgeteilt werden sollte. Wo ist da die Analogie?“ [33]

Bei dem Gegensatz zwischen Brest-Litowsk von 1918 und Moskau 1939 hätte Trotzki auch auf Lenins berühmte Unterscheidung zwischen erlaubten und notwendigen Kompromissen auf der einen und absolut unzulässigen Kompromissen auf der anderen Seite hinweisen können. Im Frühjahr 1920 hatte Lenin den Kompromiß in Brest-Litowsk 1918 durch seine Parabel von bewaffneten Banditen verdeutlicht:

„Stellen Sie sich vor, daß Ihr Automobil von bewaffneten Banditen angehalten wird. Sie geben ihnen Ihr Geld, den Paß, den Revolver, das Auto. Sie werden von der angenehmen Gesellschaft der Banditen befreit. Das ist zweifellos ein Kompromiß. ‚Do ut des‘ (‚Ich gebe‘ Dir mein Geld, meine Waffe, meinen Wagen, ‚damit Du‘ mir die Möglichkeit ‚gibst‘, mich wohlbehalten aus dem Staube zu machen). Es dürfte aber schwer sein, einen vernünftigen Menschen aufzutreiben, der einen solchen Kompromiß für ‚prinzipiell unzulässig‘ oder aber die Person, die einen solchen Kompromiß schließt, für einen Komplizen der Banditen erklären würde (obgleich die Banditen, im Besitze des Automobils und der Waffe, beides für weitere Raubüberfälle ausnutzen könnten). Unser Kompromiß mit den Banditen des deutschen Imperialismus war ein solcher Kompromiß."

Auf der anderen Seite, fuhr Lenin fort, gäbe es jedoch Kompromisse, bei denen sich nicht ein Überfallener durch Loskauf seine Freiheit erringt, sondern bei denen ein Mensch die Banditen unterstützt, um sich dann an der Teilung der Beute zu beteiligen, und sich damit zum Komplizen der Banditen macht. Dies bezeichnete Lenin als „Verrat", als Beispiel für „den schlimmsten Opportunismus, Treubruch und Verrat".

Lenin: „Es gibt Kompromisse und Kompromisse. Man muß es verstehen, die Umstände und die konkreten Bedingungen eines jeden Kompromisses oder einer jeden Spielart der Kompromisse zu analysieren. Man muß es lernen, den Menschen, der den Banditen Geld und Waffen gegeben hat, um das Übel, das die Banditen stiften, zu verringern und ihre Ergreifung und Erschießung zu erleichtern, von dem Menschen zu unterscheiden, der den Banditen Geld und Waffen gibt, um sich an der Teilung der Banditenbeute zu beteiligen." [34]

Genau um diesen Unterschied handelte es sich bei dem Vertrag von Brest-Litowsk auf der einen und dem Hitler-Stalin-Pakt 1939 auf der anderen Seite. 1918 blieb Sowjetrußland nichts anderes übrig, als auf einen Kompromiß einzugehen, auf Gebiete seines Territoriums zu verzichten, um sich dafür den Frieden zu erkaufen. Sowjetrußland glich, um in Lenins Parabel zu bleiben, dem Überfallenen, der den Banditen Auto, Geld und Paß gibt, damit diese ihm das Leben lassen.

Der Hitler-Stalin-Pakt war genau das Gegenteil. Hier handelte es sich um einen Vertrag, dessen wichtigste Punkte in Geheimklauseln formuliert waren, dessen Hauptinhalt die Aufteilung von Interessensphären, die gemeinsame Besetzung eines fremden Staates (Polen) und die gemeinsame Unterdrükkung seiner Bevölkerung war. Bei der Sowjetunion handelte es sich, um wieder mit Lenins Parabel zu sprechen, nicht um den Überfallenen, der sich loskaufen wollte, sondern um jemand, der freiwillig als Komplize der Banditen auftrat, der mit den Banditen ein Übereinkommen traf, „um sich an der Teilung der Banditenbeute zu beteiligen". [35]

KAPITEL 4

Der Pakt und das veränderte Bewußtsein – Fünf Beispiele

Unter den vielen Zeitzeugen, die bisher erwähnt wurden, verbleibt noch eine besonders wichtige Kategorie – jene, für die der Hitler-Stalin-Pakt so entscheidend war, daß sie sich zum Bruch mit dem Stalinismus, mit der von Moskau geleiteten kommunistischen Weltbewegung entschlossen.

In der sowjetischen Geschichtsschreibung – und dies gilt auch für die DDR und einige andere Ostblockstaaten – wird dabei stets von „Renegaten" gesprochen, übrigens ein Begriff, den die Katholische Kirche des Mittelalters für die zum Islam übergetretenen Christen geprägt hatte. Manchmal werden sie auch als „Feinde" bezeichnet, so wie Alexander Abusch nach dem Gespräch mit dem kritischen Schriftsteller Gustav Regler erklärt, „daß Freunde von gestern zu Feinden von heute werden konnten."[1]

In einigen Fällen wird eine etwas „gehobenere" Formulierung benutzt, etwa: daß die Betreffenden durch „kleinbürgerliche Neigungen" in der Situation des sich verschärfenden internationalen Klassenkampfes nicht die genügende Festigkeit besessen hätten.

In Wirklichkeit handelte es sich, wie es Hans Werner Richter ausdrückte, um einen langsamen, qualvollen, oft peinlichen Abschied von einer Idee, der man angehangen hatte, von einem Glauben, der dem Glauben an eine Heilsbotschaft glich.[2]

Die hier folgenden Beispiele schildern Menschen, die nach langjähriger kommunistischer Aktivität, beflügelt vor allem vom antifaschistischen Kampf in der Volksfrontperiode, während der Massenverhaftungen und Schauprozesse in der Sowjetunion Mitte der 30er Jahre ernste Zweifel entwickelt hatten. Aber noch vertrauten sie zunächst Moskau, weil die Sowjetunion das antifaschistische Banner hochzuhalten schien. Mit dem Hitler-Stalin-Pakt waren dann die letzten Bande der Loyalität gelöst und jener Punkt erreicht, der ihnen ein weiteres Verbleiben in der kommunistischen Bewegung unmöglich machte.

Granville Hicks:
Der Pakt und der Austritt aus der KP-USA

Unter den prominenten Intellektuellen, die nach dem Hitler-Stalin-Pakt die KP der USA verließen, nannte John Gates den wohl wichtigsten: Granville Hicks, der in den Jahren der Volksfront sich für die KP eingesetzt und der Partei weit über den sonst kleinen Rahmen hinaus Einfluß und Ansehen verschafft hatte.

Granville Hicks, 1901 in einer Mittelklassefamilie in Neu England geboren, beendete sein Studium an der Harvard-Universität im Jahre 1923, besuchte anschließend noch die Theologische Fakultät derselben Universität und, noch einmal, von 1928–1929 die Fakultät für englische Sprache und Literatur. In Harvard gehörte er zu den politisch interessierten Studenten, aber seine erste aktivere politische Tätigkeit erfolgte 1927, als er als Professor am Smith-College tätig war: er beteiligte sich an der großen Kampagne gegen die Verurteilung von Sacco und Vanzetti. Während der Weltwirtschaftskrise brachte ihn das Elend dieser Jahre zur Überzeugung, daß nur eine völlige Umwandlung des gesamten Wirtschaftssystems das Land von der Geißel der Arbeitslosigkeit befreien würde. Granville Hicks kam zunehmend sowohl mit Sozialisten als auch mit Kommunisten in Kontakt; anfangs neigte er mehr den Sozialisten zu, aber schrittweise näherte er sich den Kommunisten, weil sich diese auf eine marxistische Theorie stützen und auf die Sowjetunion als Beispiel für die Anwendung der marxistischen Theorie hinweisen konnten.

Im Herbst 1932 unterzeichnete er mit anderen bekannten amerikanischen Intellektuellen einen damals viel beachteten Aufruf, die kommunistischen Kandidaten bei der bevorstehenden Präsidentschaftswahl zu unterstützen. Granville Hicks und seine Freunde begannen nun Marx, Engels und Lenin zu lesen, waren beeindruckt von der Kritik am Kapitalismus und vor allem von den Gesetzen der historischen Entwicklung, die zur Herausbildung einer klassenlosen Gesellschaft führen werde, von dem „Schlüssel zur Geschichte", den sie vorzufinden glaubten. Seit Anfang 1934 war Granville Hicks zunehmend in von der KP inspirierten Verbänden und Organisationen tätig. Er wurde auch Herausgeber der damaligen kommunistischen Wochenzeitung „New Masses", trat aber zunächst noch nicht der Partei bei.

Der Wendepunkt kam für ihn mit dem 7. Weltkongreß der Kommunistischen Internationale im Sommer 1935 und der neuen Volksfront-Politik. Bis dahin war er zwar über die linkssektiererische KP-Taktik beunruhigt, über die Weigerung der amerikanischen Kommunisten, mit anderen progressiven Kräften, vor allem mit der Sozialistischen Partei zusammen zu arbeiten. Aber nun hatte sich das geändert. Granville Hicks, tief beeindruckt von der Rede Georgij Dimitroffs auf dem Kongreß und der neuen Politik der Einheitsfront und Volksfront, trat der KP der USA bei. Die Parteipropaganda, so berichtet er, hörte auf, russisch zu sein und konzentrierte sich auf amerikanische Probleme. Der Einfluß der Partei wuchs schnell. Die Mitgliedschaft der KP der USA stieg von 12 000 im Jahre 1929 auf fast 100 000 während der Volksfrontperiode. Granville Hicks trat der KP bei, weil er ein überzeugter Marxist geworden war, eine sozialistische Gesellschaft erstrebte und vor allem in der KP der USA die Hauptkraft gegen den Faschismus sah. Als er der Partei beitrat, war er davon überzeugt, nun an einem entscheidenden Geschichtsprozeß teilzunehmen; er war Mitkämpfer einer aktiven politischen Kraft. Zu einer Zeit, wo andere nur Fragen stellten und kritisierten, schien ihm die KP der USA die Partei des Handelns zu sein. Als Parteimitglied zeigte er die Gefahren des Nazismus auf und unterstützte die Opfer der Nazi-Tyrannei, beteiligte sich an Kampagnen für Spanien und war aktiv in der Gewerkschaftsbewegung, die damals einen beträchtlichen Aufschwung nahm. Gleichzeitig veröffentlichte er zwei damals verbreitete Bücher – 1936 eine Biographie über den amerikanischen Kommunisten John Reed (John Reed: Biography of a Communist by a Communist) und 1937 „I like America", in dem er seine Liebe zum amerikanischen Volk verband mit einer Beschreibung der Ungerechtigkeiten und Übel in den USA.

Nur über eins war er in dieser Periode besorgt: über die Massenverhaftungen und Schauprozesse in der Sowjetunion, über den Vorwurf des Verrats gegenüber Männern, die noch bis vor kurzem den amerikanischen Kommunisten als Vorbilder für Kämpfer der Revolution gegolten hatten. Aber Granville Hicks verdrängte diese Zweifel, weil er in der Sowjetunion die Hauptkraft gegen den Faschismus sah; er habe, so schreibt er, kein Recht, sich durch seine privaten Zweifel am großen Kampf gegen den Faschismus beeinflussen zu lassen.

Dann aber kam der Hitler-Stalin-Pakt. Granville Hicks:

„Ich erinnere mich noch ganz genau, als wir die Nachrichten vom Nichtangriffspakt zwischen den Sowjets und den Nazis erhielten. Aus irgendeinem Grund hatten wir die Nacht zuvor keine Spätnachrichten gehört, so daß mir ein geruhsamer Nachtschlaf gegönnt war, auf den ich sozusagen keinen Anspruch hatte. Beim Frühstück, an einem wunderbaren Sommermorgen, hörten wir dann den Bericht. Als ich wieder imstande war zu sprechen, sagte ich: Das schlägt dem Faß den Boden aus!"

Granville Hicks schildert seine ersten Gedanken nach dem Pakt: „Das Verhalten der amerikanischen Kommunisten im August 1939, nachdem Rußland mit Deutschland den Nichtangriffspakt geschlossen hatte, öffnete mir sofort die Augen. In diesem Augenblick der Krise konnten die Parteiführer keinen Hehl daraus machen, daß ihre erste Aufgabe die Verteidigung Rußlands sein würde – egal wie sich Rußland verhalten würde. Sie gaben sogar eindeutig zu verstehen, daß sie auf eine russische Stellungnahme warteten, um zu wissen, wie ihre Rechtfertigung formuliert werden sollte; sie warteten darauf, daß ihnen der Kreml den neuen Kurs bekanntgab. Eine solche Partei konnte jedoch nicht länger meine Partei sein, so daß ich kurzerhand austrat."

Granville Hicks begründet seinen Austritt aus der Partei damit, daß die Kommunistische Partei gegen alle erklärten Prinzipien verstoßen und ihre völlige Unterwürfigkeit gegenüber der Sowjetführung gezeigt habe.

In den Diskussionen mit seinen Genossen wurde ihm von diesen immer wieder das damals so weit verbreitete Argument entgegengehalten, die Sowjetunion hätte ja gar keine andere Möglichkeit gehabt, weil die Westmächte, vor allem Chamberlain in München im September 1938 das gemeinsame Bündnis gegen den Hitler-Faschismus verraten hätten.

Aber Granville Hicks ließ sich durch diese Argumentation nicht beeindrucken und brachte einen wichtigen, ernstzunehmenden Einwand vor:

„Wenn Chamberlains München ein Verrat war, mußte da nicht umgekehrt Stalins München ebenfalls ein Verrat sein? Natürlich wurde behauptet, daß Stalin keine andere Wahl gehabt hatte. München hätte gezeigt, daß er entweder selber Verrat üben muß oder aber verraten wird. Ließ sich jedoch zur Entlastung Chamberlains nicht die gleiche Argumentation anführen? Hätte er nicht auch glauben können, daß Stalin ihn im Falle einer Verwicklung in einen Konflikt mit Hitler über die Tschechoslowakei im Stich gelassen hätte und daß dann England und Frankreich die Sache allein hätten ausbaden müssen? Ließen nicht die Ereignisse von 1939 darauf schließen, daß Chamberlains Befürchtungen gerechtfertigt waren? Hatte Stalin nicht gerade in dem Augenblick mit Hitler ein Abkommen abgeschlossen, als Frankreich und England fest für die Verteidigung Polens eintraten?"

Granville Hicks bemerkt, daß innerhalb der Partei nun jene hervortraten, die unter Preisgabe aller moralischen Bedenken nüchterne Realpolitik als einzige Notwendigkeit anführten:

„Die Maßnahmen Rußlands, so erklärten sie, mußten im realpolitischen Sinne beurteilt werden; moralische Prinzipien seien schlechtweg bedeutungslos. Doch gerade aus moralischen Gründen hatten ich und viele andere die Sowjetunion immer wieder in Schutz genommen." Über die Auswirkungen meinte Granville Hicks: „Das Ansehen, das der Kommunismus jüngst im intellektuellen Milieu noch genossen hatte, war zunichte gemacht worden."[3]

Der endgültige Bruch Arthur Koestlers

Bei dem bekannten Schriftsteller Arthur Koestler erfolgte der Bruch mit dem Stalinschen Kommunismus in zwei Phasen. Anfang 1938 gab er in einem Brief seinen offiziellen Austritt aus der Partei bekannt – aber ließ dabei die Sowjetunion, die, wie er damals noch meinte, ein Bollwerk des Antifaschismus war, unberührt. Der endgültige Bruch Arthur Koestlers erfolgte erst durch den Hitler-Stalin-Pakt. Der Lebensweg Arthur Koestlers ist vor allem durch seine eigenen ausführlichen Erinnerungen so bekannt, daß es hier genügt, auf einige wenige Punkte hinzuweisen, um sich vor allem auf die letzten Monate vor dem Hitler-Stalin-Pakt und seine Reaktion zu konzentrieren.

Arthur Koestler, 1905 in Budapest geboren, erlebte als 14jähriger die ungarische Räterepublik, zog anschließend nach Wien, studierte naturwissenschaftliche Fächer an der Technischen Hochschule in Wien und war dann vorübergehend in einem Kibbuz in Palästina. Von 1925–1930 war Arthur Koestler für die Zeitungen des Ullstein-Verlages als Auslandskorrespondent im Mittleren Osten und anschließend in Paris tätig. Im Jahre 1930 zog er nach Berlin – er kam an jenem 14. September 1930 an, als die NSDAP ihren gewaltigen Durchbruch bei den Reichstagswahlen erzielte. Zu jener Zeit war Arthur Koestler im Ullstein-Verlag wissenschaftlicher Redakteur der „Vossischen Zeitung", wissenschaftlicher Berater für die übrigen Ullstein-Publikationen sowie auch in der „BZ am Mittag" tätig. Er erinnert sich, wie er über Elektronen,

Chromosomen, Raketenschiffe, Neandertaler und Spiralnebel schrieb, gleichzeitig aber der zunehmende Druck der politischen Ereignisse immer unentrinnbarer wurde. Die Weltwirtschaftskrise, der rasche Anstieg der Arbeitslosen und die drohende Gefahr der Nazis waren für ihn die einschneidenden Ereignisse. „Bei einer Arbeitslosenzahl von rund einem Drittel aller Lohnempfänger lebte Deutschland in einem Zustand eines latenten Bürgerkrieges, und wenn man nicht als untätiges Opfer von dem nahen Sturm hinweggefegt werden wollte, war es unumgänglich, sich politisch zu entscheiden“, erinnert sich Arthur Koestler. „Die Sozialdemokraten betrieben eine Politik opportunistischer Kompromisse; die Kommunisten, hinter denen die mächtige Sowjetunion stand, schienen die einzige Kraft, um dem Ansturm der primitiven Horden mit dem Hakenkreuz-Totem Widerstand zu leisten.“ [4]

Aber es war nicht nur die damalige Situation, die ihn dazu führte, sondern sein Studium der Werke von Marx, Engels und Lenin, die, wie er schreibt, eine „geistige Explosion“ bei ihm auslösten. Von nun an schien es auf jede Frage eine klare Antwort zu geben; Zweifel und Konflikte konnten nur einer weit zurückgebliebenen Vergangenheit angehören, als man noch in schmachvoller Unwissenheit in der farblosen Welt der Uneingeweihten gelebt hatte.

Am 31. Dezember 1931 trat er in die Kommunistische Partei Deutschlands ein. Koestler erklärte seinen Beitritt in einem Brief an das Zentralkomitee. Schon bald erhielt er ein Schreiben mit der Bitte um eine Aussprache. Sein Gesprächspartner von der KPD-Führung war Ernst Schneller, Mitglied des Zentralkomitees und Leiter des „Agitprop“ (Abteilung für Agitation und Propaganda), sowie, wie Koestler bald erfuhr, auch noch in einem der Geheimapparate der KPD tätig. Ernst Schneller riet ihm, nicht offiziell in einer Parteiorganisation tätig zu sein, sondern als Geheimmitglied zu wirken: „Sie werden keiner Zelle zugeteilt und werden in der Partei unter einem anderen Namen bekannt sein“, erklärte ihm Ernst Schneller. Arthur Koestler wählte sich den Namen Ivan Steinberg und nun gab es regelmäßige „Treffs“, Begegnungen, bei denen Arthur

Koestler alias Ivan Steinberg Informationen diktierte, die er in den Kreisen des Ullstein-Verlages gehört hatte.

Nach einigen Monaten seiner Verbindungen mit dem „Apparat“ wurde seine Informationstätigkeit bei Ullstein entdeckt; die Beziehungen zum Apparat brachen nun ab. Arthur Koestler wurde, was er ja ursprünglich wollte, ein „richtiges“ Parteimitglied in einer „Parteizelle“ – wie damals die Grundorganisationen der KPD genannt wurden.

Aber ganz typisch war diese Parteizelle gewiß nicht: Arthur Koestler gehörte nämlich der Parteizelle in der Künstlerkolonie in Berlin am Laubenheimer Platz an, die höchst ungewöhnlich war. Der Pol-Leiter war Alfred Kantorowicz, der Org-Leiter war der Schriftsteller Max Schröder und unter den 20 Zellenmitgliedern befand sich auch Dr. Wilhelm Reich, der Gründer und Leiter des Instituts für Sexualpolitik. Arthur Koestler erlebte die damals groteske Politik der KPD: ihre Weigerung, mit den Sozialdemokraten bei der Präsidentenwahl 1932 einen gemeinsamen Kandidaten aufzustellen und ihren Kampf gegen die Sozialdemokratie unter der Parole des „Sozialfaschismus“. Koestler nahm an der Haus- und Hof-Propaganda teil, an den Zellensitzungen mit ihrer oft eintönigen Einstimmigkeit, aber auch an den häufigen Scharmützeln mit den Nazis.

Im Spätsommer 1932 – einige Monate vor der Machtergreifung Hitlers – fuhr er auf Einladung des „Internationalen Verbandes revolutionärer Schriftsteller“ in die Sowjetunion. Sein Auftrag: er sollte unter dem Titel „Ein Bürger reist durch Sowjetrußland“ schildern, wie ein anfänglich bürgerlicher Reporter mit antisowjetischen Vorurteilen durch die Erfolge des sozialistischen Aufbaus allmählich bekehrt wird und als Genosse heimkehrt. In die Sowjetunion kam er mitten in der schwersten Krise der Kollektivierung. Koestler erlebte die Verheerungen, die die Hungersnot von 1932–33 in der Ukraine angerichtet hatte, die Scharen von zerlumpten Familien, die auf den Bahnhöfen bettelten, Hunger und Elend, die Apathie der Menschen auf den Straßen, die unglaublichen Wohnverhältnisse, die Hunger-Rationen in den Kooperativen. Aber seine Parteierziehung, so berichtet Koestler, hatte ihn mit so viel

„kunstvollen geistigen Stoßdämpfern und dialektischen Wattepolstern ausgestattet, daß ich alles Gesehene und Gehörte automatisch in den vorgefaßten Rahmen fügte.“ [5]

Als er im Herbst 1933 nach Deutschland zurückkehrte, war inzwischen Hitler an die Macht gelangt; Arthur Koestler ging zu seinen Parteifreunden ins Pariser Exil. Mittelpunkt und Dynamo im Exil war damals Willi Münzenberg, der Leiter der Agitprop (Agitation und Propaganda) der Komintern für Westeuropa. „Er war ein zäher, untersetzter Mann von proletarischer Herkunft, eine magnetische Persönlichkeit von einer ungeheuren mitreißenden Vitalität und einem unsentimentalen verführerischen Charme“, charakterisiert ihn Arthur Koestler. „Willi war die ‚rote Eminenz‘ der internationalen antifaschistischen Bewegung ... Er rief internationale Ausschüsse, Kongresse und Bewegungen ins Leben wie ein Zauberer Kaninchen aus seinem Hut hervorzieht: das ‚Hilfskomitee für die Opfer des Faschismus‘, sogenannte ‚Ausschüsse für Wachsamkeit und demokratische Kontrolle‘, internationale Jugendkongresse und so weiter. Jede dieser getarnten Parteiorganisationen konnte stolz auf ein Aushängeschild mit einer Liste hochachtbarer Persönlichkeiten hinweisen – darunter englische Herzoginnen, amerikanische Leitartikler und französische Wissenschaftler, von denen die meisten den Namen ‚Münzenberg‘ nie gehört hatten und die Komintern für einen an Goebbels erfundenen Butzemann hielten.“ [6]

Arthur Koestler war damals im „Institut zum Studium des Faschismus“ in Paris tätig – eine der vielen Nebenorganisationen Willi Münzenbergs, arbeitete 10–12 Stunden am Tag ohne Gehalt, mit dem einzigen Privileg, in der Rue Buffon jeden Mittag einen Topf dicker Erbsensuppe zu erhalten.

Während des spanischen Bürgerkrieges ging Arthur Koestler nach Spanien. Beim Fall Malagas Anfang 1937 wurde er von Franco-Truppen gefangengenommen, verbrachte vier Monate in Franco-Gefängnissen in Malaga und Sevilla, den größten Teil davon in Einzelhaft, de facto eine Art Todeszelle, in Erwartung, daß man ihn bald erschießen werde. Im Juni 1937 wurde er aufgrund einer Intervention der britischen Regierung überraschend freigelassen. Die grauenvollen Erfahrungen in den Franco-Gefängnissen verstärkten zunächst seine Bindungen an die Kommunistische Partei. Als er bei Gibraltar die Grenze überschritten hatte, schickte Koestler ein Telegramm an die KP-Führung, in dem es hieß „Von allen Bauchschmerzen geheilt" (mit „Bauchschmerzen" wurden im Parteijargon die Zweifel an der Richtigkeit an der Parteilinie bezeichnet). Arthur Koestler ging nach England und schrieb dort sein berühmtes Buch „Ein spanisches Testament", das kurz darauf zum Wahlbuch des damals bekannten „Left Book Club" und in der ganzen Welt verbreitet wurde.

Aber es war das Jahr 1937: Arthur Koestler erfuhr fast täglich neue Einzelheiten über die Massenverhaftungen der „großen Säuberung" in der Sowjetunion, darunter auch die Verhaftungen seiner engsten Freunde unter den kommunistischen Emigranten, vor allem von Alex Weißberg, der, als Koestler 1933 die Sowjetunion verließ, ihm zum Abschied gesagt hatte: „Was auch immer geschieht, halte das Banner der Sowjetunion hoch." Nun war Alex Weißberg ein Gefangener des NKWD.

Von England kehrte Arthur Koestler im Herbst 1937 nach Paris zurück. Hier wurde er bereits am ersten Tag nach seiner Ankunft in einem kleinen Café in der Nähe der Bastille von zwei Beauftragten der KP-Führung einem förmlichen Verhör über seine Haltung im Franco-Gefängnis unterzogen. Einer der Beauftragten war der – in diesem Buch bereits erwähnte – Paul Merker; die Identität des zweiten blieb Koestler unbekannt.

Ein solches Verhör war an und für sich nicht ungewöhnlich. Ein aus dem Gefängnis entlassener Kommunist mußte stets eine genaue Untersuchung der Sicherheitsorgane der Partei über sich ergehen lassen, um festzustellen, ob der Betreffende auch wirklich noch „zuverlässig" sei. In Koestlers Fall war der Vorgang recht harmlos und mehr eine Formalität. Er war durch ein internationales Abkommen ausgetauscht worden – und hatte keine illegale Verbindung in Franco-Spanien, die er hätte verraten können. Trotzdem bekam er einen plötzlichen Anfall von Angst. „Mir zitterte die Hand, als ich die Tasse mit dem kalten Café au lait hochhob", beschreibt Koestler diesen Moment.

Es war im Herbst 1937. Ein paar Wochen zuvor waren Marschall Tuchatschewski und acht höchste Generäle der Roten Armee nach einem geheimen Prozeß erschossen worden. Jeden Tag wurden neue Verhaftungen unter den unglaublichsten und erschreckendsten Anschuldigungen bekannt. „Mein harmloses Verhör barg ein umheimliches Echo davon in sich. Es war nicht schwer, sich auszumalen, wie hilflos man dem Mann mit den harten Augen gegenüber am Schreibtisch des Untersuchungsrichters im GPU-Gebäude von Baku oder in der Lubjanka gewesen wäre – statt an einem Pariser Caféhaus-Tisch. Der Terror überschwemmte Rußland, verschlang wie eine Flutwelle alle, die ihm über den Weg kamen, und selbst sein harmloses, entferntes Echo in einem Pariser Café machte einem die Tasse in der Hand zittern.“ [7]

Im März 1938 erfuhr er vom Prozeß gegen den sogenannten „antisowjetischen Block“ – mit Nikolaj Bucharin als Hauptangeklagten. Dieser Prozeß, schreibt Koestler, übertraf alles in dieser Richtung schon vorangegangene, an Absurdität und Grauen. Wenige Tage später sollte er vor dem Schutzverband deutscher Schriftsteller in Paris einen Vortrag über Spanien halten. Die Veranstaltung fand im Saal der Société des Industries Françaises am Place Saint-Germain-des-Prés statt. Die Zuhörerschaft bestand aus 200–300 emigrierten Intellektuellen – die meisten von ihnen Kommunisten. Es war sein erstes öffentliches Auftreten in Paris seit seiner Rückkehr aus Spanien und er fühlte, daß es sein letztes als Parteimitglied sein würde. Er hatte nicht die Absicht, die Partei anzugreifen, so lange der Krieg in Spanien noch andauerte – und noch weniger, die Sowjetunion zu kritisieren.

Aber er fühlte das Bedürfnis, seinen Standpunkt klarzumachen und nicht passiver Komplice der Henker seiner Freunde zu bleiben. Obwohl er meist frei sprach, schrieb er den Schluß jener Rede auf – drei sorgfältig formulierte Sätze, mit denen er die Rede schließen wollte – für normale Menschen Gemeinplätze, für Stalinisten eine Todsünde.

Der erste Satz lautete: „Es gibt keine Unfehlbarkeit einer Person, einer Bewegung oder einer Partei“.

Der zweite hieß: „Toleranz dem Feind gegenüber ist ebenso selbstmörderisch wie Intoleranz dem Freund gegenüber, der das gleiche Ziel auf einem abweichenden Weg verfolgt."

Der dritte Satz war ein Zitat von Thomas Mann: „Auf lange Sicht ist eine schädliche Wahrheit besser als eine nützliche Lüge".

Als Koestler geendet hatte, applaudierte die nicht-kommunistische Zuhörerschaft, während die Kommunisten, fast alle mit verschränkten Armen, in demonstrativem Schweigen verharrten. Er ging allein nach Hause. Als er in der Métro-Station von St. Germain-des-Prés auf den Zug wartete, kamen einige seiner Genossen, die im Vortrag gewesen waren, die Treppe herunter. Sie gingen an ihm vorbei zum anderen Ende des Bahnsteigs, ohne ihn anzusehen.

Es war ein Vorgeschmack der kommenden Monate und Jahre der Einsamkeit.

Einige Tage später arbeitete er fast die ganze Nacht an seinem Abschiedsbrief an die Deutsche Kommunistische Partei, die Komintern und das stalinistische Regime – aber er schloß mit einer Loyalitätserklärung für die Sowjetunion. Bei aller Kritik gegenüber dem Regime, dem Krebsgeschwür der Bürokratie, dem Terror und der Unterdrückung, bekannte er seinen Glauben an die unerschütterlichen Grundlagen des Arbeiter- und Bauernstaates, an die Verstaatlichung der Produktionsmittel und erklärte, die Sowjetunion sei trotz allem noch immer „unsere einzige und letzte Hoffnung auf einem im schnellen Verfall begriffenen Planeten."

Erst ein Jahr später vollzog sich seine völlige Abkehr. Arthur Koestler: „Dieser Schwebezustand dauerte für mich bis zu dem Tag, an dem zu Ehren Ribbentrops die Hakenkreuzfahne auf dem Moskauer Flugplatz gehißt wurde und die Kapelle der Roten Armee das ‚Horst-Wessel-Lied' anstimmte. Damit war es Schluß; von nun an war es mir wirklich egal, ob mich die neuen Verbündeten Hitlers einen Konterrevolutionär schimpften."[8]

Hans Werner Richter: Die KP-Mitgliedsbücher wurden verbrannt

Hans Werner Richter ist vor allem durch seine schriftstellerische Tätigkeit im Nachkriegs-Deutschland bekannt – als Mitbegründer der Zeitschrift „Der Ruf“, als Begründer und aktiver Mitarbeiter der „Gruppe 47“ sowie vor allem durch seine vielen Bücher und literarischen Preise. Weit weniger bekannt ist, daß Hans Werner Richter von 1930 bis zum Hitler-Stalin-Pakt im August 1939 der Kommunistischen Partei Deutschlands angehörte und für die Partei auch in der Illegalität tätig gewesen war. Darüber berichtet er in einem bemerkenswerten Buch unter dem Titel „Briefe an einen jungen Sozialisten“, deren Grundtendenz sein Abschied von einer Utopie ist.

Als Sohn von Fischern in Bansin auf der Insel Usedom 1918 geboren, und Ende der 20er Jahre als Buchhändlergehilfe in Berlin tätig, trat er 1930 der KPD bei. Zwei Erscheinungen waren dafür entscheidend. „Das war zum einen der Strahlenglanz, der von der uns völlig unbekannten Sowjetunion auszugehen begann“, erinnert sich Hans Werner Richter, „zum anderen der ständige, für uns aber doch überraschende Vormarsch der Nationalsozialisten, mit dem wir in dem Glauben, den Gang der Geschichte für uns zu haben, nicht gerechnet hatten.“ Für Hans Werner Richter war John Reeds „10 Tage, die die Welt erschütterten“, eines der Bücher, die ihn am meisten beeinflußten. Er las Plechanow, Bucharin, besorgte sich alles, was er von damaligen linken Verlagen erhalten konnte, darunter auch die „30 neuen russischen Erzähler“. Lenin und Trotzki wurden für ihn zu überlebensgroßen Figuren der Weltgeschichte. Die Sowjetunion für ihn jene ideale Gesellschaft, in der es keine Klassenunterschiede mehr geben würde und auch keine Selbstentfremdung des Menschen. So kam er zur Auffassung, die russischen Genossen seien die Avantgarde der internationalen Revolution, berufen zur Führung und auch zuständig für die deutschen Genossen – ohne damals zu erkennen, daß die Gegebenheiten in Deutschland Anfang der 30er

Jahre ganz andere waren als jene zur Zeit der russischen Revolution.

Die andere Erscheinung, der Vormarsch der Nationalsozialisten, war zwar für ihn – wie für die anderen Kommunisten damals in Deutschland – überraschend, aber er war fest davon überzeugt, der Nationalsozialismus habe keine Chance, sei ein Spuk, eine vorübergehende Erscheinung, ein letztes Aufflakkern der Reaktion.

Hans Werner Richter vertraute der marxistischen Geschichtsauffassung, laut der die Geschichte sich gesetzmäßig fortentwickelt, von einer vorgeschriebenen Epoche zur anderen, vom Feudalismus zum Kapitalismus, vom Kapitalismus zum Sozialismus, bis zum Sieg des Proletariats. Er beschreibt sich selbst um 1930 als „einen jungen Funktionär, der sich nicht nur im Besitz des richtigen, ja des absolut richtigen Wissens glaubte, sondern auch im Besitz des großen marxistischen Seziermessers, mit dem er alles und jedes analysieren konnte und das, einer Wünschelrute gleich, ihn mit Sicherheit aus der Nacht der Republik in das Licht des Sozialismus führen mußte."

Gewiß hatte Hans Werner Richter auch schon damals einige Zweifel – „politische Bauchschmerzen" wie sie in kommunistischen Kreisen genannt wurden: Die These vom „Sozialfaschismus", wonach die Sozialdemokratie angeblich der Hauptfeind sei, erschien ihm falsch. Auch bemerkte er schon damals die Methoden der Bespitzelung und des Mißtrauens, das Erstikken jeder innerparteilichen Demokratie, die schematische Übertragung der Methoden der bolschewistischen Partei auf die deutsche KP. Trotz dieser Zweifel klebte er weiter nachts Plakate, nahm an Demonstrationen teil und gründete neue KPD-Ortsgruppen in Pommerschen Dörfern. Die Gefahr des Nationalsozialismus wurde von ihm nach wie vor unterschätzt – ausgehend von der fatalen Geschichtsgläubigkeit, die keinen Zweifel an dem feststehenden Sieg zuließ. Die Partei wurde durch immer neue Ausschlüsse und Cliquenkämpfe bis zur Selbstentblößung geschwächt, als Hitler im Januar 1933 die Macht in Deutschland ergriff.

Die Niederlage der KPD bei Hitlers Machtantritt war für Hans Werner Richter ein erschütterndes Erlebnis. „Nichts rührte sich, nichts geschah, kein Streik, kein Generalstreik, kein Aufruf zum Straßenkampf – nichts," erinnert er sich. Beide Linksparteien waren seiner Auffassung nach dafür verantwortlich: Die Sozialdemokraten glaubten an die Legalität – Hitler als Übergangskanzler – die Kommunisten sahen darin nur eine kurze konterrevolutionäre Episode, die schon bald ihnen zugute kommen müsse. Hans Werner Richter, damals 25 Jahre, erinnert sich: „Vergeblich warteten sozialistische und kommunistische Jugendliche, bereit zu kämpfen und auf die Straße zu gehen, auf Befehle. Es gab keine, es sei denn die Anordnung der Kommunistischen Partei, sich in die Illegalität zu verkriechen." Gemeinsam mit anderen Jugendlichen wartete er auf Hinterhöfen, um „loszuschlagen", aber sie erhielten nichts anderes gesagt als „Abwarten", oder „geht nach Hause, morgen werden wir weitersehen". Es geschah nichts, es kam nichts. Dies, so Hans Werner Richter, „war die erste Desillusionierung vieler meiner Altersgenossen".

Die nun einsetzenden Verfolgungen nach Hitlers Machtantritt, vor allem nach dem Reichstagsbrand, erlebte er in Berlin: „Diese Verfolgung war allenfalls eine Kaninchenjagd von Totschlägern. Es gab keine Auseinandersetzung, keine Gegenwehr, keinen Kampf, es gab nur Angst, Fatalismus, Opportunismus. Die einzige Solidarität war die Solidarität der Flucht – nicht des Kampfes ..." Hilflos flüchtete in jenen Nächten einer zum anderen, suchte einer bei dem anderen Unterschlupf, ohne Führung, ohne Wissen, wie und wo denn Widerstand zu leisten wäre. Viele seiner Freunde wurden verhaftet, einige entkamen, andere führende Funktionäre setzten sich überraschend schnell ins Ausland ab.

Ein kleiner jämmerlicher Buchladen und eine Art Leihbibliothek wurde zum Treffpunkt der Freunde und Genossen, die noch nicht verhaftet waren oder das Land noch nicht verlassen hatten. Hans Werner Richter versteckte antifaschistisches Material und verbarg vor allem Genossen, die schon in der Illegalität lebten und von Wohnung zu Wohnung zogen.

Mit jeder Woche und jedem Monat, der verging, kam jedoch immer weniger Besuch: einer nach dem anderen verschwand.

Anfang November 1933 ging Hans Werner Richter nach Paris, traf dort viele seiner Freunde wieder, unter jämmerlichen und ärmlichen Bedingungen – es war eine Fortsetzung jener Demoralisierung, die in Deutschland begonnen hatte. Manchmal bis zum Morgengrauen wurde in trostlosen Zimmern diskutiert: Wo lagen die Fehler? Was war zu revidieren? Warum hatte die Kommunistische Partei versagt? Aber wirkliche Antworten wurden nicht gefunden. Von der offiziellen KP-Emigrationsführung wurde die Niederlage, so schien es ihm wenigstens, nicht einmal registriert. Kein Wort von der längst überfälligen Selbstkritik, ja es gab Vertreter der KPD, die es fertig brachten, die Niederlage in einen Sieg umzumünzen.

Hans Werner Richter wollte den Gegner dort bekämpfen, wo er zu bekämpfen war – im eigenen Land. Im April 1934 kehrte er zurück – voller Angst vor dem Terror und vor dem Entdecktwerden. Fatalismus und Resignation hatte um diese Zeit in Deutschland ihren Höhepunkt erreicht. Das System hatte begonnen, sich zu etablieren und alles und jedes zu durchdringen. Er blieb in Kontakt mit jungen Marxisten und anderen Antifaschisten. Die „Theorie-Diskussion" war abgeklungen – geblieben war die Gegnerschaft zum Nazisystem mit einem Ziel: der Beseitigung Hitlers. Die frühere Parteizugehörigkeit zählte nun nicht mehr. Die Hitler-Gegner – Konservative, Kommunisten, Sozialdemokraten und Katholiken – kannten sich gegenseitig an der Nasenspitze, am Gesichtsausdruck, an unwichtigen Gesten; sie erkannten sich überall: in den Betrieben, auf der Straße, in Geschäften. Aber die einsetzenden außenpolitischen Erfolge Hitlers trugen nicht zur Stärkung der Opposition bei und waren für die deutschen Antifaschisten schwer zu ertragen. Es gab nun nur noch eine Hoffnung: außenpolitische Verwicklungen, die Hitler an seinem damaligen Erfolgsweg hindern und ihm endlich die Grenzen seiner Macht aufzeigen würden. Die Hoffnungen richteten sich auf die westlichen Demokratien, aber die größte Hoffnung war und blieb die Sowjetunion.

Hans Werner Richter und seine Freunde jubelten beim Beginn des spanischen Bürgerkrieges. Jetzt, so dachten sie, werde die Volksfrontidee verwirklicht und der gemeinsame Kampf aller Gegner des Faschismus, die internationale Solidarität zur Realität werden. Aber diese Hoffnungen wurden überschattet durch die Massenverhaftungen in der Sowjetunion, durch die Schauprozesse in Moskau. Die halbe Generalität der Roten Armee mit Tuchatschewski an der Spitze sollten feige Verräter sein? Bucharin erschossen? Die Selbstanklagen auf den Prozessen, die Selbstbeschuldigungen und die Sprache – Schakale, Scheusale, widerliche Hunde, Bestien im Schafspelz – und dies von alten Bolschewiki, die für die Idee des Sozialismus ein halbes Jahrhundert gekämpft hatten?

Hans Werner Richter und seine Freunde konnten dies nicht glauben. Schließlich, so beruhigten sie sich, waren sie abgeschnitten, schlecht informiert, vorwiegend angewiesen auf die Nazi-Presse, die ja nur Propaganda war. „Wir verdrängten, was wir nicht wahrhaben wollten, weil wir es verdrängen mußten", erinnert sich Hans Werner Richter. „Sollten wir unsere eigene, vielleicht einzige Hoffnung vor uns selbst und vor anderen vernichten? Wir konnten es nicht, und wir taten es nicht." Trotz mancher Zweifel blieb für Hans Werner Richter die Sowjetunion das Bollwerk des Widerstandes gegen den Faschismus, die einzige Hoffnung, die es damals gab.

Im August 1939 befand sich Hans Werner Richter in seinem Geburtsort Bansin, einem Seebad an der Ostsee. Er arbeitete an der kleinen Tankstelle seines Vaters, hatte sich wegen der Kriegsgefahr aus Berlin abgesetzt und wollte mit seiner Familie und bei seinen Freunden – fast alles Sozialdemokraten oder Kommunisten – abwarten, was nun geschehen werde. Sie ahnten und wußten, der Krieg würde kommen und es stand für sie fest, daß Hitler diesen Krieg verlieren mußte. Gegen Hitler waren die Sowjetunion und Polen, Frankreich und England, mit Amerika im Rücken. Ein solcher Zweifrontenkrieg könnte, so meinten sie, nur wenige Monate dauern. Ein jahrelanger Durchhaltekrieg schien unmöglich. Dann aber kam der

23. August 1939, der Tag des Hitler-Stalin-Pakts. Hans Werner Richter erinnert sich:

„Es ist der 23. August 1939, der Tag, an dem sich all unsere Hoffnungen als Illusionen erwiesen, ein Tag der tiefsten Demütigung und Enttäuschung für mich, ja auch der Scham gegenüber allen, denen ich mit meinen Anschauungen immer wieder Mut gemacht und Geduld eingeredet hatte. Alle bis dahin erlebten Niederlagen, was bedeuteten sie noch gegenüber diesem einen Tag, an dem alles zusammenbrach, was ich geglaubt hatte? Keine noch so schöne Theorie über Taktik und Strategie gegenüber dem Imperialismus kann diesen Tag wieder aus meinem Leben wegwischen. Er läßt sich nicht vertuschen, wegschwindeln, in seiner Bedeutung verkleinern, oder gar, wie man es nach dem Krieg aus verständlichen Gründen getan hat, verharmlosen. Er bleibt was er war: der Tag eines beispiellosen, klassischen Verrats."

Hans Werner Richter über die Auswirkungen auf ihn und seine Freunde: „Die Folgen bei den deutschen Sozialisten, aber auch in der internationalen proletarischen Bewegung, mußten verheerend sein: es war die Demoralisierung schlechthin. Plötzlich waren wir allein, verlassen, ohnmächtig. Was an moralischer Widerstandskraft an diesem einen Tag verloren ging, ist heute noch nicht meßbar. Hitlers Ende wäre sehr viel schneller gekommen, hätte die Sowjetunion anders gehandelt. Was mußte für uns ein Tag bedeuten, an dem zu Ehren Ribbentrops und damit Adolf Hitlers die Hakenkreuzflagge auf dem Moskauer Flugplatz gehißt wurde ... Es war ein moralischer, politischer, psychologischer Verrat, der nicht nur den Zusammenbruch des Sowjet-Mythos nach sich zog, den Widerstand der Kommunistischen Partei zu einer Phrase machte, uns alle, wo innerhalb der Linken wir auch standen, desavouierte, sondern uns auch mit dem Gefühl des absoluten Ausgeliefertseins zurückließ."

Seine Freunde, so erinnert er sich, hatten überhaupt nichts gesagt, nur geschwiegen, ungläubig die Köpfe geschüttelt, denn sie wußten, daß nun Hitler den Krieg gegen Polen beginnen würde: „Mit dem Freundschafts- und Nichtangriffspakt mit der Sowjetunion im Rücken konnte er alles wagen, außenpolitisch wie innenpolitisch."

Das Ziel, die Idee des Sozialismus, war über Nacht zu einer Illusion geworden, zu einer sehr fernen Hoffnung, die vielleicht in Jahrhunderten einmal Wirklichkeit werden könnte. Die Sowjetunion hatte die Volksfrontidee, die Gemeinsamkeit des Kampfes gegen den Faschismus beiseite geworfen wie ein lästiges Übel.

Hans Werner Richter: „Viele Intellektuelle, aber auch viele Arbeiter und kleine Funktionäre in Europa, schickten in diesen Tagen ihre Parteibücher zurück. Wir konnten das nicht. Aber ich verbrannte in der darauf folgenden Nacht die Parteibücher einer ganzen Ortsgruppe, die ein Freund, unter ständiger Gefahr für seine eigene Sicherheit, aufbewahrt hatte; ich verbrannte sie im Wald und vergrub auch noch die Asche, um sicher zu sein, daß sie nicht gefunden wurde. Es war mein endgültiger Abschied von der Kommunistischen Partei, zu der es jetzt keine Rückkehr mehr geben konnte"[9].

Louis Fischer fand sein „Kronstadt"

Granville Hicks war von 1935 bis 1939 Parteimitglied gewesen, Arthur Koestler von 1931–39, Hans Werner Richter von 1930–39. Louis Fischer war zwar niemals Parteimitglied gewesen, aber hatte mit kurzen Unterbrechungen von 1922 an in der Sowjetunion gelebt und sich, rückschauend auf die damalige Periode, als „sowjetfreundlich" eingestuft. Kaum ein Ausländer hat eine solche Zeitspanne der sowjetischen Entwicklung so intensiv durchlebt wie er.

Louis Fischer, in Philadelphia aufgewachsen und seit Dezember 1921 als freier Journalist in Europa tätig, neigte sich seit dieser Zeit den Bolschewiki zu. Er schreibt darüber: „Die Bolschewisten ... traten für die internationale Verbrüderung des werktätigen Mannes ein. Sie wollten die Rassendiskriminierung aufheben, die Ausbeutung beseitigen, ebenso wie die Ungleichheit, die Macht der Reichen, die Vorrechte der Könige und die Eroberungssucht." Auch Louis Fischer war von diesen Hoffnungen angetan: „Zum ersten Mal wagte sich eine Regierung daran, die Träume der Reformatoren, Bilderstürmer und Vorkämpfer aller Zeiten zu erfüllen.“ Die Einmaligkeit der damaligen bolschewistischen Appelle war ihr internationaler Charakter. Louis Fischer war vor allem davon beeindruckt, daß die damaligen Aufrufe das Ziel hatten, nicht nur Rußland zu verändern, sondern in der ganzen Welt den Krieg, die Armut und das Leiden abzuschaffen. Er fuhr im September 1922 zum ersten Mal nach Moskau und war im November 1922 beim 4. Weltkongreß der Kommunistischen Internationale. Schon damals lernte er Lenin, Trotzki und Sinojew kennen und wirkte dabei manchmal mehr als Teilnehmer denn als journalistischer Beobachter[10].

Die Sowjetunion durchlebte damals die Periode der „Neuen Ökonomischen Politik“ und wurde, was sich Louis Fischer besonders einprägte, von noch relativ jungen dynamischen bolschewistischen Führern geleitet: im Jahre 1922 war Lenin 52 Jahre alt, Trotzki 43, Stalin 43, Sinojew und Kamenew 39, Bucharin 34, Radek 37 Jahre alt. „Die Begeisterung war anstekkend“, erinnerte sich Louis Fischer. „Warum sollten ausländische Regierungen und ausländische Diplomaten und Korrespondenten in Moskau Obstruktion betreiben und die Anstrengung einer großen Nation, sich selber aus dem Dreck zu ziehen, verhüllen? Da ich selber in Armut geboren und aufgewachsen war, hieß ich instinktiv jede Bestrebung willkommen, sie auszurotten ... Die Revolution brach vollkommen mit der Vergangenheit. Das waren die Hauptanziehungsmomente ... Ich bewunderte ihren Mut. Niemand konnte an ihrer Ernsthaftigkeit zweifeln. An der Spitze der Liste kommunistischer Tugenden stand der Internationalismus.“

Louis Fischer sah auch einige kritische Dinge, über die er mit seinen sowjetischen Freunden in Moskau sprach, aber auf Reisen in Europa und Amerika verteidigte er stets die Sowjetunion. Aus Gesprächen in der Sowjetunion erfuhr er jedoch von dem „Kronstädter Blutbad“ im März 1921, der brutalen Unterdrückung des Aufstandes revolutionärer Matrosen, von der Kronstädter Bevölkerung unterstützt, gegen die sich bereits damals bürokratisierende bolschewistische Herrschaft. Er sprach mit Menschen, für die „Kronstadt“ das entscheidende Erlebnis war, die Ursache ihres Bruchs mit dem bolschewistischen System. In Louis Fischers eigenem Werdegang gab es jedoch für viele Jahre noch kein „Kronstadt“. Die sowjetische Verheißung belebte während der 20er Jahre seine Phantasie: „Das Kapital der Bolschewisten war die Zukunft“, erinnert er sich. „Jeden neuen Fünfjahresplan stellten sie als einen schweren aber notwendigen Schritt zur Erreichung der neuen Welt hin. Wie konnte man sich über die Kartoffelknappheit beklagen, wenn man doch den Sozialismus aufbaute? Wollte man nicht für Dnjeprostroi und Magnitogorsk auf Butter verzichten, da sie doch mehr Wasserkraft, mehr Stahl und letztlich mehr Butter bedeuteten?“ Die Industriebauten des Fünfjahresplanes, die Fabriken und Stauwerke waren für ihn Musik des Sozialismus, die Ouvertüre für die neue Gesellschaftsordnung. Er fühlte sich mit den Bauwerken, die er ständig besuchte, engstens verbunden. Die Bauten des ersten Fünfjahresplans beeindruckten ihn um so mehr, als nach dem Bankkrach vom Jahre 1929 die Massenarbeitslosigkeit in den kapitalistischen Ländern im scharfen Kontrast zum sowjetischen Aufbau stand.

Gewiß kamen auch ihm die ersten Zweifel – erstmals bereits im Juni 1928 beim Schachty-Prozeß, auf dem sowjetische Ingenieure – fälschlicherweise – wegen Sabotage und Spionage angeklagt waren. Einer der Angeklagten, ein gewisser Muschkin, leierte mit käsigem und bleichem Gesicht seine – natürlich erfundene – Geschichte wie ein aufgezogener Apparat herunter. Es war klar, erkannte Louis Fischer, daß Muschkin nur eine für ihn im Keller der GPU eingedrillte Rolle gespielt hatte. Es folgte die Verbannung und schließlich die Ausweisung Trotzkis. Der Revolver der GPU, so erkannte er, wurde das entscheidende Argument. Louis Fischer erlebte die zunehmende Bedeutung der Geheimpolizei im Sowjetstaat und vermerkte kritisch, „die kriecherische Speichelleckerei und sacharin-süßliche Verherrlichung Josef Stalins.“ Schon schien er der Erkenntnis seines „Kronstadt“ nahe – aber noch glaubte, ja hoffte er, dies seien Geschwüre an einem an und für sich gesunden Staatskörper.

Mit dem Sieg des Naziregimes in Deutschland 1933 begannen sich die Prioritäten für ihn drastisch zu verschieben. Der vom damaligen sowjetischen Außenkommissar Litwinow propagierte gewaltige Feldzug für eine antifaschistische Koalition stand für Louis Fischer im Vordergrund. Seine Stellung zur innersowjetischen Entwicklung war zwiespältig. Einerseits hatten sich die Lebensverhältnisse in den Jahren 1934 bis 1935 etwas gebessert, andererseits sah er deutlich, wie die Bürokratie nun immer mehr Kriecher, Zyniker und Feiglinge heranzüchtete. In oberen wie in unteren Rängen war eher Furcht als Denken, Eigensucht weit mehr als das Gemeinwohl verbreitet – und vor allem Angst. Louis Fischer: „Diese vorsichtigen, berechnenden, unterwürfigen, nervösen Heuchler in der Staatsverwaltung, in der Partei, in den Gewerkschaften und anderen Organisationen achteten vorsichtig auf ihre Schritte, blickten scheu über ihre Schulter nach hinten und bekundeten laut ihre Loyalität, beteten monoton die amtliche Propaganda nach und gaben sich alle Mühe, um zum Trost dafür zu essen, zu trinken, zu tanzen und überhaupt so luxuriös zu leben wie es die gelokkerten materiellen Verhältnisse zuließen."

Louis Fischer bemerkte vor allem kritisch die zunehmende soziale Differenzierung, die Entrechtung der Gewerkschaften, während die Fabrikdirektoren als einzige schalteten und walteten, einstellten, entließen und die Löhne festsetzten. Nach der Ermordung Kirows am 1. Dezember 1934 wurden 103 Personen hingerichtet, die bereits viele Monate vor Kirows Tod im Gefängnis gesessen hatten. Louis Fischer war angeekelt; der Sowjetstaat hatte sich zu einem grausamen, übergroßen Ungeheuer ausgewachsen. Hinzu kam der zunehmende Nationalismus. Immer weniger wurden die Revolutionäre der Vergangenheit, immer mehr die Zaren und zaristischen Generäle zu Nationalhelden aufpoliert.

Noch einmal klammerte sich Louis Fischer an eine Hoffnung – als 1935 die Vorbereitung einer neuen „demokratischen" Verfassung angekündigt wurde. Aber dann, 1936, begannen die Moskauer Schauprozesse und die Massenverhaftungen der „großen Säuberung“. Louis Fischer spürte die heranbrechende Nacht. Er wußte, daß er nicht mehr länger in der Sowjetunion leben wollte und konnte.

In diesem kritischen Augenblick brach der Aufstand Francos gegen die Republik und damit der spanische Bürgerkrieg aus. Spanien wurde nun seine Front gegen den Faschismus. Louis Fischer verließ die Sowjetunion und ging nach Spanien – er schrieb nicht nur darüber, sondern nahm auch aktiv an den Kämpfen teil. Der spanische Bürgerkrieg, der sein ganzes Denken und Handeln gefangen nahm, verzögerte sein Kronstadt wiederum. Gewiß erfuhr Louis Fischer durch gelegentliche Reisen nach Moskau und durch seine Freunde in der Sowjetunion von der großen Säuberung. Selbst in Spanien war man von der sowjetischen Entwicklung nicht getrennt: sowjetische Staatsangehörige, die als Militärpersonen oder Zivilisten in Spanien ihre Dienste leisteten, wurden nach Moskau zurückgerufen und, nach ihrer Rückkehr, in der Sowjetunion verhaftet, verbannt und manchmal auch hingerichtet. Aber Louis Fischer fand seinen letzten Ausweg: Bei aller Kritik an der sowjetischen inneren Entwicklung unterstützte er die sowjetische Außenpolitik. Er schwieg, weil er den antifaschistischen Kampf der Sowjetunion nicht gefährden wollte. Aber sein Kronstadt ereilte ihn schließlich doch. Louis Fischer:

„Dann kam der Sowjet-Nazi-Pakt vom 23. August 1939, der die Sowjetregierung auf den Kurs festlegte, den sie von jenem Tag an bis auf den heutigen verfolgt hat. Dieser Pakt bewirkte mein ‚Kronstadt‘. Der Pakt war ein Übereinkommen, das nicht darauf abzielte, Zeit, sondern Gebietsabtretungen zu gewinnen. In geheimen, jetzt veröffentlichten Protokollen schuf er eine Teilung der Einflußbereiche aller für die Sowjet-Nazi-Aggression erreichbaren Gebiete. Damit begann Rußlands Aggression, die ihm sein heutiges, in seinen Fugen krachendes Imperium bescherte und es zum bösesten Problem für die Menschheit machte. Der Sowjet-Nazi-Pakt war sein Grabstein für die bolschewistische Internationale und der Eckstein für den bolschewistischen Imperialismus. Er war möglich, weil das bolschewistische Rußland zu einem Friedhof für die Bolschewisten geworden war. Ich konnte mit einem System, das seine Ursprünge und seine Schöpfer verriet, nicht sympathisieren." [11]

Willi Münzenberg: „Der Verräter, Stalin, bist Du!"

Unter den vielen Kommunisten, die aus Enttäuschung und Empörung über den Hitler-Stalin-Pakt mit der Sowjetunion und der Komintern brachen, war Willi Münzenberg wohl der bedeutendste.

Willi Münzenberg, seit 1917 enger Freund Lenins, Begründer der „Kommunistischen Jugendinternationale" und fast zwei Jahrzehnte der wohl fähigste Propagandaleiter des internationalen Kommunismus, stammte aus Erfurt in Thüringen. 1889 geboren wuchs er in ärmlichen Verhältnissen auf, besuchte nur unregelmäßig die Volksschule, las aber heimlich alles, was ihm in die Hände fiel. Schon in frühen Jugendjahren begann er in einer Erfurter Schuhfabrik zu arbeiten und schloß sich der sozialistischen Jugendbewegung an. Dann ging er als Wanderbursche in die Schweiz, wurde Austräger in einer Züricher Apotheke und lernte 1915, während des Ersten Weltkrieges, die damals in Zürich lebenden russischen Emigranten kennen: Lenin, dessen Frau Krupskaja, Trotzki und Sinowjew. Willi Münzenberg, im Sozialistischen Jugendverband Zürich aktiv – und schon bald sein Vorsitzender – kam 1918 nach Deutschland, gehörte der KPD seit ihrer Gründung an, war jedoch vor allem in der kommunistischen Jugendbewegung tätig. Zusammen mit Leo Flieg, dem Österreicher Richard Schüller, dem Jugoslawen Karlo Stajner und dem Schweizer Paul Thalmann gründete Münzenberg die „Kommunistische Jugendinternationale" [12] (KJI).

Münzenberg wurde bei der Gründung zum Vorsitzenden der KJI gewählt, protestierte jedoch schon bald gegen die Gängelung der Jungkommunisten durch die Komintern und wurde vom damaligen Kominternführer Sinowjew abgesetzt.

Im Sommer 1921 beauftragte ihn Lenin – mit dem er während der ganzen Zeit in persönlichem oder brieflichem Kontakt stand – angesichts der damaligen Hungersnot in Rußland, eine internationale Hilfsaktion einzuleiten; Münzenberg wurde zum Gründer und Organisator der „Internationalen Arbeiterhilfe“ (IAH) und war außerordentlich erfolgreich – Millionen an Geld und Sachwerten kamen in das vom Hunger heimgesuchte Sowjetrußland. In zunehmendem Maße unterstützte die IAH auch streikende und eingekerkerte Kommunisten sowie deren Frauen und Kinder in vielen Ländern.

Münzenberg nahm an Fraktionskämpfen in der Partei oder in der Komintern nicht teil und hatte ein relativ großes Maß an Unabhängigkeit. Seine Erfolge beruhten weitgehend darauf, daß er ungestört von der lähmenden Kontrolle der Parteibürokratie operieren konnte. So gelang es ihm, Zeitungen, Zeitschriften und Filmateliers zu gründen und einfallsreich zu gestalten. In zunehmenden Maße zog er bekannte Intellektuelle und berühmte Persönlichkeiten zur Mitarbeit heran. Bereits 1926 verfügte Münzenberg in Deutschland über zwei Tageszeitungen mit großen Auflagen („Welt am Abend“ und „Berlin am Morgen“), die „Arbeiter-Illustrierte“ (AIZ), die Zeitschrift „Roter Aufbau“, Zeitschriften für Fotografen und Radioamateure (geschickt mit kommunistischer Tendenz verknüpft), ein erfolgreiches Filmunternehmen sowie den „Neuen Deutschen Verlag“ und die „Universum-Bücherei“. Schon nach wenigen Jahren verbreitete sich die von Münzenberg geleitete IAH mit ihren Zeitungs-, Zeitschriften- und Sammelaktionen, Volksküchen und Kinderheimen über die ganze Welt. Margarete Buber-Neumann, die ihn schon damals kannte, beschreibt ihn: „Willi Münzenberg war wirklich eine erstaunliche Persönlichkeit, die einen fast magischen Einfluß auf Menschen der verschiedensten Kategorien ausübte ... Wohl kein anderer prominenter deutscher Kommunist war so voller Ideen wie Münzenberg. Er blieb den Gewohnheiten der Jugendbewegung treu. An Sonntagen, an denen es keine Versammlungen gab, zog es Willi Münzenberg hinaus ins Freie ...

Münzenberg trank kaum Alkohol, liebte es zu wandern, sich irgendwo im Wald zu lagern und Sport zu treiben.“ [13]

Mit der Gründung der „Antiimperialistischen Liga“ im Jahre 1927 wurde sein Name weit über Deutschland hinaus bekannt. An der Liga beteiligten sich u. a. der Brasilianer Luis Carlos Prestes, der Inder Jawaharlal Nehru (der spätere Ministerpräsident Indiens), der berühmte mexikanische Maler Diego Rivera, die Witwe Sun-Yat-Sens und, aus Nicaragua, General Sandino, auf den sich die spätere Bewegung der „Sandinisten“ berief. Der Psychologe und Schriftsteller Manès Sperber, der Ende 1931 in Berlin den damals 42jährigen Willi Münzenberg kannte, erinnert sich: „Schon war sein Name weit über Deutschlands Grenzen gedrungen. Überall in der Welt, in der kommunistischen Bewegung und in zahllosen Sympathisantenorganisationen, besonders aber in den intellektuellen Kreisen vieler Länder, errang der Propagandist der Komintern unter verschiedenen Namen mit variablen Mitteln die erstaunlichsten Erfolge.“ [14]

Nach Hitlers Machtantritt 1933 verlegte Willi Münzenberg seinen Sitz nach Paris und gründete schon bald das „Hilfskomitee für die Opfer des deutschen Faschismus“ mit Zweigstellen überall in Europa und Amerika. Neben dem offiziellen Komitee, mit seinem glänzenden Aushängeschild internationaler Berühmtheiten, gab es das eigentliche Sekretariat, in dem Münzenberg und die kommunistische Fraktion arbeiteten – zunächst in der Rue Mendetour in der Nähe der Hallen, später im Hause Boulevard Montparnasse Nr. 83. Anschließend gründete Münzenberg den Verlag Editions du Carrefour und brachte das berühmte „Braun-Buch über Reichstagsbrand und Hitler-Terror“ heraus, das schon bald in alle Weltsprachen übersetzt und zur schärfsten Anklage gegen das Hitler-System wurde. Der wichtigste Autor des Braunbuches war André Simon (Pseudonym für Otto Katz), der viele Jahre später als Angeklagter im Slansky-Prozeß in der Tschechoslowakei Ende 1952 zum Tode verurteilt wurde.

Nach dem „Braun-Buch“ gründete Willi Münzenberg das „Komitee zur Untersuchung der Hintergründe des Reichstagsbrandprozesses“, bestehend aus Anwälten verschiedener Länder von internationalem Rang. Dieses Komitee organisierte den berühmten „Gegenprozeß“, kurz bevor der offizielle Reichstagsbrandprozeß in Deutschland stattfand, und brachte damit das Nazi-Regime in große Verlegenheit. Es folgte das zweite Braun-Buch „Dimitroff contra Göring / Enthüllungen über die wahren Brandstifter“ und viele andere Komitees, die im Sinne der inzwischen verkündeten Volksfront dem Kampf gegen den Faschismus dienten.

Im Mai 1936 wurde Willi Münzenberg nach Moskau gerufen. Es ging damals um Moskaus Wunsch nach Bildung einer neuen großen Friedensbewegung; sie erhielt den Namen „Rassemblement Universel pour la Paix“ in der Abkürzung RUP genannt und in deutschen Emigranten-Veröffentlichungen als „Weltfriedensbewegung“ bezeichnet. Ihr Sitz war in der Rue de Bourgogne in Paris. Münzenberg erhielt in Moskau die Aufgabe, die kommunistische Beteiligung im Hintergrund zu halten und möglichst prominente Persönlichkeiten zur Mitwirkung zu gewinnen. Dies gelang ihm in erstaunlichem Maße. An dem RUP-Kongreß am 7. und 8. September 1936 in Brüssel nahmen 5500 Delegierte unterschiedlicher Richtungen aus vielen Ländern teil. Die vorbereitete Entschließung für die „Kollektive Sicherheit und den unteilbaren Frieden“ wurde angenommen.

Zu jener Zeit, im Herbst 1936, war Münzenberg noch der Leiter des riesigen Propaganda-Instruments der Komintern – aber dies ging nun dem Ende entgegen. Bereits im Sommer 1936 hatte Moskau den tschechischen Kominternfunktionär Bohumil Smeral nach Paris entsandt, offiziell zur „Mitarbeit“ bei Münzenberg, in Wirklichkeit aber mit dem Ziel, Münzenberg allmählich auszuschalten und dann den Apparat zu übernehmen.

Im Oktober 1936 wurde Münzenberg erneut nach Moskau gerufen, um dort in der Agitprop-Abteilung (Agitation und Propaganda) der Komintern zu arbeiten. Die Reise Münzenbergs mit seiner Frau Babette im Oktober 1936 sollte ihre letzte Reise nach Moskau sein. Als sie in Moskau ankamen, stellten sie mit Schrecken fest, daß die Verfolgungswelle nach der Verurteilung Sinojews und Kamenews zum Tode keineswegs zu Ende gegangen war, sondern gerade erst begonnen hatte. Babette Gross erinnert sich: „Die Menschen waren verstört, sie konnten nicht begreifen, was vor sich ging, sie zermarterten sich das Hirn, was für Abweichungen von der Parteilinie sie sich hatten zu Schulden kommen lassen, die man ihnen jetzt in der ‚großen Säuberung' vorwerfen konnte ... Man wagte nicht, uns in unserem Hotel, dem neuerbauten Moskwa am Arbat, zu besuchen." Als Münzenberg versuchte, eine Verabredung mit Karl Radek zu treffen, wurde ihm von einem früheren Mitarbeiter – unter dem Siegel der Verschwiegenheit – erzählt, Radek sei gerade verhaftet worden.

In der Komintern-Zentrale wurde Münzenberg mitgeteilt, er möge seine Organisation in Paris an Smeral übergeben – und gleichzeitig wurde Münzenberg vor die Internationale Kontrollkommission der Komintern (IKK) geladen, um sich wegen angeblicher „mangelnder revolutionärer Wachsamkeit" zu verantworten. Er habe, so warf man Münzenberg vor, eine gewisse Liane Klein beschäftigt, deren Vater angeblich ein Spion im Dienste Francos sei und über seine Tochter Informationen über das Unternehmen erhalten habe. Münzenberg war anfangs über diesen Vorwurf erheitert, denn Liane hatte lediglich als Stenotypistin von 1933–35 in einem seiner Büros gearbeitet und mit vertraulichen Arbeiten nie etwas zu tun gehabt; aber als Münzenberg zum zweiten, ja zum dritten Mal wegen dieser Angelegenheit vorgeladen wurde, verstand er, daß der „Fall Liane" nur ein Vorwand war, um ihn zu erledigen.

Von da an hatte er nur noch einen Gedanken: Moskau so schnell wie möglich zu verlassen. Münzenberg ging zu Togliatti und erklärte, er müsse unbedingt die Aktion für Spanien, die er in Paris eingeleitet hatte, zu Ende führen. Togliatti stimmte ihm zu und Münzenberg erhielt von der Kader-Abteilung der Komintern die Nachricht, die Abreise für ihn und seine Frau Babette Gross sei genehmigt. Als Münzenberg sich von Heinz Neumann verabschiedete, brach dieser in Tränen aus. Beide wußten, daß sie einander niemals wiedersehen würden.

Zur verabredeten Zeit trafen Münzenberg und Babette Gross auf dem Bahnhof ein. Aber sie warteten vergebens. Niemand kam, um ihnen die Pässe mit der Ausreisegenehmigung und den Fahrkarten auszuhändigen. Niedergeschlagen kehrten sie in das Hotel zurück. „In der Nacht schlossen wir kein Auge und warteten auf das Klopfen der NKWD-Leute an der Tür," erinnert sich Babette Gross. Am nächsten Morgen stürmte Münzenberg zu Togliatti und machte ihm eine wütende Szene. Das tat seine Wirkung. In Münzenbergs Beisein führte Togliatti eine Reihe wichtiger Telefongespräche. Daraufhin erhielten sie die Papiere und Fahrkarten und reisten noch am gleichen Tag aus Moskau ab.

Über Dänemark kehrte Münzenberg nach Paris zurück. „Münzenberg hatte nach den hektischen Tagen in Moskau seine Ruhe wiedergefunden", schreibt Babette Gross. „Er würde nie wieder nach Moskau zurückkehren. Jetzt galt es weiterzuleben und zu arbeiten, ohne den Rückhalt der Komintern, ja höchstwahrscheinlich gegen sie."

In Paris eingetroffen übergab Willi Münzenberg die Abschlußberichte, Bilanzen und Abrechnungen für alle Komitees und Verlage, die seiner Kontrolle unterstanden hatten, an den neuen Komintern-Beauftragten Smeral. Das von ihm aufgebaute weltumspannende Unternehmen wurde nun von der Parteibürokratie übernommen und zerfiel bald darauf. Zur gleichen Zeit hatte Münzenberg eine ihn tief erschütternde Begegnung. Bucharin, einst der engste Mitkämpfer Lenins und spätere Vorsitzende der Kommunistischen Internationale, war nach Paris gekommen, um einen Vortrag vor der „Gesellschaft der Freunde Sowjetrußlands" zu halten. Es war qualvoll. Bucharin war völlig zerstört, las jedes Wort vom Blatt ab und sprach manche Abschnitte seines Vortrages in unverständlichem Flüsterton. Dann traf ein Telegramm aus Moskau ein: Bucharin sollte zurückkehren. Vergebens beschworen ihn seine Freunde, er solle doch in Paris bleiben. Bucharin, totenbleich und mit zitternder Stimme erklärte, er werde fahren, obwohl er genau wisse, was ihm in Moskau bevorstehe.

Im Frühjahr 1937 bekam Münzenberg eine Postkarte aus Moskau. Heinz Neumann war verhaftet worden. Wenige Tage später wurde der bekannte in Paris lebende deutsche KP-Funktionär und langjährige Freund Münzenbergs, Leo Flieg, nach Moskau gerufen. Münzenberg und andere Freunde rieten ihm, nicht zu fahren. Mit ruhiger Stimme wehrte Leo Flieg ab: „Ich habe mir nichts vorzuwerfen, ich kneife nicht!" Nach seiner Ankunft in Moskau wurde er verhaftet.

In dieser Situation wurde am 10. April 1937 in einem Saal in der Rue Cadet in Paris die Gründungs-Konferenz der „Deutschen Volksfront" eröffnet. 300 Delegierte verschiedenster politischer Richtungen nahmen daran teil. Zu den Referenten gehörten der Schriftsteller Heinrich Mann, der Sozialdemokrat Rudolf Breitscheid, sowie Willi Münzenberg, der über die „Aufgaben der Volksfront" sprach; er wandte sich – offensichtlich auf die KP-Führung in Paris anspielend – gegen eine kleinliche Politik von Winkelzügen, die nur das Vertrauen zerstören würde. Von Heinrich Mann erhielt er darauf einen auffälligen Dank. Hinter den Kulissen aber intrigierte Walter Ulbricht gegen Münzenbergs Beteiligung an der Volksfront und führte damit zu ihrer weiteren Schwächung.

Unter dem Eindruck der „großen Säuberung" in der Sowjetunion – und auch im republikanischen Spanien – sagte sich eine Gruppe nach der anderen von der Volksfront los: zunächst die fortschrittlichen Liberalen um Leopold Schwarzschild und das „Neue Tagebuch", dann die noch verbliebenen Sozialdemokraten und schließlich auch die Vertreter der „Sozialistischen Arbeiterpartei" (SAP).

Vom Herbst 1937 bis Herbst 1938 wurde einerseits eine Flüsterkampagne der KPD-Emigrationsführung gegen Münzenberg betrieben, andererseits immer wieder versucht, Münzenberg dazu zu bewegen, nach Moskau zu kommen. Dimitroff schrieb ihm, in Moskau erwarteten ihn neue wichtige Aufgaben. Münzenberg erhielt einen weiteren Brief von Dimitroff, in dem es hieß, dieser habe volles Verständnis für die Schwierigkeiten, die es in Paris gegeben habe, aber man könne doch alles lösen, sobald er, Münzenberg, in Moskau sei und dann werde man sich aussprechen.

Kurz darauf traf Münzenberg einen amerikanischen Kommunisten: „Was kann Ihnen denn passieren?“ meinte dieser. Aber Münzenberg lehnte ab. „Sie werden mich, ebenso wie die anderen, erschießen und nach 10 Jahren werden sie erklären, daß sie einen großen Fehler gemacht haben.“ So wolle er lieber auf die Reise verzichten.

Im Herbst 1938 verstärkte sich die KP-Kampagne gegen Münzenberg. Ein Rundschreiben der KP-Fraktion im Volksfrontausschuß berichtete, es seien Untersuchungsverfahren gegen Münzenberg eingeleitet worden, weil dieser ohne Wissen der Partei Besprechungen mit „rechtsbürgerlichen Kreisen“ abgehalten hätte. Unter dem Eindruck dieses Kesseltreibens verschickte Münzenberg im Herbst 1938 ein (allerdings sonst nicht veröffentlichtes) Rundschreiben an seine engeren Freunde, in dem er – ohne jede Schärfe und ohne Beschimpfungen – seine Trennung von der KPD bekannt gab: „Da die Verhältnisse in Deutschland und die Zuspitzung der internationalen Krise den Einsatz jedes einzelnen erfordern, zwingen mich meine politische Vergangenheit, mein sozialistisches Verantwortungsbewußtsein und mein Temperament, mich von einer Organisation zu trennen, die mir eine politische Arbeit unmöglich macht.“ Abschließend stellte er fest, seine Stellung zur Sowjetunion habe sich nicht geändert.[15]

Münzenberg gründete die unabhängige überparteiliche Deutsche Wochenschrift „Die Zukunft“, deren erste Nummer Mitte Oktober 1938 erschien. „Die Zukunft“ setzte sich das Ziel, den Kampf gegen den Nazismus zu führen, sich für eine Zusammenarbeit der verschiedenen Emigrationsgruppen einzusetzen und ein Programm für die Zeit nach dem Zusammenbruch des Nazi-Regimes zu entwickeln. Schon die erste Nummer enthielt eine Liste von Mitarbeitern aller politischen Richtungen – Thomas Mann, Heinrich Mann, Stefan Zweig, Josef Roth, Arnold Zweig, Lion Feuchtwanger, Alfred Döblin, Alfred Kerr, Rudolf Olden, Manès Sperber und eine Vielzahl von Ausländern, darunter Ignazio Silone und H. G. Wells. „Die Zukunft" war so erfolgreich, daß die von der KPD herausgegebene „Deutsche Volkszeitung" völlig ins Hintertreffen geriet.

Seit Anfang 1939 entstand eine lockere Gemeinschaft „Freunde der Zukunft", die sich zu politischen Diskussionen zusammenfanden und auch durch kulturelle Veranstaltungen der deutschen Emigration einen geistigen Mittelpunkt gaben. Daraus entwickelten sich die „Freunde der sozialistischen Einheit", Gruppen selbständig denkender deutscher politischer Emigranten – in engster Zusammenarbeit mit österreichischen Emigranten –, die das Programm einer zukünftigen reformierten deutschen Arbeiterbewegung ausarbeiteten. Als Ziel stand der Zusammenschluß „aller ehrlichen antinazistischen Arbeiter" zu einer „revolutionären Einheitspartei der Arbeiterklasse" mit garantiertem innerparteilichen „Selbstbestimmungsrecht" und vollkommener Unabhängigkeit sowohl gegenüber der Zweiten (Sozialistischen) als auch gegenüber der Dritten (Kommunistischen) Internationale und die grundsätzliche Bereitschaft, „mit allen ehrlichen demokratischen Kräften Deutschlands" zusammenzuarbeiten.

In der „Zukunft" gab Willi Münzenberg am 10. März 1939 die Gründe seines Austritts aus der KPD nun offiziell bekannt: „Ich trenne mich schwer von einer Organisation, die ich mitgegründet und mitgeschaffen habe." Er erinnerte daran, daß er sich schon 1915 als einer der ersten deutschen Sozialisten Lenin und seiner Bewegung angeschlossen hatte, für die er fast 25 Jahre mit dem Einsatz seiner Person tätig gewesen war. In den letzten zwei Jahren sei es jedoch zu einem Konflikt mit der Emigrationsleitung der KPD gekommen, vor allem über die Ziele der Volksfront und über die innerparteiliche Demokratie. Münzenberg warf der KPD eine „widerspruchsvolle Politik" vor: einerseits fordere sie die demokratische Volksrepublik, andererseits verzichte sie nicht auf eine „Einparteidiktatur". Sie trete für eine „Schaffung einer Einheitspartei der Arbeiterschaft" ein, setze aber gleichzeitig die alte Taktik der Verunglimpfungen fort. Der Kampf gegen den Faschismus werde erschwert, „durch eine Organisationsform, die mit der ursprünglichen Partei wenig gemeinsam hat, durch das Übergewicht eines bürokratischen Apparats, der das Parteileben beherrscht, und durch eine Leitung, die sich trotz aller Niederlagen seit 1933 unfehlbar und unersetzbar dünkt."

Münzenberg beschränkte sich nicht auf eine Kritik, sondern gab auch seine eigenen politischen Zielsetzungen bekannt: „Die Arbeiterpartei muß sich zu den Grundprinzipien der klassischen Arbeiterbewegung bekennen, zur Unverletzlichkeit und Unantastbarkeit der innerparteilichen Demokratie und des Mitbestimmungsrechts aller Mitglieder." Der Kampf gegen den Faschismus könne nur von Menschen gewonnen werden, die von ihren eigenen Erkenntnissen und Ideen überzeugt sind und auf freiwilliger Grundlage leiden und Opfer auf sich nehmen. Mit reglementierten, kommandierten und schikanierten toten Seelen sei der Kampf nicht zu gewinnen. Der Kernsatz seiner Vorstellungen über ein zukünftiges Deutschland nach dem Sturz Hitlers lautete: „Wenn das neue Deutschland Existenzberechtigung haben will, darf es weder eine schematische Wiederholung der Weimarer Demokratie noch eine Einparteiherrschaft nach stalinistischem Muster sein."

Aber selbst nach seinem öffentlich verkündeten Austritt aus der KPD vermied es Münzenberg, die Sowjetunion und Stalin anzugreifen: „Ich ändere meine Stellung nicht zur Sowjetunion, dem ersten Land eines sozialistischen Aufbaus, dem großen Friedensgaranten"[16], schrieb Münzenberg in seiner Erklärung vom 10. März 1939.

Dann kam der Pakt. Alle Gründe, die ihn bislang zum loyalen Schweigen gegenüber der Sowjetunion veranlaßt hatten, waren fortgefallen. Bei Münzenberg, so erinnert sich Babette Gross, waren jetzt alle Dämme gebrochen. Sein Protest war wie ein Aufschrei. Münzenberg prangerte „den russischen Dolchstoß" an. Sein Artikel schloß mit den Worten:

„Frieden und Freiheit müssen verteidigt werden, gegen Hitler und Stalin. Der Sieg muß gegen Hitler und Stalin erkämpft und die neue unabhängige Einheitspartei der deutschen Arbeiter im Kampf gegen Hitler und gegen Stalin geschmiedet werden ... Jahrelang hat eine ausgehaltene Presse gehetzt und verleumdet, hat Hunderte von niederträchtigen Lügen verbreitet, Tausende tapfere Arbeiter verdächtigt, keine Nummer der ‚Volkszeitung' erschien, die nicht hundertmal wiederholte: ‚Nieder mit dem Schädling, nieder mit dem Verräter.'

Heute stehen in allen Ländern Millionen auf, sie recken den Arm, rufen, nach dem Osten deutend:

Der Verräter, Stalin, bist Du!"[17]

ANMERKUNGEN

KAPITEL 1

Handschlag in Moskau: Geheimhaltung und Überraschung auf höchster Ebene

[1] Hans von Herwarth: Zwischen Hitler und Stalin. Erlebte Zeitgeschichte 1931–1945, Propyläen-Verlag Frankfurt/Main, 1982, S. 186.

[2] A. Rossi: Zwei Jahre deutsch-sowjetisches Bündnis. Verlag für Politik und Wirtschaft Köln 1954, S. 50–51.

[3] Hans von Herwarth: A. a. O., S. 187–189.

[4] A. Rossi: A. a. O., S. 54.

[5] Alexander Werth: Rußland im Krieg. Verlag Droemer-Knaur, München – Zürich 1965, S. 56 u. 57.

[6] Chruschtschow erinnert sich. Herausgegeben von Strobe Talbott. Rowohlt Verlag, Reinbek bei Hamburg 1971, S. 140–141.

[7] Ernst Fischer: Erinnerungen und Reflexionen. Rowohlt Verlag, Reinbek bei Hamburg, 1969, S. 406–409.

[8] Jesus Hernandez: La Grande Trahison. Paris 1953, S. 206–207.

[9] Enrique Castro Delgado: Mi fe se perdi en Moscōu (Ich habe meinen Glauben in Moskau verloren). Verlag Horizontes, Mexiko 1951, S. 36–37.

[10] Enrique Castro Delgado: A. a. O., S. 37.

[11] Ernst Fischer: A. a. O., S. 409–411.

[12] Ruth von Mayenburg: Blaues Blut und Rote Fahnen. Verlag Fritz Molden, Wien – München – Zürich, 1969, S. 268.

[13] Friedrich Uttitz: Zeugen der Revolution. Mitkämpfer Lenins und Stalins berichten. Gespräch mit Ruth von Mayenburg, S. 134.

[14] Herbert Wehner: Zeugnis. Köln 1982, S. 233.

[15] Sidney Wilfred Scott: Rebel in a Wrong Cause. Collins, Auckland, 1960, S. 98–102.

[16] Enrique Castro Delgado: A. a. O., S. 43–46.

[17] Hans von Herwarth: A. a. O., S. 173.

[18] Hans von Herwarth: A. a. O., S. 187 u. 188.

[19] Juho Kusti Paasikivi: Meine Moskauer Mission 1939–1941. Holsten-Verlag Hamburg 1966, S. 50–51 und 56.

[20] Juhu Kusti Paasikivi: A. a. O., S. 58.

[21] Grigore Gafencu: Vorspiel zum Krieg im Osten. Verlag Amstutz, Herdeg & Co., Zürich 1944, S. 62–63.

[22] Alexander Werth: A. a. O., S. 56–57.

[23] Enrique Castro Delgado: A. a. O., S. 45–46.

[24] Alexander Werth: A. a. O., S. 58.

[25] N. G. Kusnezow: Am Vorabend. Militärverlag der Deutschen Demokratischen Republik, Ost-Berlin 1969, S. 250–253.
[26] A. Rossi: A. a. O., S. 52–53.
[27] A. Rossi: A. a. O., S. 54.
[28] Alexander Nekritsch: Entsage der Angst. Erinnerungen eines Historikers. Ullstein-Kontinent, Frankfurt/Main – Berlin – Wien 1983, S. 143.

KAPITEL 2
Der Pakt und die Menschen in der Sowjetunion

[1] Alexander Werth: A. a. O., S. 57.
[2] Times, London, 28. August 1939.
[3] Oksana Kasenkina: Leap to Freedom. New York 1949, S. 86.
[4] Anatolij Granowski: I was an NKVD-Agent. New York 1962, S. 120. Nachdruck des 1955 in London unter dem Titel „All Pity Choked" erschienenen Buches.
[5] M. E. Gallai: Pjerwyje boi my wygrali – deutsch: Die ersten Kämpfe haben wir gewonnen, aus der Zeitschrift Nowy Mir Nr. 9, 1966, S. 24–25. Englisch: in der Anthologie von Seweryn Bialer: Stalin and his Generals Pegasus. New York 1969, S. 128–129.
[6] Viktor A. Kravchenko: Ich wählte die Freiheit. Das private und politische Leben eines Sowjetbeamten. Hamburg 1946, S. 438–441.
[7] Leopold Grünwald: Wandlung. Ein Altkommunist gibt zu Protokoll. Verlag der Wiener Volksbuchhandlung o. J., S. 71.
[8] Wolfgang Leonhard: Die Revolution entläßt ihre Kinder. Verlag Kiepenheuer & Witsch, Köln 1955, Neuauflage 1981, S. 50–55.
[9] Viktor A. Kravchenko: A. a. O., S. 438.
[10] Wolfgang Leonhard: A. a. O., S. 58–59.
[11] Enrique Castro Delgado: A. a. O., S. 38–39.
[12] Wolfgang Leonhard: A. a. O., S. 59–60.
[13] Herbert Wehner: Zeugnis. Kiepenheuer & Witsch, Köln 1982, S. 233–234.
[14] Zitiert nach Alexander Werth: A. a. O., S. 68.
[15] Wolfgang Leonhard: A. a. O., S. 58.
[16] Josef Berger: Nothing but the Truth. New York 1971, S. 177–178.
[17] Roy A. Medwedew: Die Wahrheit ist unsere Stärke. Geschichte und Folgen des Stalinismus. S. Fischer Verlag, Frankfurt/Main 1973, S. 491.
[18] Viktor A. Krawchenko: A. a. O., S. 441.
[19] J. W. Stalin: Über den Großen Vaterländischen Krieg der Sowjetunion. Dietz Verlag Ost-Berlin 1951, S. 8.
[20] Roy A. Medwedew: A. a. O., S. 490–492.
[21] Alexander Weißberg-Cybulski: Hexensabbat. Taschenbuchausgabe Suhrkamp Verlag Frankfurt/Main 1977, S. 349, 356, 364–365 und 369–372.
[22] Jewgenija Semjonowna Ginsburg: Marschroute eines Lebens. Rowohlt-Verlag Reinbek bei Hamburg 1967, S. 332.
[23] Margarete Buber-Neumann: Als Gefangene bei Stalin und Hitler. Rote Weißbücher, Köln 1952, S. 130 und 149–157.

KAPITEL 3
Schockwellen in der kommunistischen Weltbewegung

Die deutschen Kommunisten – in der Illegalität, in Zuchthäusern, Konzentrationslagern und in der Emigration

[1] Die Kommunistische Internationale. Kurzer historischer Abriß. Dietz Verlag, Ost-Berlin 1970, S. 544.

[2] Willi Dickhut: So war das damals. Tatsachenbericht eines Solinger Arbeiters 1926–1948. Verlag Neuer Weg, Stuttgart, 1979, S. 262–264.

[3] Eugen Eberle/Peter Grohmann: Die schlaflosen Nächte des Eugen E. Erinnerungen eines neuen schwäbischen Jakobiners. Edition Cordeliers, Stuttgart 1982, S. 99.

[4] Paul Elflein: Immer noch Kommunist? Herausgegeben von Rolf Becker und Claus Bremer. Verlag zum Studium der Arbeiterbewegung, Hamburg 1978, S. 101–102.

[5] Erich Honecker: Aus meinem Leben. Dietz Verlag Ost-Berlin, 1982, S. 138.

[6] Heinz Brandt: Ein Traum, der nicht entführbar ist. Mein Weg zwischen Ost und West. Paul List Verlag, München 1967, S. 133–140.

[7] Eugen Ochs: Ein Arbeiter im Widerstand. Edition Cordeliers, Stuttgart 1984, S. 40.

[8] Wolfgang Abendroth: Ein Leben in der Arbeiterbewegung. Suhrkamp-Verlag, Frankfurt/Main, 1976, S. 180–181.

[9] Franz Dahlem: Am Vorabend des Zweiten Weltkrieges. Dietz Verlag, Ost-Berlin, Band II, S. 377–379 und S. 381.

[10] Alexander Abusch: Der Deckname. Memoiren. Dietz Verlag Ost-Berlin 1984, S. 481.

[11] Alexander Abusch: A. a. O., S. 482.

[12] Erklärung des Zentralkomitees der KPD vom 25. August 1939, vgl. Rundschau, Basel, Nr. 46, 1939, S. 1323–1324. Über die damalige Erklärung des Zentralkomitees der KPD siehe auch Horst Duhnke: Die KPD von 1933–1945. Köln 1972, S. 334–335; Julius Braunthal: Geschichte der Internationale. Band I. Hannover 1963, S. 517–518, sowie die Darstellung in den Memoiren von Abusch: Der Deckname. Dietz Verlag Ost-Berlin, 1984, S. 48–49.

[13] Alexander Abusch: A. a. O., S. 483–484.

[14] Henry Jacoby: Davongekommen. 10 Jahre Exil 1936–46. Sendler Verlag Frankfurt am Main 1982, S. 73.

[15] Henry Jacoby: A. a. O., S. 104.

[16] Henry Jacoby: A. a. O., S. 101–105.

[17] Jürgen Kuczynski: Memoiren. Die Erziehung des J. K. zum Kommunisten und Wissenschaftler. Aufbau Verlag, Ost-Berlin 1975, S. 287.

[18] Theodor Balk: Das verlorene Manuskript. Editorial „El Libro Libre". Mexiko 1943. Nachdruck Gerstenberg Verlag, Hildesheim 1979. Zitierte Stellen aus den Seiten 190, 194–197, 199, 203–205 und 207–209.

[19] Hasso Grabner/Heinz Mildner: Der Weg nach Hause. Erinnerungen von Generalmajor Ewald Munschke. Deutscher Militärverlag, Berlin-Ost, 1963, S. 147.

[20] Heinz Kühn: Widerstand und Emigration. Die Jahre 1928–1945. Hoffmann und Campe Verlag, Hamburg 1980, S. 227–229.

[21] Karl Kunde: Die Odyssee eines Arbeiters. Mit einem Vorwort von Prof. Hans Mayer. Edition Cordeliers Stuttgart, 1985, S. 47–49 u. S. 134–135.

[22] Hans Teubner: Exilland Schweiz. Dietz Verlag Ost-Berlin 1975, S. 56–60. Nachdruck Röderberg Verlag Frankfurt/Main 1975.
[23] Karl Mewis: Im Auftrag der Partei. Dietz Verlag Ost-Berlin 1972, S. 214 und 220–224.

Der Pakt und die Kommunisten in Frankreich

[1] Rundschau über Politik, Wirtschaft und Arbeiterbewegung. Informationsorgan der Kommunistischen Internationale, 8. Jahrgang, Nr. 13. Basel, 14. März 1939, S. 862.
[2] Charles Tillon: On Chantait Rouge. Ed. Robert Laffont, Paris 1977, S. 278.
[3] Giulio Ceretti: A L'Ombre des deux T. Julliard. Paris 1973, S. 196.
[4] Adam Raysky: Nos Illusions Perdues. Paris, Verlag Balland, 1985, S. 64.
[5] Clara und Paul Thalmann: Revolution für die Freiheit. Stationen eines politischen Kampfes: Moskau, Madrid, Paris. Verlag Assoziation, Hamburg 1976, S. 258; Nachdruck der ursprünglichen Ausgabe, die unter dem Titel „Wo die Freiheit stirbt" im Walter Verlag, Olten 1974, erschienen war.
[6] Charles Tillon: A.a.O., S. 280.
[7] A. Rossi: Les Communistes Français pendant la drôle de guerre. Les Iles d'Or Paris 1951, S. 36.
[8] Marcel Thourel: Itinéraire d'un Cadre Communiste. Verlag Privat, Toulouse 1980, S. 113–115.
[9] George Cogniot: Zwiesprache mit meinem Leben. Weg und Ziel eines französischen Patrioten und Kommunisten. Dietz Verlag Ost-Berlin 1983, S. 345.
[10] Franz Dahlem: A.a.O., S. 371 u. 386.
[11] Charles Tillon: A.a.O., S. 282 u. 284.
[12] Giorgio Amendola: Der Antifaschismus in Italien. Ein Interview. Verlag Klett-Cotta, Stuttgart 1977, S. 158 u. 160.
[13] Giorgio Amendola: A.a.O., S. 164 sowie Hinweise auf S. 242.
[14] Teresa Noce: Estella. Autobiographie einer italienischen Revolutionärin. Verlag Cooperative, Frankfurt/Main 1981, S. 211–213 u. 237–238; Übersetzung der italienischen Originalausgabe: Rivoluzionaria Professionale, Verlag La Pietra, Milano/Mailand, 1974.
[15] Ilja Ehrenburg: Menschen – Jahre – Leben. 2. Band, 1923–1941. Kindler-Verlag, München 1965, S. 558–559.

Die Auswirkungen des Pakts auf die Antifaschisten in anderen Ländern

[1] Rundschau über Politik, Wirtschaft und Arbeiterbewegung, Informationsorgan der Kommunistischen Internationale, 8. Jahrgang. Basel Nr. 13, 14. März 1939, S. 862.
[2] Edith Bone: Seven Years Solitary. Harcourt. Brace and Company New York 1957, S. 39–40.
[3] Douglas Hyde: Anders als ich glaubte. Der Weg eines Revolutionärs. Verlag Herder, Freiburg 1952, S. 75–76.
[4] Antonio Pesenti: La Cattedra e il Bugliolo. Verlag La Pietra, Milano 1972, S. 185–187.
[5] Zoltan Vas: Hazatérés 1944. Rückkehr in die Heimat 1944. Budapest Verlag Szépirodalmi 1970, S. 22–24; die Memoiren von Zoltan Vas sind bisher in keine andere Sprache übersetzt.

[6] Wladimir Dedijer: Tito – autorisierte Autobiographie. Ullstein-Verlag, Berlin 1953, S. 120.

[7] Milovan Djilas: Der junge Revolutionär. Memoiren 1929–41. Molden Verlag Wien – München – Zürich, 1973, S. 309–310.

[8] Svetozar Vukmanovic-Tempo: Mein Weg mit Tito. Ein Revolutionär erinnert sich. Droemer-Knaur Verlag, München – Zürich, 1972, S. 66.

[9] Vilko Vinterhalter: Tito – Der Weg des Josip Broz. Europa Verlag, Wien – Frankfurt – Zürich, 1969, S. 158–162.

[10] Jiri Pelikan: Ein Frühling, der nie zu Ende geht. Erinnerungen eines Prager Kommunisten. S. Fischer Verlag, Frankfurt 1976, S. 30–31.

[11] Gusta Fućikowa: Mein Leben mit Julius Fućik. Dietz Verlag, Ost-Berlin 1976, S. 384.

[12] Leopold Trepper: Die Wahrheit. Autobiographie. Kindler Verlag München 1975, S. 100–101.

[13] Ruth Seydewitz: Alle Menschen haben Träume. Meine Zeit, mein Leben. Buchverlag „Der Morgen", Ost-Berlin 1978, S. 322–323; die damaligen Diskussionen in Loka Brunn sind, allerdings nur andeutungsweise, erwähnt in den Memoiren von Max Seydewitz: „Es hat sich gelohnt zu leben. Erkenntnisse und Bekenntnisse". Dietz Verlag Ost-Berlin 1976, S. 401–402.

[14] Walther Bringolf: Mein Leben. Weg und Umweg eines Schweizer Sozialdemokraten. Scherz Verlag Bern – München – Wien, 1965, S. 208–210.

[15] Memoiren von Jules Humbert-Droz: Dix ans de lutte antifasciste. 1931–1941, Band III, S. 386–387. Edition de la Baconnèere la Chatelle 1972.

[16] Friedrich Uttiz: Zeugen der Revolution. Mitkämpfer Lenins und Stalins berichten. Interview mit Jenny Humbert-Droz, der Witwe des EKKI-Sekretärs Jules Humbert-Droz, Zitate auf S. 112. Bund-Verlag 1984.

[17] Ruth Werner: Sonjas Rapport. Verlag Neues Leben. Ost-Berlin 1977, S. 225–229, 231–235, und 241–242.

[18] Alexander Foote: Handbuch für Spione. Übersetzung der englischen Ausgabe „Handbook for Spies". Leske Verlag Darmstadt, 1954, S. 41–43.

[19] George Charney: A Long Journey. Quadrangle Books Chicago 1968, S. 123–125.

[20] Peggy Dennis: The Autobiography of an American Communist. A Personal View of a Political Life, 1925–75. Westpoint, Berkeley, 1977, S. 132–137.

[21] Klaus Mehnert: Ein Deutscher in der Welt. Erinnerungen 1906–1981. Deutsche Verlags-Anstalt, Stuttgart, 1981, S. 231.

[22] John Gates: The Story of an American Communist. New York 1958, S. 75–76.

[23] Leo Trotzki: Stalins Verbrechen. Jean Christophe Verlag, Zürich 1937, S. 124–125.

[24] Alice Rühle-Gerstel: Kein Gedicht für Trotzki. Tagebuchaufzeichnung aus Mexiko. Verlag Neue Kritik, Frankfurt/Main 1979, S. 12–17.

[25] Isaac Deutscher: Trotzki, Band 3. Der verstoßene Prophet. 1929–40, W. Kohlhammer Verlag Stuttgart 1963, S. 337.

[26] Socialist Appeal, 8. Oktober 1938. Writings of Leon Trotsky. 1938–39. Pathfinder Press, New York S. 29–30; deutsch erwähnt in Heinz Abosch: Trotzki-Chronik. Hanser Verlag, München, 1973, S. 138–139.

[27] Viktor Serge: Leo Trotzki. Leben und Tod. Europa-Verlag, Wien – München – Zürich 1973, S. 310.

[28] Viktor Serge: A. a. O., S. 311.

[29] Geschrieben am 2. September 1939, erschienen in Socialist Appeal, 11. Sep-

tember 1939. Writings of Trotsky, 1939–40, Pathfinder Press, New York, 1969, S. 80.

[30] Socialist Appeal, 15. September 1939, geschrieben am 11. September 1939; Writings of Trotsky 1939–40, Pathfinder Press, 1969, S. 87.

[31] Isaac Deutscher: Trotzki Band 3. Der verstoßene Prophet 1929–40. Kohlhammer Verlag Stuttgart 1963, S. 423.

[32] „Stalin – Temporary Holder of the Ukraine", geschrieben am 18. September 1939, erschienen in Socialist Appeal, 24. Oktober 1939. Writings of Trotsky 1939–40. Pathfinder Press, New York, 1969, S. 90.

[33] Leo Trotzki: Stalin – Temporary Holder of the Ukraine, geschrieben am 18. September 1939, erschienen in Socialist Appeal, 24. Oktober 1939. Writings of Trotsky 1939–40. Pathfinder Press, New York 1969, S. 92.

[34] W. I. Lenin: Der linke Radikalismus, die Kinderkrankheit im Kommunismus. Werke, Band 31. Dietz Verlag Ost-Berlin 1959, S. 21–22; oder W. I. Lenin: Ausgewählte Werke. Band 2. Dietz Verlag, Ost-Berlin 1953, S. 684–685; sowie in der Bundesrepublik: Lenin. Ausgewählte Schriften, herausgegeben und eingeleitet von Hermann Weber. Kindler-Verlag München, 1963, S. 998–999; die Übersetzung in den drei genannten Quellen weicht geringfügig voneinander ab.

[35] Wolfgang Leonhard: Schein und Wirklichkeit in der Sowjetunion. Verlag Freies Wort, Berlin-West 1952, S. 112–114.

KAPITEL 4

Der Pakt und das veränderte Bewußtsein – Fünf Beispiele

[1] Alexander Abusch: Der Deckname. Memoiren. Dietz Verlag Ost-Berlin 1984, S. 484.

[2] Hans Werner Richter: Brief an einen jungen Sozialisten. Verlag Hoffmann & Campe, Hamburg 1974, S. 79.

[3] Granville Hicks: Where We Came Out. The Viking Press, New York, 1954, S. 7, 77 u. 80–81.

[4] Essay von Arthur Koestler in der Anthologie „Ein Gott der keiner war". Rote Weißbücher, Köln 1952, S. 25.

[5] Ein Gott der keiner war. Rote Weißbücher Köln 1952. Essay von Arthur Koestler, S. 58. Arthur Koestler: Als Zeuge der Zeit. Das Abenteuer meines Lebens. Scherz-Verlag, Bern und München 1985, S. 156.

[6] Anthologie „Ein Gott der keiner war". Rote Weißbücher, Köln 1952. Essay von Arthur Koestler, S. 62.

[7] Arthur Koestler: Als Zeuge der Zeit. Scherz-Verlag, Berlin und München, 1985, S. 364–365.

[8] Arthur Koestler in der Anthologie „Ein Gott der keiner war". Ausgabe Rote Weißbücher, Köln 1952, S. 19–72. Das Buch von Arthur Koestler: Zeuge der Zeit. Das Abenteuer meines Lebens. Scherz-Verlag 1985, S. 138–378.

[9] Hans Werner Richter: Brief an einen jungen Sozialisten. Verlag Hoffmann & Campe, 1974. Zitate von den Seiten 37–38, 42–43, 50–51 und 78–79; seine Reaktion auf den Hitler-Stalin-Pakt auf den Seiten 80–84.

[10] Wolfgang Leonhard. Völker hört die Signale. Die Gründerjahre des Weltkommunismus. Goldmann-Taschenbuch 1984, S. 317–318.

[11] Aus der Anthologie „Ein Gott der keiner war". Essay von Louis Fischer. Köln,

Rote Weißbücher 1952, S. 181–204. Louis Fischer: Men and Politics: Europe between the Two World Wars. Harper and Row, New York 1941, zitiert nach der Neuausgabe von 1966, S. 603 u. 607–611.

[12] Clara und Paul Thalmann: Revolution für die Freiheit. Verlag Assoziation 1976 und Karlo Stajner: 7000 Tage in Sibirien, Europa-Verlag 1975, sowie vor allem sein letztes Buch „Povratak iz Gulaga", in Jugoslawien erschienen, bisher leider noch nicht übersetzt.

[13] Margarete Buber-Neumann: Von Potsdam nach Moskau. Stuttgart 1958, S. 196–200.

[14] Manes Sperber: Die vergebliche Warnung. Wien 1975; Taschenbuchausgabe München 1979, S. 189.

[15] Babette Gross: Willi Münzenberg. Eine politische Biographie. Deutsche Verlags-Anstalt Stuttgart 1969, S. 316.

[16] Babette Gross: Willi Münzenberg. A. a. O., S. 318.

[17] Babette Gross: Willi Münzenberg. A. a. O., S. 327–328.

Susanne Leonhard

Fahrt ins Verhängnis

Als Sozialistin in Stalins Gulag

Band 998, 256 Seiten

Als überzeugte Sozialistin suchte Susanne Leonhard vor der drohenden Verhaftung durch das Hitler-Regime Zuflucht in der Sowjetunion. Die engagierte Publizistin hatte zuvor in regem Kontakt mit führenden kommunistischen Intellektuellen gestanden, obwohl sie gegenüber der offiziellen Politik Stalins eine zunehmend kritische Haltung einnahm. Wie zahllose andere Emigranten und Millionen von Sowjetbürgern wurde Susanne Leonhard 1936 im Zuge von Stalins Säuberungsterror verhaftet und auf Grund absurder Beschuldigungen in den Archipel Gulag verschickt. Getrennt von ihrem in Moskau zurückgebliebenen Sohn, dem späteren Sowjetologen Wolfgang Leonhard, verbrachte sie zwölf Jahre als Arbeitssklavin in Sibirien. Ihr Bericht, 1956 nach der Rückkehr nach Deutschland erstmals publiziert, schildert nüchtern und ohne Haß diesen langen Leidensweg. Das menschlich ebenso bewegende wie zeitgeschichtlich erhellende Zeugnis, das stellvertretend steht für viele ähnliche Schicksale der dreißiger und vierziger Jahre, ist nun durch diese Taschenbuchausgabe wieder neu zugänglich geworden.

Neue Zürcher Zeitung